"十四五"职业教育国家规划教材

旧机动车鉴定与评估

第4版

全国交通运输职业教育教学指导委员会◎组织编写

屠卫星◎主　编

人民交通出版社

北京

内 容 提 要

本书是"十四五"职业教育国家规划教材。全书内容主要包括旧机动车市场与旧汽车认知、旧机动车的技术鉴定、旧机动车评估方法的选择、旧机动车的评估、旧机动车的交易，共分5个学习任务。

本书主要供高等职业院校汽车类专业教学使用，也可作为旧机动车鉴定与评估岗位职业培训机构的培训教材或自学用书。

图书在版编目(CIP)数据

旧机动车鉴定与评估/屠卫星主编. —4 版. —北京:人民交通出版社股份有限公司,2024.4(2025.5重印)

ISBN 978-7-114-19486-3

Ⅰ.①旧…　Ⅱ.①屠…　Ⅲ.①机动车—鉴定—高等职业教育—教材 ②机动车—估价—高等职业教育—教材

Ⅳ.①F724.76

中国国家版本馆 CIP 数据核字(2024)第 072359 号

书　　　名:	旧机动车鉴定与评估(第4版)
著 作 者:	屠卫星
责任编辑:	时　旭
责任校对:	赵媛媛　龙　雪
责任印制:	张　凯
出版发行:	人民交通出版社
地　　　址:	(100011)北京市朝阳区安定门外外馆斜街 3 号
网　　　址:	http://www.ccpcl.com.cn
销售电话:	(010)85285911
总 经 销:	人民交通出版社发行部
经　　　销:	各地新华书店
印　　　刷:	北京市密东印刷有限公司
开　　　本:	787×1092　1/16
印　　　张:	15.5
字　　　数:	358 千
版　　　次:	2010 年 3 月　第 1 版
	2014 年 8 月　第 2 版
	2019 年 7 月　第 3 版
	2024 年 4 月　第 4 版
印　　　次:	2025 年 5 月　第 4 版　第 2 次印刷　总第 13 次印刷
书　　　号:	ISBN 978-7-114-19486-3
定　　　价:	54.00 元

(有印刷、装订质量问题的图书,由本社负责调换)

第4版前言
Preface

本教材自出版以来,受到全国广大高职院校的关注,获得师生的一致好评,连续获得"十二五""十三五""十四五"职业教育国家规划教材认定。根据行业发展和国家职业教育教学标准,对接汽车产业需求、技术需求、岗位需求和数字化需求,更好地满足该课程教学需要,经过相关院校、企业人员的共同认真研究讨论,吸收了教材使用院校教师的意见和建议,确定了本教材的修订方案。本教材的内容修订主要体现在以下几个方面:

(1)根据国家发布的政策和法规与新能源汽车的发展,教材中针对此内容进行了大幅度的修改,如增加"乘用车鉴定评估技术规范(T/CADA 18—2021)""二手车电动乘用车鉴定评估技术规范(T/CADA 17—2021)"等相关内容。

(2)通过本教材教学团队与合作企业近几年对二手车市场的调研与关注,将二手车市场变化、二手车保值率、认证二手车等内容进行了增加和更新,特别是对二手车评估的案例进行了修订与优化,增加畅销车型与纯电动汽车的评估案例。

(3)在任务实施中增加实训内容,目的是培养学生提高爱动手、爱操作的能力,使之努力成为二手车鉴定与评估行业的工匠与大师。

(4)在任务工单中增加资讯与实施内容,提供学生自主学习、主动学习的资源,以及利用网络资源和移动设备进行再学习的窗口。

本教材的修订工作,具体分工如下:南京交通职业技术学院的黄秋平修订学习任务1,屠卫星修订学习任务2、学习任务3、学习任务4,甘秀芹修订学习任务5。全书由屠卫星担任主编。

南京广富汽车咨询服务中心二手汽车经理赵广富、苏州元星汽车服务有限公司二手车项目经理罗金星、南京宁宝汽车服务有限公司维修主管李雷明提供了相关资料,并对本教材的修订提出了宝贵建议,在此特别感谢!

限于编者水平,书中难免有疏漏和错误之处,恳请广大读者提出宝贵建议,以便进一步修改和完善。

编 者
2024 年 2 月

目录

Contents

学习任务1
旧机动车市场与旧汽车认知 >>>

📖 学习目标

知识目标

1. 知道我国旧机动车市场行情;

2. 知晓车辆识别代号和汽车铭牌位置与相关资讯;

3. 知道汽车的分类与主要性能指标的含义。

技能目标

1. 能够依据车辆识别代号和汽车铭牌,识别汽车生产厂家与生产年份;

2. 能够对汽车进行常规的分类与辨别;

3. 能够对旧机动车进行分类;

4. 能够逐条解释汽车主要技术参数与性能指标。

素养目标

1. 能按照5S要求,对工具、场地进行整理;

2. 选择和使用工具合理规范,要有环保意识;

3. 培养正确的劳动态度,弘扬劳动精神、奋斗精神、奉献精神;

4. 培养正确的质量强国意识,展示中国工匠可信的形象;

5. 培养爱党报国、敬业奉献、服务人民的意识,理解"客户第一"的服务理念;

6. 养成共同协作的好习惯,培养在学习中敢担当、能吃苦的好品质;

7. 安全文明生产,保证工具、设备和自身安全。

📝 任务描述

在评估旧机动车时,需要了解旧机动车的市场行情,并且知晓汽车的相关信息,如评价指标与性能的关系、车辆识别代号(VIN)等。评估人员必须掌握这些重要信息,才能对旧机动车进行评估。

💻 学习引导

本学习任务沿着以下脉络进行学习:

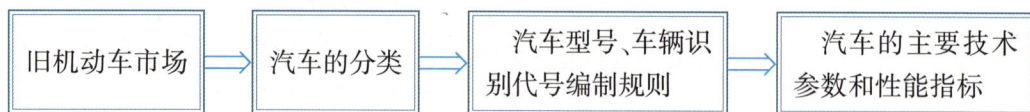

```
┌──────────────┐   ┌──────────┐   ┌────────────────┐   ┌────────────────┐
│ 旧机动车市场 │ → │ 汽车的分类 │ → │ 汽车型号、车辆识 │ → │ 汽车的主要技术  │
│              │   │          │   │ 别代号编制规则  │   │ 参数和性能指标  │
└──────────────┘   └──────────┘   └────────────────┘   └────────────────┘
```

一、相关知识

(一) 旧机动车市场发展情况与趋势

目前我国已经有多种旧机动车交易市场形式,常见的有旧机动车交易市场、旧机动车经营公司、旧机动车置换公司、旧机动车经纪公司和经纪人等。但旧机动车经纪公司和经纪人只能在旧机动车市场中进行旧机动车的撮合成交。

随着旧机动车市场的发展和壮大,旧机动车超市和旧机动车园区也在逐渐形成和发展。其主要功能是在一般的旧机动车市场的基础上,引入了汽车文化、科技、科普教育、展示、旅游、娱乐等多项功能。

总之,随着我国机动车保有量的不断增加,旧机动车市场的发展前景一片光明,旧机动车产品的流通,逐渐成为一种朝阳产业,已成不争的事实。

旧机动车是指从办理完注册登记手续至达到国家强制报废标准之前进行交易并转移所有权的汽车。旧机动车鉴定评估就是指对旧机动车进行技术状况检测、鉴定,确定某一时点价值的过程。

旧机动车交易是指买主和卖主进行旧机动车商品交易和产权交易。由于政府对机动车实行严格的管理,旧机动车产权只能在旧机动车交易市场中交易、转换。因而,为满足旧机动车的产权流动而建立的旧机动车产权交易市场,其主要业务就是接受产权交易双方委托并撮合成交,以及对旧机动车交易及产权转换的合法性进行审查。

旧机动车交易市场是机动车商品二次流通的场所,它具有中介服务商和商品经营者的双重属性。具体而言,旧机动车交易市场的功能有:旧机动车鉴定评估、收购、销售、寄售、代购代销、租赁、置换、拍卖、检测维修、配件供应、美容装饰、售后服务,以及为客户提供过户、转籍、上牌、保险等服务。此外,旧机动车交易市场还应严格按国家有关法律、法规审查旧机动车交易的合法性,坚决杜绝盗抢车、走私车、非法拼装车和证照与规费凭证不全的车辆上市交易。

1. 促进旧机动车市场发展的若干方面

1)优点多,消费者看好旧机动车市

(1)价格便宜。

按现在的新车销售政策,消费者在购买新车时要缴纳车辆购置税等多项费用,而购买旧机动车只需缴纳很少的服务费。

(2)选择余地大。

以前的旧机动车交易车源、车型都非常少,属于卖方市场。而现在各种价位的旧机动车,从5万元以下、5万～10万元、10万～15万元,甚至更高的价位都会有几种甚至十几种车型供挑选。旧机动车交易已经渐渐进入买方市场。

（3）交易更规范。

旧机动车交易越来越规范，以前消费者担心买到拼装车、被盗车等现象已基本上不会出现，所有从事旧机动车交易的经纪人都持证上岗，旧机动车交易市场都有相关职能部门入驻把关。

（4）旧车不旧。

目前的旧机动车交易中，旧机动车整体使用年限较往年有所提前。据了解，出售的旧机动车平均使用年限大概为6年左右，而现在平均使用年限已缩短为4年，真正意义上的旧车正在逐步淡出市场。

2）交易形式多样化，活跃了旧机动车市

目前，旧机动车交易改变了过去只能在旧车市场中交易的形式，交易形式逐步趋于多样化。如一些主流汽车品牌的4S店都开展了"新旧车置换业务"，在这里进行置换，消费者可方便地得到"一条龙"服务，专业、快捷且可信度高。此外，商家举办的"周末看车团""周末置换团"等旧机动车交易形式也受到消费者欢迎。另一种较为新颖的旧机动车交易形式即"旧机动车拍卖"被商家及消费者普遍看好。旧机动车拍卖作为一种第三方的公开服务平台，一直是美国、日本等国家重要的旧机动车交易平台，国内的专业旧机动车拍卖发展迅速。对于消费者来说，与在旧机动车市场购车相比，拍卖会具有更大的吸引力。一是价格比市场低。绝大部分车辆起拍价很低，运气好的话，可以卖个好价钱。二是车况有保证。由于拍卖的车辆中公务车较多，所以消费者对车况相对放心。随着消费者对"拍卖"这种汽车销售方式的逐步了解，旧机动车拍卖将与其他汽车销售方式和谐并存，并且逐渐成为一种新的消费趋势。

3）品牌概念助推旧机动车市

品牌旧机动车概念开始出现。首先是汽车厂家相继推出各自的旧机动车服务品牌，如：上海通用"诚新二手车"、一汽奥迪"品鉴二手车"、宝马"尊选二手车"、梅赛德斯—奔驰星睿"认证二手车"、奇瑞"成功二手车"、广汽丰田"心悦二手车"等。品牌旧机动车除了可以享受车辆定站检测和零配件定点供应以及专业维修外，同时还保证享有半年或1万km的原厂质保。

旧机动车市场非常活跃。在旧机动车专业店中交易，消费者可以得到更加公正透明的价格、更加周到的服务、更加完善的质量保障和各具特色的售后保障，消费者买车、用车更加放心了。

4）电商平台发展，激活旧机动车市

自2015年兴起的旧机动车电商平台，凭借着汹涌的广告大战浪潮强势杀入汽车消费市场，平台利用互联网高效、便捷以及突出的整合能力，构建多种模式的旧机动车电商平台，各模式平台覆盖旧机动车流通中卖车、买车、金融、物流等各个环节，组成了完善的线上旧机动车交易链条。在不断的探索与发展中，旧机动车电商行业根据市场的变化对自身的业务模式及市场战略作出持续的调整与创新。推动行业朝着更高效、更便捷、更有价值的方向发展。

从整体融资信息分析,旧机动车电商行业融资有着明显集中化趋势。首先,旧机动车获得融资平台均集中在与 C 端消费者相关的平台。一方面是因为瓜子、优信均是 2C 模式,车置宝、开新、迈迈车是 C2B 模式,两类平台均直接面对 C 端消费者或客户;另一方面,则显示市场正在发生变化,旧机动车市场正由卖方市场转向买方市场,消费者将成为主导。

而随着旧机动车市场的繁荣与旧机动车电商平台的兴起,鉴于其互联网属性,旧机动车电商平台利用自身开展信息、交易、金融、物流、营销等业务的便利及优势,多数旧机动车电商平台在完成交易之后,尝试着开拓行业相关增值服务及新业务方向。未来旧机动车电商平台角色定位不再仅仅局限于旧机动车交易,将逐步拓展至新车销售、汽车金融、出行服务、养护电商、车商服务、车辆运输仓储管理等,成为汽车线上综合服务提供商。

5）旧机动车交易未来几年将行情高涨

按照国际惯例,在汽车进入家庭 6～7 年之后,会给旧机动车市场带来一个快速增长的行情,新车市场将进入价格平稳期,新车价格竞争更充分,更接近于国际市场,这也是旧机动车市场增长的有利条件。

2. 旧机动车行业趋势

1）政策趋势

2022 年 7 月,商务部等 17 个部门发布《关于搞活汽车流通,扩大汽车消费的若干措施》公告,为进一步释放汽车市场潜力、支持新能源汽车购买使用、加快活跃二手车市场提供巨大推动力。

2023 年 7 月,国家发展和改革委员会、商务部等 13 个部门联合印发了《关于促进汽车消费的若干措施》。其中就加快培育二手车市场,提出:"各地落实取消二手车限迁、便利二手车交易登记等政策措施。鼓励汽车领域非保密、非隐私信息向社会开放,提高二手车市场交易信息透明度,完善信用体系。合理增加对二手车平台企业的抽检频率,抽检结果依法向社会公开。加强出口退税的政策辅导和服务,支持鼓励达到相关质量要求的二手车出口。"

目前,跨地区的旧机动车交易也变得越来越便捷,不再需要来回两地跑,有效地促进了旧机动车全国交易的发展,旧机动车交易量也同比大幅增长。支持鼓励旧机动车出口,也有很多地方已经开始施行。

2）行业趋势

首先,新车市场的持续活跃将为旧机动车市场发展提供接续动力。由于国内新车市场供求关系失衡,从而导致了车市价格的大幅度下降,这对于旧机动车市场的发展造成了威胁。对于成熟市场来说,旧机动车与新车的价格差距应该在 50% 以上,而在国内目前只有 30%,这对于国内培养广大消费者的旧机动车消费习惯造成了巨大挑战。

其次,新能源汽车市场活跃或将影响汽车市场未来格局。已经有越来越多的国家在讨论汽车市场的发展时,都会将 2030 年作为一个时间节点,停止销售传统燃油汽车,推广新能源汽车的发展。新能源汽车将会对旧机动车市场带来哪些影响目前都还是未知数,但整个行业现在必须要重视、预防新能源汽车对于传统旧机动车市场的冲击。

海外成熟市场的经验并不完全适用于我国。以美国市场为例,美国买方市场的格局非常明显,新车和旧机动车市场高度统一。但反观我国市场,不仅仅呈现出新车是买方市场、旧机动车是卖方市场的格局,东西部发展也存在着巨大差异,更为复杂、多重的因素制约着市场的发展。近年来,除了政策推动外,移动互联、金融服务、资本、资源站整合对于整个旧机动车行业的推动同样不容忽视。

3)消费趋势

目前,汽车依旧是国内消费增长的主要驱动力,带动国内经济的增长。新车市场出现回暖迹象,旧机动车的交易规模也随之有所增加,但业内所期待的"井喷"现象却迟迟没有出现。对于这一问题,主要是国内旧机动车市场的高度"碎片化"严重阻碍了旧机动车交易规模的集中爆发,市场中无法形成规模化的车源。而在国外,车队是旧机动车车源的重要保障,但目前融资租赁业务在国内才刚刚兴起,要想从融资租赁业务中受益,还要等待至少三年的时间。

同时,消费者的一些趋势变化同样不容忽视,如开始关注旧机动车品牌、注重旧机动车售后服务保障、租赁业务开始改变汽车消费观念与行为等。

4)市场趋势

(1)旧机动车消费重心将由一、二线城市向三、四线城市延伸。由于国内东、中、西部经济发展和消费水平参差不齐等原因,国内汽车消费呈现出梯度交叉传导的特征。国内的一线城市出现限购,因此成为了旧机动车车源的输出地,而国内的三、四线城市则是旧机动车的目标市场,从而形成旧机动车市场的大流通格局。

(2)旧机动车车源仍将成为市场竞争的焦点。旧机动车车源可以通过网上找车,如专业代购平台、网络展示平台、网上竞拍平台、汽车论坛;也可以通过线下市场,如二手车市场、4S店认证二手车、委托第三方找车。总之,不论通过什么方式,获得的车源应该是品质好、保值率高的畅销车。

(3)旧机动车价格水平将继续下移,为国内旧机动车市场的经营造成非常大的压力。一方面是因为国内新车市场的整体价格在下降,另一方面,由于政策等原因,旧机动车流转的成本却在增加。因此,未来旧机动车行业的核心竞争力在于效率的提升,而效率的改变又将影响旧机动车的价格水平。在未来的旧机动车市场中,价格形成机制或将发生变化,这将引发旧机动车市场呈现出新的运营特征,为整个市场格局的塑造带来更多新的可能。

3. 旧机动车鉴定与估价

近年来,随着我国汽车保有量的增加,市场经济的不断完善和国民经济的发展,每年需要进行鉴定估价的车辆越来越多,涉及面也越来越广。据统计,为适应不同需要,目前我国每年要对约100万辆旧机动车进行鉴定估价,总价值逾200亿元,而且这个数量还在以20%左右的速度逐年递增。在目前情况下,正确认识和把握旧机动车鉴定估价行为,对做好有关经济和社会工作具有重要意义。

1)旧机动车鉴定估价的适用范围

随着汽车与经济和社会活动联系的紧密及功能的拓展,车辆鉴定评估行为也逐步渗透到社会的各个领域,成为资产评估的重要组成部分。在流通领域,旧机动车在不同消费能力群体中互相转手,需要鉴定估价,有关企业开展收购、代购、代销、租赁、置换、回收(拆解)等旧车经营业务需要鉴定估价;在金融系统,银行、信托商店及保险公司开展抵押贷款、典当、保险理赔业务时,需要对相关车辆进行鉴定估价;有关单位通过拍卖形式处理罚没车辆、抵押车辆、企业清算等车辆时,需要对车辆进行鉴定评估以获取拍卖底价;司法部门在处理相关案件时,也需要以涉案车辆的鉴定评估结果作为裁定依据;企业或个人在公司注册、合资、合作、联营及合并、兼并、重组过程中,也会涉及旧机动车鉴定评估业务。除此以外,旧机动车鉴定估价的一个重要任务就是要鉴定、识别走私、盗抢、报废、拼装等非法车辆通过旧车市场重新流入社会。

2）旧机动车鉴定估价的意义

对旧机动车进行鉴定估价的过程,不仅仅是原有价值重置和现实价格形成过程,其背后还隐含着很多深层次的重要意义。

（1）旧车进入市场再流通,属固定资产转移和处置范畴,按国家有关规定应缴纳一定的税费。目前各地对这一税费的征管,基本是以交易额为计征依据,实行比率税（费）率,采用从价计征的办法,而这里的计征依据实质上就是评估价格。因此,旧机动车鉴定估价的准确与否,直接关系国家税收和财政收入的多少及其公正合理性。

（2）旧车属特殊商品,旧机动车流通涉及车辆管理、交通管理、环保管理、资产管理等各方面,属特殊商品流通。目前,我国对进入二级市场再流通的旧机动车有严格的规定,鉴定估价环节恰是防止非法交易发生的重要手段。

（3）旧机动车鉴定估价还关系金融系统有关业务的健康有序开展,司法裁决公平、公正进行及企业依法破产、重组等诸多经济和社会问题。特别是在目前旧机动车市场已逐步成为我国汽车市场不可分割的重要组成部分的情况下,我们应该把科学准确地对旧机动车进行鉴定估价提高到促进汽车工业进步、有效扩大需求乃至保障国民经济持续稳定发展和社会安定的高度来认识和把握。

3）旧机动车鉴定估价的特殊性

由于汽车是高科技产品,旧车流通又属特殊商品流通,与其他资产评估相比,旧机动车鉴定估价具有以下特征。

（1）知识面广。机动车鉴定估价理论和方法以资产评估学为基础,涉及经济管理、市场营销、金融、价格、财会及机械原理、汽车构造等多方面知识。

（2）政策性强。既要熟知《中华人民共和国拍卖法》《国有资产评估管理办法》《汽车报废标准》《旧机动车交易管理办法》《大气污染防治行动计划》等政策法规,还要掌握车辆管理有关规定及各地相关的配套措施。

（3）实践和技能水平要求高。要求从业人员不仅会驾驶机动车,而且还能使用检测仪器和设备,并能通过目测、耳听、手摸等手段判断旧机动车外观、总成的基本状况,能够通过路试判断发动机及系统、传动系统、转向系统、制动系统、电路、油路等工作情况,甚至对机动车主要部件功能和更换也要有一定的了解。

（4）动态特征明显。目前汽车产品更新换代快,结构升级、技术创新层出不穷,加之市场经济条件下市场行情的多变难测,使旧机动车鉴定估价工作具有极强的动态性、时效性。要求从业人员在具体工作中,不仅要掌握有关的账面原值、净值、手续历史依据,更要结合评估基准日这一时点的现实价格和行情,才能准确作出评估结果。

4)旧机动车鉴定估价现状和发展方向

目前,我国对旧机动车鉴定估价尚缺乏科学、统一、严谨的评估理论和方法,实际工作中还普遍存在着从业人员混杂、知识技能偏低、人为因素多、随意成分大的现象。很多单位没有评估定价能力和设施,个别地方只批市场,疏于管理,甚至在交易过程中有"私卖公高估价,公卖私低估价"现象,不仅扰乱了市场秩序,造成国有资产和税收的大量流失,影响司法公正和相关业务的正常开展,而且也使广大消费者合法权益得不到保障,有效需求受到抑制,同时也使走私车、拼装车、报废车重新流入社会成为可能,为"暗箱操作"等腐败行为创造了条件。

旧车鉴定估价环节存在的问题和由此引发的不良后果,社会各界反映强烈,也引起国家有关部门的高度重视。国家国内贸易局、劳动和社会保障部已经作出对旧机动车鉴定估价从业人员先培训、后上岗,实行职业资格证书制度的决定。从长远看,我们有必要将旧机动车鉴定估价从资产评估中分离出来,成立由旧机动车鉴定估价师组成的专业中介组织,面向全社会开展旧车鉴定估价业务。这既是鉴定评估行为公开、公正原则的客观要求,也是适应市场形势发展的必然选择,同时还可以为将来我国汽车报废、更新走技术检测道路,在机构组织、人才资源、知识等方面做些储备。

(二)汽车的分类

汽车的分类方法有许多种,我们选择几个对于旧机动车鉴定有用的分类方法进行介绍。

1. 根据汽车的动力装置进行分类

1)内燃机汽车

具体是指用内燃机作为动力装置的汽车。通常,内燃机汽车的主要形式是:

(1)汽油机汽车,用汽油机作为动力装置的汽车。

(2)柴油机汽车,用柴油机作为动力装置的汽车。

(3)气体燃料发动机汽车,发动机用天然气、煤气等气体作为燃料的汽车。

(4)旋转活塞发动机汽车,用旋转活塞发动机作为动力装置的汽车。

2)电动汽车(Electric Vehicle)

指以车载电源为动力,用电机驱动车轮行驶,符合道路交通、安全法规各项要求的车辆。包括纯电动汽车(Battery Electric Vehicles,BEV)、混合动力电动汽车(Hybrid Electric Vehicle,HEV)、燃料电池电动汽车(Fuel Cell Electric Vehicle,FCEV)。

纯电动汽车:驱动能量完全由电能提供的、由电机驱动的汽车。电机的驱动电能来源于车载可充电储能系统或其他能量储存装置。

混合动力电动汽车:能够至少从可消耗的燃料或可再充电能/能量储存装置中获得动力的汽车。

燃料电池电动汽车:以燃料电池系统作为单一动力源或者是以燃料电池系统与可充电储能系统作为混合动力源的电动汽车。

3)燃气涡轮机汽车

用燃气涡轮机作为动力装置的汽车。

2. 按发动机位置和驱动方式进行分类

汽车传动系统的布置形式取决于发动机的类型和性能、汽车的总体结构形式、汽车行驶系统等因素。根据不同的使用要求，有几种布置形式，见表1-1。

汽车布置形式   表1-1

图示	布置形式		特点
FR 式车	发动机前置后轮驱动	（FR方式）Front engine rear drive	传统布置方式，货车、部分中高级乘用车、客车大都是这种布置
FF 式车	发动机前置前轮驱动	（FF方式）Front engine front drive	结构紧凑，整车质量小，地板低，高速时操纵稳定性好，越来越多的乘用车采用这种结构形式
RR 式车	发动机后置后轮驱动	（RR方式）Rear engine rear drive	大、中型客车常采用的布置形式，发动机的振动、噪声、油气味对乘员影响小，空间利用率高
4WD 式车	发动机前置四轮驱动	（4WD方式）Four-wheel drive	越野车、高性能跑车上应用的最多，四个车轮均有动力，地面附着力最大，通过性和动力性好
MR 式车	发动机中置，后轮驱动	（MR方式）Middle engine rear drive	F1赛车、跑车的布置形式，轴荷分配均匀，具有很中性的操控特性。但是发动机占去了座舱的空间，降低了空间利用率和实用性

3. 根据汽车的用途分类

根据《汽车、挂车及汽车列车的术语和定义　第1部分：类型》（GB/T 3730.1—2022）的规定，汽车按用途可以分为乘用车、客车、载货汽车和专用作业车。乘用车是指设计制造和技术特性上主要用于载运乘客及其随身行李和/或临时物品，包括驾驶人座位在内最多不超过9个座位的汽车。客车是指设计制造和技术特性上用于载运乘客及其随身行李，包括驾驶人座位在内的座位数超过9个的汽车。载货汽车是指设计、制造和技术特性上，主要用于载运货物和/或牵引挂车的汽车，也包括装备一定的专用设备或器具但以载运货物为主要目的,且不属于专项作业车、专门用途汽车的汽车。专用汽车是指设计制造和技术特性上,用于载运特定人员、运输特殊货物(包括载货部位为特殊结构),或装备有专用装置用于工程专项(包括卫生医疗)作业或专门用途的汽车。

4. 根据机动车辆及挂车分类

在汽车性能和维修检测中,往往根据《机动车辆及挂车分类》(GB/T 15089—2001)(表1-2)对汽车进行分类,分为 L 类、M 类、N 类、O 类和 G 类五种类型。

《机动车辆及挂车分类》(GB/T 15089—2001)对汽车的分类　　表1-2

字母代号	种类	细类		内容	
L 类车辆	两轮或三轮机动车辆	L_1、L_2、L_3、L_4、L_5		根据排量、驱动方式、车速和车轮数分类	
M 类车辆	至少有四个车轮并用于载客机动车辆	M_1		座位数(包括驾驶人)≤9 座	
		M_2	A	最大设计总质量≤5000kg	允许站立
			B	可载乘员数(不包括驾驶人)≤22 人	不允许站立
			I	最大设计总质量 <5000kg 可载乘员数(不包括驾驶人)>22 人	①
			II		②
			III		不允许站立
		M_3	A	最大设计总质量 >5000kg	允许站立
			B	可载乘员数(不包括驾驶人)≤22 人	不允许站立
			I	最大设计总质量≤5000kg 可载乘员数(不包括驾驶人)>22 人	①
			II		②
			III		不允许站立
N 类车辆	至少有四个车轮并且用于载货机动车辆	N_1		最大设计总质量≤3500kg	
		N_2		3500kg <最大设计总质量≤12000kg	
		N_3		12000kg <最大设计总质量	
O 类车辆	挂车(包括半挂车)	O_1、O_2、O_3、O_4		根据最大设计总质量分类	
G 类车辆	越野车	—		满足要求的 M 类、N 类	

说明:①允许乘员站立,并且乘员可以自由走动。
　　　②只允许乘员站立在过道或提供不超过相当于两个人座位的站立面积。

5. 乘用车的分类

根据《汽车、挂车及汽车列车的术语和定义　第1部分:类型》(GB/T 3730.1—2022)的规定,乘用车按等级可划分为三厢轿车、两厢轿车、运动型乘用车、越野乘用车和多用途乘用车(多用途面包车除外)。三厢轿车等级划分见表1-3;两厢轿车及运动型乘用车等级划分见表1-4;三厢式越野乘用车等级划分参考表1-3;两厢式越野乘用车等级划分参考表1-4;多用途乘用车(多用途面包车除外)等级划分见表1-5。

三厢轿车等级 表1-3

代号	级别	车长 L(mm)	排量 V(mL)	发动机最大净功率 P(kW)
A00	微型	$L \leqslant 4000$	$V \leqslant 1300$	$P \leqslant 65$
A0	小型	$3700 \leqslant L \leqslant 4400$	$1100 \leqslant V \leqslant 1700$	$60 \leqslant P \leqslant 80$
A	紧凑型	$4200 \leqslant L \leqslant 4800$	$1300 \leqslant V \leqslant 1800$	$70 \leqslant P \leqslant 120$
B	中型	$4500 \leqslant L \leqslant 5000$	$1500 \leqslant V \leqslant 2800$	$90 \leqslant P \leqslant 150$
C	中大型	$4750 \leqslant L \leqslant 5200$	$2000 \leqslant V \leqslant 3500$	$100 \leqslant P \leqslant 175$
D	大型	$L \geqslant 5000$	$V \geqslant 3000$	$P \geqslant 150$

注:1.排量和功率仅适用于仅以发动机为直接动力源的轿车。

2.装备增压发动机的轿车以实际排量乘以1.5倍计算。

3.同时符合多个级别的车型,由制造厂自主决定。

两厢轿车及运动型乘用车等级 表1-4

代号	级别	轴距 D(mm)	排量 V(mL)	发动机最大净功率 P(kW)
A00	微型	$D \leqslant 2500$	$V \leqslant 1300$	$P \leqslant 65$
A0	小型	$2000 \leqslant D \leqslant 2675$	$1100 \leqslant V \leqslant 1700$	$60 \leqslant P \leqslant 80$
A	紧凑型	$2500 \leqslant D \leqslant 2800$	$1300 \leqslant V \leqslant 1800$	$70 \leqslant P \leqslant 120$
B	中型	$2700 \leqslant D \leqslant 3000$	$1500 \leqslant V \leqslant 2800$	$90 \leqslant P \leqslant 150$
C	中大型	$2850 \leqslant D \leqslant 3100$	$2000 \leqslant V \leqslant 3500$	$100 \leqslant P \leqslant 175$
D	大型	$D \geqslant 3000$	$V \geqslant 3000$	$P \geqslant 150$

注:1.排量和功率仅适用于仅以发动机为直接动力源的轿车及运动型乘用车。

2.装备增压发动机的轿车及运动型乘用车以实际排量乘以1.5倍计算。

3.同时符合多个级别的车型,由制造厂自主决定。

多用途乘用车(多用途面包车除外)等级 表1-5

代号	级别	车长 L(mm)	轴距 D(mm)
A0	小型	$L \leqslant 4500$	$D \leqslant 2700$
A	紧凑型	$4500 \leqslant L \leqslant 4800$	$2600 \leqslant D \leqslant 2950$
B	中型	$4800 \leqslant L \leqslant 5000$	$2800 \leqslant D \leqslant 3150$
C	中大型	$L \geqslant 4900$	$D \geqslant 3000$

注:同时符合多个级别的车型,由制造厂自主决定。

6.德国汽车分级标准

按照德国汽车分级标准,A级车包括 A、A0、A00 级车,一般指小型轿车;B 级车是中档轿车;C 级车是高档轿车;而 D 级车指的则是豪华轿车,其等级划分主要依据轴距、排量、质量等参数,字母顺序越靠后,该级别车的轴距越长,排量和质量越大,轿车的豪华程度也不断提高,具体见表1-6。

德国汽车分级标准   表1-6

车辆级别	代码	车型举例
小型轿车	A00	比亚迪 F0、奇瑞 QQ、smart forfour
	A0	长安-奔奔、奇瑞 QQ6、宝骏 310
	A	别克英朗、奔腾 B30、上汽大众-凌渡
中档轿车	B	帕萨特、本田雅阁、丰田凯美瑞
高档轿车	C	奥迪 A6、宝马 5 系、红旗 H7
豪华轿车	D	宝马 7、红旗 L7、奥迪 A8、大众辉腾

7. 常见汽车型号与分类

1）奥迪汽车型号

A 是大部分奥迪轿车型号的开头字母,奥迪轿车和 MPV 的型号是用公司英文(Audi)的第一个字母(A)打头,数字越大表示价格越高:A1 系列是紧凑型掀背车(A1 有三种,分别是五门掀背、三门掀背和敞篷车),A2 系列是小型旅行车,A3 系列是小型旅行车,A4 系列是运动轿车,A4 Avant 系列是中型旅行车,A4 Cabriolet 系列是敞篷车,A5 系列是奥迪于 2008 年推出的 Coupe 跑车,A6 和 A6L 系列是公务轿车,A6 Avant 系列是大型旅行车,A6 Allroad Quattro 系列是全地形旅行车,A8 和 A8L 系列是大型公务轿车。

S 开头的运动车:S3、S4、S4 Avant、S4 Cabriolet、S6、S6 Avant、S8。

RS 开头的高性能运动车:RS4、RS4 Avant、RS4 Cabriolet、RS6、RS6 Avant、RS6 Plus。

Q 开头的越野车:Q3、Q5、Q7。

TT 开头的跑车:TT Coupe、TT Roadster。

R 开头的 GT 跑车:R8 为 Le Mans Quattro Concept 的量产版本,也是奥迪的第一辆超级跑车。

R 开头的赛车:R10。

2）奔驰汽车型号

奔驰汽车前面的字母表示类型和级别。A 级是小型单厢车,C 级为小型轿车,E 级为中级轿车,S 级为高级轿车,M 级为 SUV,G 级为越野车,V 级为多功能厢式车,SLK 为小型跑车,CLK 为中型跑车,SL 为高级跑车,CL 为高级轿跑车,SLR 为超级跑车。

型号中间的数字,如 280、300 及 500 代表发动机排量,分别表示发动机排量为 2.8L、3L 及 5L。

型号尾部的字母 L 表示为加长车型,Diesel 表示为柴油发动机。如 S600L 则表示为高级、排量 6L、加长型轿车。

3）宝马汽车型号

宝马(BMW)汽车公司主要有轿车、跑车、越野车三大车种。

轿车有 3、5、7、8 四个系列,轿车型号的第一个数字即为系列号,第 2 个和第 3 个数字表示排量,最后的字母 i 表示燃油喷射,A 表示自动挡,C 表示双座位,S 表示超级豪华。如 318iA 表示为 3 系列,排量为 1.8L,燃油喷射,自动挡;850Si 表示 8 系列轿车,排量为 5.0L,超级豪华型,燃油喷射。

跑车型号用 Z 打头,主打车型有 Z3、Z4、Z8 等,后面的数字越大表示越高级。

越野车用 X 打头,代表车型是 X5。

📖 相关链接

雷克萨斯车前面的 LX、RX、ES、GS、SC、IS、LS、GX 代表的含义如下:

LX ——大型豪华多功能运动轿车;

RX ——中型豪华混合多功能运动轿车;

ES ——中型前轮驱动豪华轿车;

GS ——中型后轮驱动/四轮驱动豪华运动双门小轿车;

SC ——后轮驱动豪华敞篷双门小轿车;

IS ——入门级后轮驱动/四轮驱动豪华运动车;

LS ——大型后轮驱动豪华轿车;

GX ——中型豪华多功能运动轿车。

4)汽车业界公认分类

实际上目前在汽车业界,汽车网站上比较公认的分类如下。

(1)微型车:smart fortwo、长安奔奔 mini、吉利熊猫、五菱宏光 MINIEV、奇瑞新能源 QQ 冰淇淋、零跑 T03、比亚迪 e1、奇瑞新能源小蚂蚁、长安新能源奔奔 EV、荣威科莱威 CLEVER、欧拉黑猫等。

(2)小型车:奥迪 A1、铃木雨燕、大众 Polo、本田飞度、广汽丰田-YARiS L 致炫、MINI CLUBMAN、丰田威驰、吉利自由舰、比亚迪海豚、欧拉好猫、宝马 i3 等。

(3)准中级车或紧凑级车:大众朗逸、丰田雷凌、广汽传祺影豹、一汽大众速腾、丰田卡罗拉、日产轩逸、奇瑞汽车艾瑞泽 8、吉利银河 L6、别克微蓝 6、大众 ID.3、AION S(埃安 S)等。

(4)中级车:红旗 H5、奥迪 A4L、大众帕萨特、丰田凯美瑞、本田雅阁、宝马 3 系、福特蒙迪欧、丰田亚洲龙、领克 03、特斯拉 Model 3、比亚迪海豹、小鹏汽车 P7 等。

(5)中大型车(行政级车):红旗 H9、奥迪 A6L、宝马 5 系、奔驰 E 级、雷克萨斯 ES、沃尔沃 S90、大众辉昂、特斯拉 Model S、极氪 001、阿维塔 12、智界 S7(LUXEED S7)、极狐阿尔法 S(ARCFOX αS)、知己 L7、比亚迪汉 EV、雷克萨斯 LS 混动等。

(6)豪华级车:奥迪 A8L、奔驰 S 级、宝马 7 系、奔驰迈巴赫 S 级、劳斯莱斯幻影、玛莎拉蒂总裁、大众辉腾、宝马 i7、奔驰 EQS、保时捷 Panamera 等。

(7)跑车:丰田 GR86、保时捷 Cayman、保时捷 911、奥迪 R8、奥迪 RS5、兰博基尼 Huracan、兰博基尼 Aventador、阿斯顿马丁 DB11、科尼赛克 Agera、吉利全球鹰中国龙、宝马 i4、哪吒汽车哪吒 GT、昊铂 SSR、迈凯伦 Artura 等。

(8)越野车和 SUV 车:奥迪 Q5L、宝马 X5、本田 CR-V、奔驰 GLC 级、奔驰 GLB 级、大众途观 L、大众途锐、大众揽境、丰田 RAV4 荣放、丰田汉兰达、丰田锋兰达、坦克 300、哈弗 H5、哈弗猛龙、问界 M7(AITO M7)、理想汽车理想 L9、比亚迪唐 DM、比亚迪元 PLUS、丰田汉兰达(双擎)等。

(9)多功能厢式 MPV 车:别克 GL8、别克世纪、丰田赛那 SIENNA、丰田格瑞维亚、丰田埃尔法、广汽传祺 E9、广汽传祺 M8、奔驰威霆、大众途安、极氪 009、红旗 HQ9、腾势 D9 PHEV、比亚迪宋 MAX DM、上汽大通 MAXUSG50、岚图梦想家、五菱宏光 PLUS、小鹏 X9 等。

8. 旧机动车的分类

旧机动车(used automobile)是指从办理完注册登记手续到达到国家强制报废标准之前进行交易并转移所有权的汽车。

旧机动车主要涉及的还是汽车,所以它的分类完全符合汽车分类的特点,比如按功能用途分类、按生产厂商分类等。当然作为旧机动车自有区别于新车的地方,它还有另外的一些特色分类,如按使用年限分类、按车辆来源及品质分类等。

不同来源、不同功能用途、不同的使用年限的车都有着自己的定位,也就是说这些因素都直接或间接地影响着车辆的性能和市场定价。

1)按使用年限分类

目前,旧机动车价格主要根据使用年限和车况品质综合判定,通常旧机动车按使用年限分为 3 年以内、3~10 年和 10 年以上。

(1)3 年以内。使用 3 年以内的旧机动车吸引力在增强,但因为它受新车价格的影响也比较大,消费者购买时最好与新车价格多做比较,特别要参考购置新车的全部费用,三包期剩余期限。另外,挑选车辆后一定要索要车辆的说明书和三包证书、维修记录等,以便日后使用和维护车辆。

(2)3~10 年。使用 3~10 年的旧机动车可选择性比较多,特别是 6 年左右的车选择性更多。由于近年来人们生活水平的不断提高,而且国内车型迅速丰富,很多人换车的速度也相应变快,旧机动车市场上出现了各种品牌、各种档次的半新车。其中有 BBA 等中高档车,也有大众捷达、福特福克斯、别克凯越、雪佛兰科鲁兹、大众宝来、大众朗逸、大众速腾、丰田卡罗拉、日产轩逸、大众高尔夫等轿车,如此丰富的车型给了消费者巨大的选择余地。

(3)10 年以上。使用 10 年以上的旧机动车折旧已经比较稳定,价格相对便宜,不会有太大的讨价还价余地,主要是挑选车辆状况,同时注意车辆手续是否齐全。消费者还要根据各地的排放法规,注意车辆的环保标准;是否是绿标车;入手以后性能恢复的维修费用等问题。

2)按车辆来源及其品质分类

每一位想买旧机动车的消费者都希望买到一辆性能好、价格又便宜的车,但前提是要搞清楚旧机动车的来源。很大程度上,旧机动车的来源决定了车辆的品质,所以消费者在买旧机动车时,最好先摸清车辆的来龙去脉,旧机动车交易市场车辆的来源大体有以下六种。

(1)私家车。

私家车(Private Cars)主要指家庭自用的车辆,是私人购买并拥有使用支配权,在不违法的情况下可以自由使用支配的车辆。旧机动车中私家车来源主要是车主购买新车后,原有的车辆没有继续使用的需要,通常会选择将车出售。这类车一般是车主自己使用,车辆维护相对较好,车况应该也不错,也是买旧机动车的首选,只是出售价格通常不会太低。

(2)单位更新车辆。

因为公车私改或单位更新车辆,一般会成批出售或拍卖原来的旧车,这也是旧机动车市场的一大来源。这类车的车况由于比较好的定期维修,只要不是因为事故提前出售,价格都有商量余地,做旧机动车生意的人最愿意收购这类车。买这类车应该注意,单位是一般用车还是业务用车,有可能因为不同的人使用而缺乏维护,使车况不佳。

（3）抵债车辆。

由于个人或单位急需资金或还债,会将车抵押出去,在这种情况下出售的车辆价格一般较低,车况也会不错,旧机动车经销商对抵债车比较感兴趣。关键要避免购买债权不明的车辆。

（4）玩车族换下的车辆。

这类车的车主只要有新车和性能优异的车就会产生买车的欲望,一般买了新车就会把以前的车卖掉。虽然喜欢玩车而又有一定经济实力的玩车族为数不多,但他们经常换车,开的时间不长,换下来的车的品质应该没有多大问题。

（5）事故车辆。

这类车的车主通常会因为车辆发生交通事故,产生将车出售的念头,因此,旧机动车市场就出现了一部分事故车。事故修复车的安全使用性能会大大降低。虽然旧机动车经营者不愿意承认收购和出售事故车,买旧机动车的消费者也最不喜欢买到事故车,但不能否认,有相当多的事故车会流入旧机动车市场。消费者购买旧机动车时不要只看外表而忽略了车的内部状况,以免给自己增加不必要的麻烦。

（6）故障车辆。

车辆本身的质量也是一个因素,也许车主买车时对车辆的性能、品质了解不多。有的车辆本身在设计师和生产上存在缺陷,上市后不断有问题出现,车主在保修期内就已经频繁修理了,更不用说是过了保修期,所以一定会将车卖掉。另外一种故障车与使用人有很大关系,许多车主买车后没有很好的使用习惯,而又不愿意定期维护,导致车况很差。出现这样的情况后,车主会产生出售车辆的念头。想买旧机动车的消费者,除非对维修有相当的经验,否则最好少碰故障车辆。

（三）汽车型号、车辆识别代号编制规则

1. 汽车产品型号

汽车产品型号是各国政府为管理机动车辆而实施的一项强制性规定。有了汽车产品型号,就可以使用计算机对车辆进行检索管理,并对处理交通事故、开展交通事故保险赔偿、破获被盗车辆等起重要作用。各国政府都专门制定了这方面的技术法规,强制要求汽车厂在汽车上使用汽车产品型号。

汽车产品型号是指汽车上安装的一块标牌上的一组罗马字母和阿拉伯数字组,该字母组的每一位符号代表着某一方面的信息。各国对汽车型号的制定方法既有相同之处又有不同之处。

我国汽车的产品型号由企业名称代号、车辆类别代号、主参数序号、产品序号组成（必要时可附加企业自定代号）,代号排列顺序如图1-1所示。

各种代（序）号的意义及规定如下。

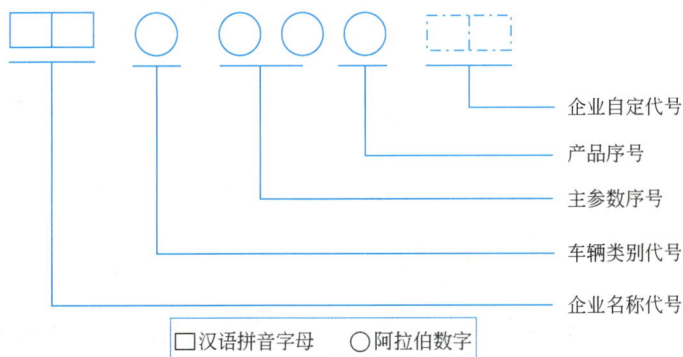

图1-1 汽车代号排列顺序图

注：为了避免与数字混淆，不应采用汉语拼音字母中的"I"和"O"。

1）企业名称代号

企业名称代号是识别车辆制造企业的代号，位于产品型号的第一部分，用代表企业名称的两个或三个汉语拼音字母表示。例如，CA：长春一汽；EQ：第二汽车；FV：一汽大众；SGM：上海通用；SVW：上海大众；DC：东风雪铁龙；HG：广州本田；CAF：长安福特；XMQ：厦门汽车（金龙）。

2）车辆类别代号

车辆类别代号是表明车辆附属分类的代号。各类汽车的类别代号位于产品型号的第二部分，按表1-7的规定用一位阿拉伯数字表示。

车辆类别代号　　　　表1-7

车辆类别代号	车辆种类	车辆类别代号	车辆种类	车辆类别代号	车辆种类
1	载货汽车	4	牵引汽车	7	轿车
2	越野汽车	5	专用汽车	8	—
3	自卸汽车	6	客车	9	半挂车及专用半挂车

3）主参数序号

主参数序号是表明车辆主要特性的代号，各类汽车的主参数序号位于产品型号的第三部分，按下列规定用两位阿拉伯数字表示。

（1）载货汽车、越野汽车、自卸汽车、牵引汽车、专用汽车与半挂车的主参数序号为车辆的总质量（t）。当总质量在100t以上时，允许用三位数字表示。

（2）客车的主参数序号为车辆长度（m）。当车辆长度小于10m时，应精确到小数点后一位，并以长度（m）值的10倍数值表示。

（3）轿车的主参数序号为发动机排量（L）。应精确到小数点后一位，并以其值的10倍数值表示。

（4）专用汽车及专用半挂车的主参数序号在采用定型汽车底盘或定型半挂车底盘改装时，若其主参数与定型底盘原车的主参数之差不大于原车的10%，则应沿用原车的主参数序号。

（5）主参数的数字按《数字修约规则与极限数值的表示和判定》（GB/T 8170—2008）的规定修约。

（6）主参数不是规定的位数时，在参数前以"0"补位。

4）产品序号

产品序号表示一个企业的类别代号和主参数代号相同的车辆的投产顺序，产品序号位于产品型号的第四部分，用阿拉伯数字表示，数字由 0,1,2,…依次使用。

5）企业自定代号

企业自定代号是企业根据需要自行规定的补充代号，一般位于产品型号的最后部分。同一种汽车结构略有变化而需要区别时（如汽油、柴油发动机，长、短轴距，单、双排座驾驶室，平、凸头驾驶室，左、右置转向盘等），可用汉语拼音字母或者阿拉伯数字表示，位数也由企业自定。供用户选择的零部件（如暖风装置、收音机、地毯、绞盘等）不属结构特征变化，应不予企业自定代号。编制型号举例如下。

（1）CA1091 是中国第一汽车制造厂生产的第二代载货汽车，总质量为9310kg。

（2）EQ2080 是中国第二汽车制造厂生产的越野汽车，越野时总质量为7720kg。

（3）SH3600 是中国上海重型汽车厂生产的第一代自卸汽车，总质量为59538kg。

（4）HY4300 是中国汉阳特种汽车制造厂生产的第一代公路上行驶总质量为30000kg的牵引汽车。

（5）TJ6481 是中国天津客车厂生产的第二代车长为4750mm的客车。

（6）SC7081C 是中国长安铃木汽车制造厂生产的第二代奥拓快乐王子，发动机排量为0.8L。

了解了我国汽车产品型号的编制方法，我们还应知道产品型号在车上的位置。目前乘用车的汽车型号印在汽车铭牌上，通常位置在副驾驶 B 柱的下方或者 B 柱下方侧面，也有在副驾驶 A 柱门合页处，还有的在发动机舱里面。汽车铭牌标明了制造商、车辆型号、VIN 码等重要信息，是辨别旧机动车身份的重要依据，如图1-2所示。而商用汽车的型号标识一般就印在汽车的尾部，也有在汽车侧面的。

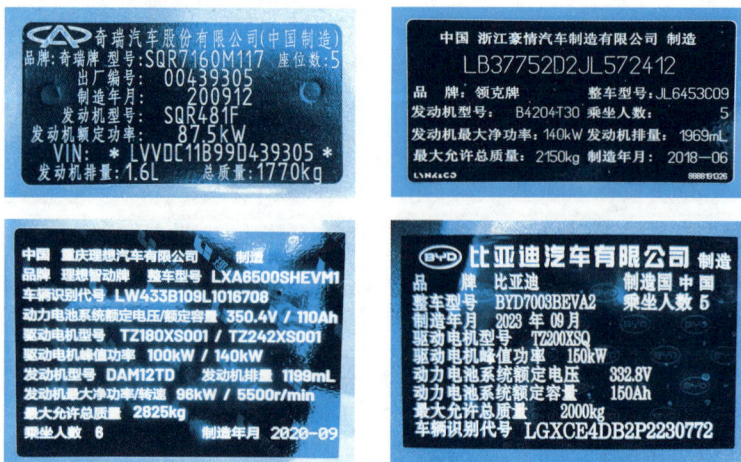

图1-2 汽车铭牌上的型号

2. 车辆识别代号(VIN)编码

1)车辆识别代号(VIN)编码的意义和作用

现在世界各国汽车公司生产的汽车都使用了 VIN(Vehicle Identification Number,车辆识别代号)编码。VIN 由一组字母和阿拉伯数字组成,共 17 位,又称 17 位识别代号编码,由三部分组成:世界制造厂识别代号 WMI(World Manufacturer Identifier)、车辆说明部分 VDS(Vehicle Descriptor Section)、车辆指示部分 VIS(Vehicle Indicator Section),如图 1-3a)、b)所示。

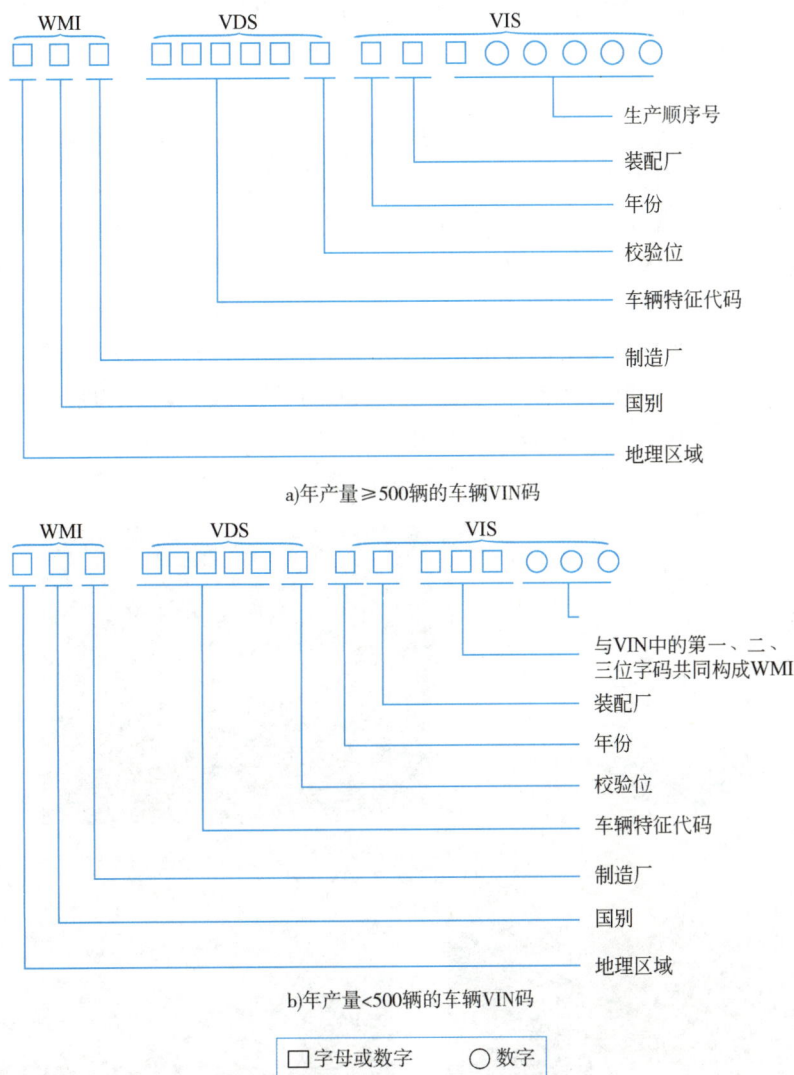

a)年产量≥500辆的车辆VIN码

b)年产量<500辆的车辆VIN码

□字母或数字　○数字

图 1-3　车辆识别代号(VIN)顺序图

VIN 的每位代码代表着汽车某一方面的信息参数,它是识别一辆汽车不可缺少的工具。按照识别代号编码顺序,从 VIN 中可以识别出该车的生产国家、制造公司或生产厂家、车辆类型、品牌名称、车型系列、车身形式、发动机型号、车型年款(属哪年生产的年款型车)、安全防护装置型号、检验数字、装配工厂名称和出厂顺序号码等。

17 位代号编码经过排列组合，可以使车型生产在 30 年之内不会发生重号现象，就像我们的身份证号码一样，不会产生重号，故又被称为"汽车身份证"。因为现在生产的汽车车型采用年限在逐渐缩短，一般 8～12 年就淘汰，不再生产，所以 17 位识别代号编码已足够应用。

各国政府及各汽车公司对本国或本公司生产的汽车的 17 位识别代号编码都有具体规定。各国的技术法规一般只规定车辆识别代号的基本要求，如其应由 17 位代号编码组成，字母和数字的尺寸、书写形式、排列位置和安装位置都有相应规定等，并且应保证 30 年内不会重号，除对个别符号的含义有硬性规定外，其他不作硬性规定，而由生产厂家自行规定其代表的含义。各国有关车辆识别代号的技术法规各有差异，也有共同之处，如美国法规规定车辆识别代号的第 9 位必须是工厂检查数字，而 EEC（欧洲经济共同体）指令将 17 位代号编码分成三组（WMI、VDS、VIS），只对每一组的含义范围做了规定。VIN 识别代号编码一般以标牌的形式，装贴在汽车的不同部位。美国规定应安装在仪表板左侧，我国车辆也是同样，如图 1-4 所示，在车外透过风窗玻璃可以清楚地看到而便于检查。而 EEC 规定识别代码编码应安装在汽车右侧的底盘车架上或标写在厂家铭牌上等（图 1-5）。VIN 的位置还有副驾驶座椅前方（图 1-6），发动机舱内的悬架塔上（图 1-7），发动机的前梁支架上（图 1-8）。汽车研究及管理部门也有相应规定的标准，各国机动车辆管理部门办理牌照时可以将其输入计算机存储，以备需要时调用，如处理交通事故、保险索赔、查获被盗车辆、报案等。有的国家规定没有 17 位识别代号编码的汽车不准进口，有的国家客户在买车时发现没有 17 位识别代号编码就会放弃，因此，没有 VIN 识别代号编码的汽车是卖不出去的。

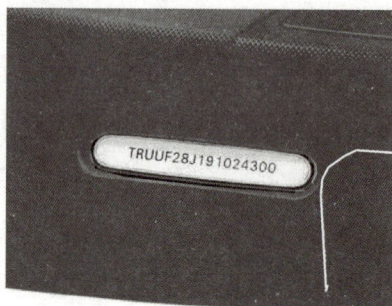

图 1-4　常见轿车 VIN 位置

图 1-5　欧洲经济共同体国家轿车（发动机舱后舱板上）
　　　　VIN 位置

图 1-6　副驾驶座椅前方的 VIN

图1-7　发动机舱内的悬架塔上的VIN　　　图1-8　发动机的前梁支架上的VIN

由于汽车修理逐步实行计算机管理和故障分析诊断,在各种测试仪表和维修设备中都存储有17位识别代号编码VIN的数据,以作为修理的依据。17位识别代号编码在汽车配件经营管理上也起着重要作用,在查找零件目录中汽车零件号之前,首先要确认17位识别代号编码的车型年款,否则会产生误购、错装等现象。

利用VIN数据规定还可以鉴别出拼装车、走私车,因为拼装的进口汽车一般是不按VIN规定进行组装的。

随着车型年款和汽车发往国家的不同(各国政府对VIN有不同规定),VIN规定会有所不同。有的直接按系列车型或车名进行规定(如日本雷克萨斯汽车)。在实用中,一般要由两种VIN规定才可验证出一辆车的型号和车型参数,因此,大量积累这方面的资料具有重要的意义。随着年款的变化,今后还会陆续出现关于VIN的各种规定。

2)旧机动车中VIN的识别

第1～17位含义如图1-9所示。

第1～3位	第4～8位	第9位	第10位	第11位	第12～17位
WMI	VDS	校验码	年份	装配厂	生产顺序号

图1-9　第1～17位含义

(1)第1～3位(WMI):世界制造厂识别代码,表明车辆是由谁生产的。

第一位字码是标明一个地理区域的字母或数字,第二位是标明一个特定地区内的一个国家的字母或数字,第一、二位字码的组合将能保证国家识别标志的唯一性。第三位字码是标明某个特定的制造厂的字母或数字。第一、二、三位字码的组合能保证制造厂识别标志的唯一性。如进口车TRU/WAU(Audi)、1YV/JM1(Mazda)、4US/WBA/WBS(BMW)、WDB(Mercedes Benz)、YV1(Volvo)、KMH(韩国现代),常见国内厂商车型VIN见表1-8。

常见国内厂商车型VIN　　　　　　　　　　　　　　　　表1-8

WMI(第1～3位)	制造厂	VDS(第4、5位)
LFP	一汽轿车股份有限公司	F-丰田;H-红旗
LFV	一汽大众汽车有限公司	—
LSV	上海大众汽车有限公司	A-桑塔纳;B-帕萨特

续上表

WMI(第1~3位)	制造厂	VDS(第4、5位)
LSG	上汽通用汽车有限公司	WG-SGM7200(别克君威2.0)； WL-SGM7300GL(别克君威3.0)； DC-SGM6510GL8(别克GL8)； SJ-SGM7160SL(赛欧)
LSJ	上海汽车集团股份有限公司	D-奇瑞；W-荣威
LDC	神龙汽车有限公司	11-RT-神龙·富康ZX型轿车； 12-RL-神龙·富康ZX1.4i型轿车； 13-RL-神龙·富康ZX1.4i型轿车； 21-AL-神龙·富康ZX1.6i型轿车； 22-AT-神龙·富康ZX1.6i型轿车； 31-EL-神龙·富康988型轿车
LGB	东风汽车有限公司	C-风神蓝鸟
LHG	广州本田汽车有限公司	—
LNB	北京现代汽车有限公司	S-索纳塔
LEN	北京吉普汽车有限公司	—
LHB	北汽福田汽车股份有限公司	—
LKD	哈飞汽车股份有限公司	—
LS5	长安汽车	—

(2)第4~8位(VDS)：车辆特征。

轿车：种类、系列、车身类型、发动机类型及约束系统类型。

MPV：种类、系列、车身类型、发动机类型及车辆额定总质量。

载货汽车：型号或种类、系列、底盘、驾驶室类型、发动机类型、制动系统类型及车辆额定总质量。

客车：型号或种类、系列、车身类型、发动机类型及制动系统类型。

(3)第9位：校验位，通过一定的算法防止输入错误。

(4)第10位：车型年份，即厂家规定的型年(Model Year)，不一定是实际生产的年份，但一般与实际生产的年份之差不超过1年。VIN中的第10位，即VIS第一位字码就是车辆的出厂年份，是识别车辆的重要标识。年份字母规定使用见表1-9。

表示年份代码   表1-9

年份	代码	年份	代码	年份	代码	年份	代码
2001	1	2005	5	2009	9	2013	D
2002	2	2006	6	2010	A	2014	E
2003	3	2007	7	2011	B	2015	F
2004	4	2008	8	2012	C	2016	G

年份	代码	年份	代码	年份	代码	年份	代码
2017	H	2023	P	2029	X	2035	5
2018	J	2024	R	2030	Y	2036	6
2019	K	2025	S	2031	1	2037	7
2020	L	2026	T	2032	2	2038	8
2021	M	2027	V	2033	3	2039	9
2022	N	2028	W	2034	4	2040	A

（5）第11位：装配厂信息。

（6）第12～17位：顺序号，一般情况下，汽车召回都是针对某一顺序号范围内的车辆，即某一批次的车辆。

3）车辆识别代号（VIN）编码举例说明

（1）美国通用汽车公司（GM）Buick Century 别克世纪牌汽车 2003 年 VIN。

VIN	2	G	4	W	B	5	2	K	0	3	Z	4	0	0	0	0	1
代码位置	1	2	3	4	5	6	7	8	9	10	11	12	13	14	15	16	17

第1位：汽车生产国家代码，2——加拿大。

第2位：生产厂家代码，G——通用汽车公司。

第3位：制造厂家代码，4——别克汽车分部。

第4～5位：汽车品牌/系列代码。W/B——Regal（君威）；W/F——Regal LS（君威 LS）；W/S——Century Custom（世纪牌特制型）；W/Y——Century Limited（世纪牌顶级型）。

第6位：车身形式代码，5——四门轿车（G69）（通用69型车身）。

第7位：安全防护系统代码，2——主动式（手动）安全带，并带有驾驶人和乘客的安全气囊（前部）。

第8位：发动机型号代码，K——RPO，L36，3.8L，V6 型 SFI（顺序燃油喷射）；1——RPO，L67，3.8L，V6 SFI。

第9位：检验数字代码。0～9 或 X。

第10位：汽车生产年型年款代码，3——2003 年。

第11位：总装生产工厂代码。

第12～17位：生产顺序号数字。

（2）中国第一汽车集团有限公司轿车 VIN 内容含义及编制规则。

VIN	L	F	P	H	5	A	B	A	2	W	8	0	0	4	3	2	1
代码位置	1	2	3	4	5	6	7	8	9	10	11	12	13	14	15	16	17

第1～3位：生产国别、制造厂商和车型类型，具体如下：

        LFW——载货汽车   LFD——备用

        LFB——客车   LFS——特种车

LFV——轿车(一汽大众汽车有限公司生产)　　LFN——非完整车辆

LFT——挂车　　　　　　　　　　　　　　LFP——轿车

LFM——多用途乘用车

注:①载货越野、自卸车、半挂牵引车及客货厢式车均属载货汽车。

②吉普车(包括越野、非越野式)属轿车类。

③用客车改装的客货两用车属客车类。

④汽车型号中车辆类别代号为5的车辆属特种车,但客货厢式及轿车车身的车辆除外,客货厢式车属载货汽车,轿车车身的车辆属轿车。

⑤L表示中国。F——First,P——Passenger,W——Works,B——Bus,N——Non-complete vehicle,M——M. P. V,S——Special,T——Trailer,V——V. W. 一汽大众轿车。

第4位:车辆品牌,具体如下:

J——解放牌	H——红旗牌	A——环都
B——罗福	C——长白山	D——德力
E——凤凰	F——先锋	G——星光
K——远达	L——吉林	M——红塔
N——蓝箭	P——蓬翔	R——西南五十铃
S——四环	T——太湖	U——凌河
X——雄风	Y——远征	Z——中海

第5位:发动机排量,具体如下:

1——小于或等于1L	2——1.1～1.3L	3——1.4～1.6L
4——1.7～2.0L	5——2.1～2.5L	6——2.6～3.0L
7——3.1～3.5L	8——3.6～4.0L	A——4.1～4.5L
B——4.6～5.0L	C——大于5.0L	

第6位:发动机类型及驱动形式,具体如下:

A——汽油机,前置,前轮驱动	B——汽油机,前置,后轮驱动
C——汽油机,前置,全轮驱动	D——汽油机,后置,前轮驱动
E——汽油机,后置,后轮驱动	F——汽油机,后置,全轮驱动
1——柴油机,前置,前轮驱动	2——柴油机,前置,后轮驱动
3——柴油机,前置,全轮驱动	4——柴油机,后置,前轮驱动
5——柴油机,后置,后轮驱动	6——柴油机,后置,全轮驱动

第7位:车身形式,具体如下:

A——二门折背式	J——六门舱背式
B——四门折背式	K——二门短背式
C——六门折背式	L——四门短背式
D——二门直背式	M——六门短背式
E——四门直背式	N——二门敞篷车
F——六门直背式	P——四门敞篷车

G——二门舱背式   R——六门敞篷车

H——四门舱背式   S——检阅车

第8位:安全保护装置,具体如下:

    A——手动安全带

    B——手动安全带,驾驶人气囊

    C——手动安全带驾驶人气囊及乘员气囊

    1——自动安全带

    2——自动安全带,驾驶人气囊

    3——自动安全带驾驶人气囊及乘员气囊

第9位:工厂检验数字,用数字 0 ~9 或 X 表示。

第10位:生产车款年型(生产年份),具体如下:

1——2001	2——2002	3——2003
4——2004	5——2005	6——2006
7——2007	8——2008	9——2009
A——2010	B——2011	

第11位:生产装配工厂,具体如下:

1——总装配厂	2——变型车厂
3——专用车厂	4——客车底盘厂
5——汽研中试厂	6——汽研中实改装车厂
7——汽研联合改装车厂	8——第一轿车厂
9——第二轿车厂	0——重型车厂
A——青岛汽车厂	B——顺德汽车厂
C——长春轻型车厂	D——大连客车厂
E——成都汽车厂	F——延边汽车厂
G——一汽三友汽车制造有限公司	H——哈尔滨轻型车厂
J——吉林轻型车厂	K——凌源汽车制造有限公司
L——柳州特种车厂	M——芜湖一汽扬子汽车厂
N——一汽北京汽车制造有限责任公司	P——四平专用车厂
R——山东汽车改装厂	S——一汽四环股份公司机动车厂
T——红塔云南汽车制造有限公司	W——无锡汽车厂
X——无锡柴油机厂	Z——四川专用车厂

第12 ~17 位:工厂生产顺序号。

(四)汽车的主要技术参数和性能指标

1.汽车的主要技术参数

1)质量参数

(1)汽车总质量:指装备齐全时的汽车自身质量与按规定装满客(包括驾驶人)、货时的载质量之和,也称满载质量。

(2)载质量:指在硬质良好路面上行驶时所允许的额定载质量。

轿车的装载量是以座位数表示,城市客车的装载量等于座位数并包括站立乘客数,长途客车和旅游客车的装载质量等于座位数。

(3)轴荷:指汽车满载时各车轴对地面的垂直载荷。

2)尺寸参数

(1)车辆长:指垂直于车辆纵向对称平面,并分别抵靠在汽车前、后最外端凸出部位的两垂面之间的距离。

我国公路车辆的极限尺寸规定的汽车总长为:货车(包括越野车)不大于12m,一般客车不大于12m,铰接式客车不大于18m,牵引车拖带半挂车不大于16.5m,汽车拖带挂车不大于20m。

(2)车辆宽:宽度不大于2.5m。

(3)车辆高:我国公路车辆的极限尺寸规定车辆总高不大于4m。

(4)轴距:通过车辆同一侧相邻两车轮的中点,并垂直于车辆纵向对称平面的两垂线之间的距离。对于三轴以上的车辆,其轴距由从最前面至最后面的相邻两车轮之间的轴距分别表示,总轴距则为各轴距之和。

(5)轮距:汽车车轴的两端为单车轮时,轮距为车轮在车辆支撑平面上留下的轨迹中心线之间的距离。汽车车轴的两端为双车轮时,轮距为车轮中心平面(双轮车车轮中心平面为外车轮轮辋内缘和内车轮轮辋外缘等距的平面)之间的距离。

(6)前悬:指通过两前轮中心的垂面与抵靠在车辆最前端(包括前拖钩、车牌及任何固定在车辆前部的刚性件),并且垂直于车辆纵向对称平面的垂面之间的距离。

(7)后悬:指通过车辆最后车轮轴线的垂面与抵靠在车辆最后端(包括后拖钩、车牌及固定在车辆后部的任何刚性部件),且垂直于车辆纵向对称平面的垂面之间的距离。

(8)最小离地间隙:指汽车除车轮以外的最低点与路面之间的距离。它表征了汽车能无碰撞地越过石块、树桩等障碍物的能力。汽车的飞轮壳、前桥、变速器壳、消声器、驱动桥的外壳、车身地板等处一般有较小的离地间隙。

(9)接近角:从汽车前端凸出点向前轮引切线,该切线与路面的夹角称为接近角。接近角越大,越过障碍物(如小丘、沟洼地等)时,越不易发生"触头失效"。

(10)离去角:从汽车后端凸出点向后轮引切线,该切线与路面的夹角称为离去角。离去角越大,越过障碍物时,越不容易发生"托尾失效"。

(11)最小转弯直径:转向盘转到极限位置,转弯行驶,前外轮印迹中心至转向中心的距离(左、右转弯,取较大者),称为汽车的最小转弯半径。

2.汽车的主要性能与评价指标

汽车的主要性能包括动力性、燃油经济性、制动性、操纵稳定性、行驶平顺性、环保性等。

1)汽车的动力性

(1)汽车的最高车速。汽车的最高车速是指在水平良好的路面上(混凝土或沥青路面)汽车所能达到的最高行驶速度。

　　一般情况下,每款车都有自己的最高安全车速和超负荷运行下的非安全的最高车速,在一些大排量的进口高档车中都带有电子限速功能,像宝马760Li,排量达到5.97L,奔驰S600排量达到了6.12L,但是这两款车的最高车速同为250km/h。

　　(2)汽车的加速能力。包括汽车的原地起步加速时间和超车加速时间。加速时间越短,汽车的加速性就越好,整车的动力性也越高。汽车的加速能力可用两种指标评价。

　　①原地起步加速时间,又称原地换挡加速时间。它是指汽车从静止状态下,由第一挡起步,并以最大的加速强度(包括节气门全开和选择最恰当的换挡时机)逐步换至高挡后,达到某一预定的车速或距离所需要的时间。目前,常用从静止加速到96km/h所需的时间(s)来评价。

　　②超车加速时间。为提高汽车的平均行驶速度由某一车速开始,用最高挡或次高挡全力加速至某一高速所需要的时间,用来表示汽车超车时的加速能力。目前常用从48km/h加速到112km/h所需的时间(s)来评价。超车加速时间对提高汽车的平均行驶速度有一定影响,特别是在行车途中常常要以最大的加速性来处理相关的紧急情况,比如在交叉路口起步的瞬间,在高速公路超越车辆的时候,都能体现出加速性的重要性。

　　(3)汽车的爬坡能力。汽车的最大爬坡度是指汽车满载时在良好路面上用第一挡克服的最大坡度,它表征汽车的爬坡能力。爬坡度用坡度的角度值(以度数表示)或以坡度起止点的高度差与其水平距离的比值(正切值)的百分数来表示。

　　对于经常在城市和良好公路上行驶的汽车,最大爬坡度为10°左右即可。对于载货汽车,有时需要在坏路上行驶,最大爬坡度应在30%(即16.5°)左右。而越野汽车要在无路地带行驶,最大爬坡度应达30°以上。

　　2)汽车的燃油经济性

　　在我国及欧洲,燃油经济性指标的单位为L/100km,即行驶100km里程所消耗燃油的升数。常用完成单位货物周转量的平均燃油消耗量来衡量,其单位为L/(100t·km)。

　　汽车的经济性指标主要由耗油量来表示,是汽车使用性能中重要的性能。尤其我国实施了燃油税政策,汽车的耗油量参数就有特别的意义。耗油量参数是指汽车行驶百公里消耗的燃油量,以升(L)为计量单位。在我国,这些指标是汽车制造厂根据国家规定的试验标准,通过样车测试得出来的,它包括等速油耗和循环油耗。

　　等速油耗是指汽车在良好路面上等速行驶时的燃油经济性指标。由于等速行驶是汽车在公路上运行的一种基本工况,加上这种油耗容易测定,所以得到广泛采用,如法国和德国就把90km/h和120km/h的等速油耗作为燃油经济性的主要评价指标。我国也采用这一指标。国产汽车说明书上标明的百公里油耗一般都是等速油耗。然而,由于汽车在实际行驶中经常出现加速、减速、制动和发动机怠速等多种工作情况。因此,等速油耗往往偏低,与实际油耗有较大差别,特别对经常在城市中作短途行驶的汽车,差别就更大。

　　道路循环油耗是指汽车在道路上按照规定的车速和时间规范,作反复循环行驶时所测定的燃油经济性指标,又称作多工况道路循环油耗。在车速和时间规范中,规定每个循环包含各种行驶的工况,并规定了每个循环中的换挡时刻、制动与停车时间,以及行驶速度、加速度及制动减速度的数值。因此,用这种方法测定的燃油经济性比较接近汽车实际的行驶情况。美国汽车工程师学会(SAE)制定了SAEJ10926道路循环试验规范,被广泛采用。这一规范包括市区、郊区、州际(55Mile/h)和州际(70Mile/h)四种不同的循环。在了解美国汽车的燃油经济性时，应分清所采用的是哪种循环，才能进行比较。

目前，汽车销售中对于燃料汽车使用的是市郊工况油耗(L/100km)、市区工况油耗(L/100km)、综合工况油耗(L/100km)等指标；对于纯电动汽车采用综合工况电能消耗量(kW·h/100km)、电能当量燃料消耗量(L/100km)；而对于混合动力电动汽车采用的是燃料消耗量(L/100km)、电能消耗量(kW·h/100km)、电能当量燃料消耗量(L/100km)、最低荷电状态燃料消耗量(L/100km)等，这些指标比较实际地反映了汽车的实际能源消耗情况，如图1-10所示。

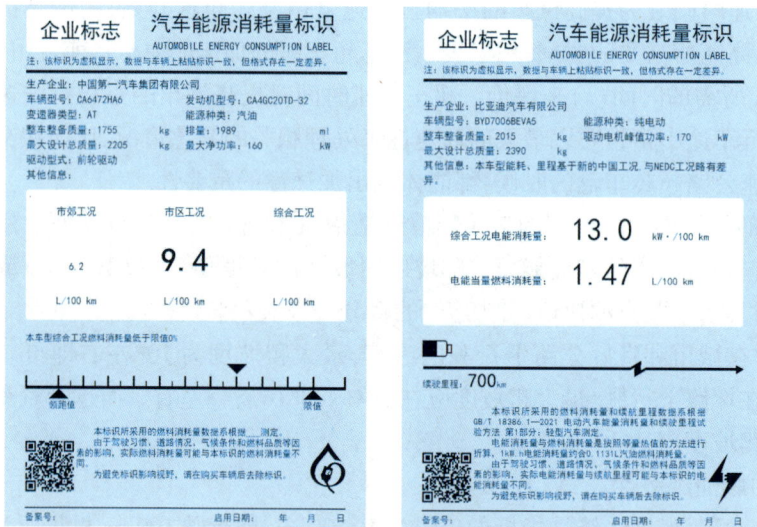

图1-10　汽车能源消耗量标识

3）汽车的制动性

(1)制动效能：指汽车迅速降低行驶速度直至停车的能力，是制动性能最基本的评价指标。它是由制动力、制动减速度、制动距离和制动时间来评价的。《机动车运行安全技术条件》(GB 7258—2017)规定，制动距离是指机动车在规定的初速度下急踩制动时，从脚接触制动踏板(或手触动制动手柄)时起至机动车停住时止机动车驶过的距离。

(2)制动抗热衰退性能：指汽车高速制动、短时间内重复制动或下长坡连续制动时制动效能的热稳定性。因为制动过程实质是把汽车的动能通过制动器吸收转化为热能。制动过程中制动器温度不断升高，制动器摩擦系数下降，制动器摩擦阻力矩减小，从而使制动能力降低，这种现象称为热衰退现象。

(3)制动时汽车的方向稳定性：指汽车在制动时不发生跑偏、侧滑或丧失转向能力，而按驾驶人给定方向行驶的性能。

4）汽车的操纵稳定性

操纵性是指汽车能够及时而准确地执行驾驶人的转向指令的能力；稳定性是指汽车受到外界扰动(路面扰动或突然阵风扰动)后，能自行尽快地恢复正常行驶状态和方向，而不发生失控，以及抵抗倾覆、侧滑的能力。

5）汽车的行驶平顺性

汽车行驶时,对路面不平度的隔振特性,称为汽车的行驶平顺性。由于平顺性主要反映为乘坐者的舒适程度,所以它有时又称乘坐舒适性。

汽车行驶时,路面的不平度会激起汽车的振动。当这种振动达到一定程度时,将使乘客感到不舒适和疲劳,或使运载的货物损坏。振动引起的附加动载荷将加速有关零件的磨损,缩短汽车的使用寿命。车轮载荷的波动会影响车轮与地面之间的附着性能,从而关系到汽车的操纵稳定性。

汽车的振动随行驶速度的提高而加剧。在汽车的使用过程中,常因车身的强烈振动而限制了行驶速度的发挥。

6）汽车的环保性

（1）排放污染物。

汽车排放是指从排气管中排出的 CO（一氧化碳）、$HC + NO_x$（碳氢化合物和氮氧化物）、PM（微粒、炭烟）等有害气体。它们都是发动机在燃烧做功过程中产生的有害气体。这些有害气体产生的原因各异,CO 是燃油氧化不完全的中间产物,当氧气不充足时会产生 CO,混合气浓度大及混合气不均匀都会使排气中的 CO 量增加。HC 是燃料中未燃烧的物质,由于混合气不均匀、燃烧室壁冷等原因造成部分燃油未来得及燃烧就被排放出去。NO_x 是燃料（汽油）在燃烧过程中产生的一种物质。PM 也是燃油燃烧时缺氧产生的一种物质,其中以柴油机最明显。因为柴油机采用压燃方式,柴油在高温高压下裂解更容易产生大量肉眼看得见的炭烟。

近年来,我国机动车环保标准逐步提高,标准名称见表1-10。2001 年,国家开始实施国Ⅰ排放标准,经过 20 余年的发展,目前全国实施国Ⅵ排放标准 6b 阶段。2023 年 5 月 8 日,为进一步强化机动车污染防治工作,从源头减少排放,生态环境部、工业和信息化部、商务部、海关总署、市场监管总局发布关于《实施汽车国六排放标准有关事宜的公告》,规定自 2023 年 7 月 1 日起,全国范围全面实施国Ⅵ排放标准 6b 阶段,禁止生产、进口、销售不符合国Ⅵ排放标准 6b 阶段的汽车。因此,消费者在选择旧机动车时,应选择符合排放标准的汽车。

新生产机动车环保要求   表 1-10

车辆（发动机）类型	标准名称
轻型汽车	《重型柴油车污染物排放限值及测量方法（中国第六阶段）》（GB 17691—2018）
	《轻型汽车污染物排放限值及测量方法（中国第六阶段）》（GB 18352.6—2016）
	《轻型汽车污染物排放限值及测量方法（中国第五阶段）》（GB 18352.5—2013）
	《轻型汽车污染物排放限值及测量方法（中国第Ⅲ、Ⅳ阶段）》（GB 18352.3—2005）
	《轻型混合动力电动汽车污染物排放控制要求及测量方法》（GB 19755—2016）
	《汽车加速行驶车外噪声限值及测量方法》（GB 1495—2002）
	《车用压燃式发动机和压燃式发动机汽车排气烟度物排限值及测量方法》（GB 3847—2005）
	《点燃式发动机汽车排气污染物排放限值及测量方法（双怠速法及简易工况法）》（GB18285—2005）

由于环保要求逐年提高,旧机动车随着车龄增加车型极其繁杂,很多车主自己都弄不清楚自己的车到底达到何种排放标准,买车人也因为不明确看中的车辆是否可以在自己当地上牌而不敢下手,到车管所查询又费时费力,进入所在地的环境保护局网站或者国家机动车环保网查询即可揭晓,网址为 https://info.vecc.org.cn/ve/index。

（2）噪声。

汽车噪声的大小是衡量汽车质量水平的重要指标,汽车噪声的防治也是世界汽车工业的一个重要课题。

汽车的噪声源有多种,例如发动机、变速器、驱动桥、传动轴、车厢、玻璃窗、轮胎、继电器、喇叭、音响等都会产生噪声。这些噪声有些是被动产生的,有些是主动发生的(如人为按动喇叭)。但是主要来源只有两个方面,一个是发动机,另一个是轮胎,它们都是被动发生的,只要车辆行驶就会产生噪声。

轮胎在路面滚动时产生的噪声是很大的。有关研究表明,在干燥路面上,当汽车速度达到 100km/h 时,轮胎噪声成为整车噪声的重要噪声源。而在湿滑路面上,即使车速低,轮胎噪声也会盖过其他噪声成为最主要的噪声源。轮胎噪声来自泵气效应和轮胎振动。所谓泵气效应是指轮胎高速滚动时引起轮胎变形,使得轮胎花纹与路面之间的空气受挤压,随着轮胎滚动,空气又在轮胎离开接触面时被释放,这样连续的"压挤、释放",空气就迸发出噪声,而且车速越快噪声越大,车辆越重噪声越大。轮胎振动与轮胎的刚度和阻尼有关,刚度增大(例如轮胎帘布层数目增加),阻尼减少,轮胎的振动就会增大,噪声也就变大。为了降低轮胎表面的噪声,轮胎厂家采用变节距与静音细沟槽花纹,或高阻尼橡胶材料,调整好轮胎的负载平衡以减少自激振动等。

为了防止发动机噪声和轮胎噪声传入车厢,工程师除了尽量减少噪声源外,也在车厢的密封结构上下功夫,尤其是前围板和地板的密封隔音性能。

从以上所述可知,解决汽车的噪声是一项涉及整车方方面面的技术问题,包括发动机的结构、材料质量分布、工艺水平、装配密封性等。实际上,汽车噪声的大小已经反映出这辆汽车的品质和技术性能的高低了。因此,消费者在选购旧机动车时要特别注意汽车运行时的噪声。

二、任务实施

(一) 汽车的分类

（1）能够根据汽车的动力装置进行分类。

（2）能够按发动机位置和驱动方式进行分类。

（3）能够根据汽车的用途分类。

（4）了解乘用车(轿车)的分类。

（5）了解德国汽车分级标准。

（6）旧机动车的分类。

①按使用年限分类。目前,旧机动车价格主要根据使用年限和车况品质综合判定,一般

旧机动车按使用年限分为10年以上、3～10年和3年以内。

②按车辆来源及其品质分类。一般分为私家车、单位更新车辆、抵债车辆、玩车族换下的车辆、事故车辆、故障车辆等。

(二)汽车的主要技术参数和性能指标

1.汽车的主要技术参数

汽车的尺寸参数是汽车的主要技术参数,其中包括汽车长度、宽度、高度、轴距、轮距、前悬、后悬、最小离地间隙、接近角、离去角和最小转弯直径等。4门汽车外形尺寸如图1-11、图1-12所示。

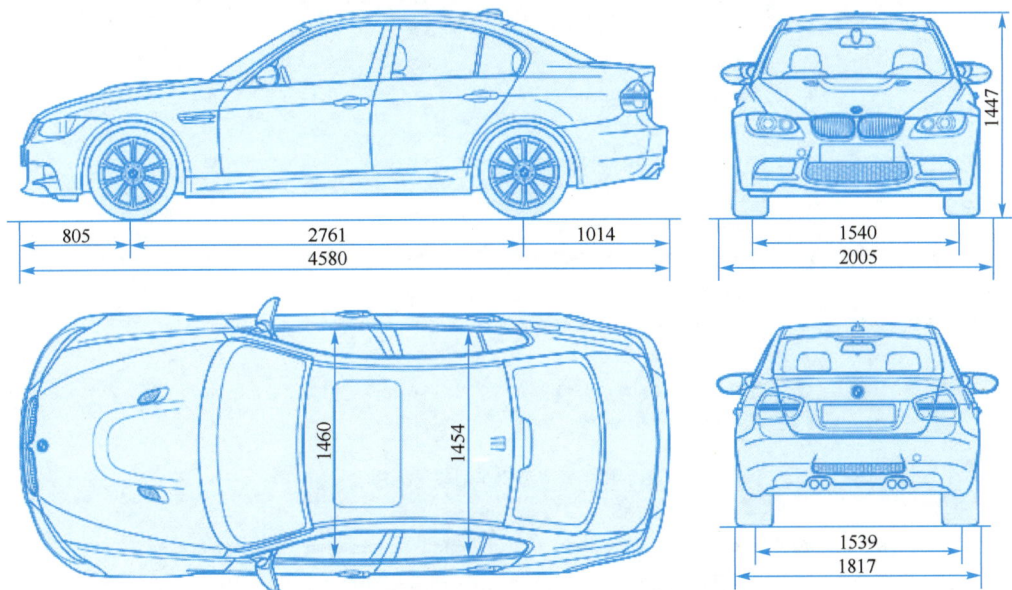

图1-11　4门汽车外形尺寸(尺寸单位:mm)

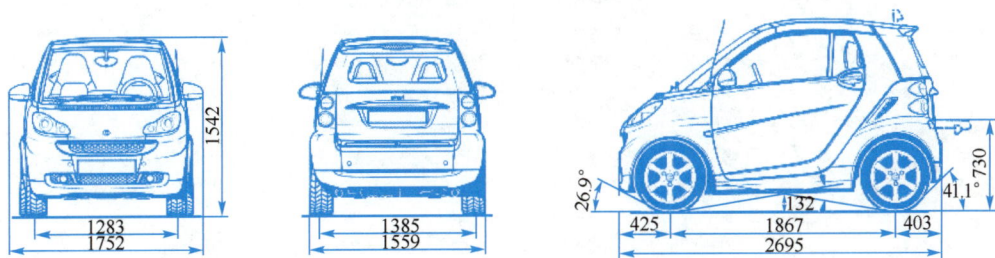

图1-12　2门汽车外形尺寸(尺寸单位:mm)

2.汽车的主要性能与评价指标

汽车的主要性能包括外观、动力性、燃油经济性、制动性、操纵稳定性、行驶平顺性、环保性等。微型车、小型车应该时尚、实用;中级车要经济,配置要个性化;而对于中高级车则看重动力、舒适和操控性能。

（1）实际能源消耗。

燃油车的实际耗油（图1-13）、新能源车的续航能力（图1-14）都是消费者关心的首要问题，也可以说是选择车辆性能重中之重。可以通过小熊油耗 App、小熊油耗公众号、小熊油耗微信小程序进行查询。

排名	品牌	车名	车主众测油耗	工信部油耗	有效样本数
1		马自达3 昂克赛拉 2021款 1.5L 手动质美版	5.9	5.8	34
2		朗逸 2021款 1.5L 手动舒适版	6		26
3		捷达VA3 2021款 1.5L 手动悦享版	6.12	5.7	32
4		马自达3 昂克赛拉 2020款 1.5L 手动质美版	6.15	5.8	66
5		桑塔纳 2021款 1.5L 手动舒适版	6.18	5.6	41
6		宝来 2020款 1.5L 手动舒适型	6.23	5.8	129
7		速腾 2020款 200TSI 手动舒适型 国VI	6.24	5.7	23
8		轩逸 2020款 1.6L XL 手动悦享版	6.27	5.7	24
9		捷达VA3 2021款 1.5L 手动进取版	6.3	5.7	68
10		昕锐 2020款 1.5L 手动标准版	6.34	5.6	33
11		雷凌 2022款 TNGA 1.5L CVT领先版	6.35	5.1	53
12		桑塔纳 2021款 1.5L 手动风尚版	6.35	5.6	708
13		启辰D60 2020款 1.6L Entry 手动舒享版	6.36	6	22
14		朗逸 2023款 300TSI DSG星空满逸版	6.37		20
15		宝来 2020款 1.5L 手动时尚型	6.38	5.8	96
16		科沃兹 2020款 改款 Redline 325T 自动欣尚版	6.38	4.9	47
17		科沃兹 2021款 325T 自动欣悦版	6.4	4.9	117
18		卡罗拉 2022款 TNGA 1.5L CVT先锋版	6.43	5.1	49
19		宝来 2021款 1.5L 手动时尚智联版	6.43	5.8	43

图 1-13　紧凑型汽车油耗排行榜

排名	品牌	车系	蓄电池类型	驱动方式	车主众测电耗	有效样本数
1		吉利几何M6	三元锂	前驱	13.62	14
2		几何C	三元锂	前驱	13.71	24
3		奥迪Q4 e-tron	三元锂	后驱	15.4	9
4		元PLUS	磷酸铁锂	前驱	15.52	482
5		合创Z03	三元锂	前驱	15.6	6
6		哪吒U	磷酸铁锂	前驱	15.65	16
7		合创Z03	三元锂+磷酸铁锂	前驱	15.72	13
8		欧拉iQ	三元锂	前驱	15.87	6
9		哪吒U	三元锂	前驱	16.07	98
10		AION Y	三元锂	前驱	16.42	61
11		极氪X	三元锂	后驱	16.42	17
12		AION Y	磷酸铁锂	前驱	16.85	333
13		宋PLUS新能源		前驱	16.95	132
14		小鹏汽车G3	三元锂	前驱	16.99	33
15		ID.4 X	三元锂	后驱	17.06	74
16		ID.4 CROZZ	三元锂	后驱	17.07	122
17		长安CS55纯电版	三元锂	前驱	17.33	8
18		威马EX5	三元锂	前驱	17.51	17
19		AION V	磷酸铁锂	前驱	17.52	14

图 1-14　纯电动汽车紧凑型 SUV 电耗排行榜

（2）碰撞标准简介。

汽车强制性标准首先从主动安全开始，随着汽车工业的发展和技术进步，逐步扩展至一般安全和被动安全。汽车的被动安全性能主要通过新车碰撞测试。新车碰撞测试标准主要包括车内乘员安全标准（正面碰撞标准、侧面碰撞标准、翻滚碰撞标准、追尾碰撞中的座椅标准）和车外行人安全标准。具体内容见表1-11～表1-13。

部分国家和地区新车碰撞测试（NCAP）评价规程正面碰撞项目　　表1-11

规程	100%重叠刚性壁障碰撞（km/h）	40%重叠可变形壁障偏置碰撞（km/h）	正面25%偏置碰撞（km/h）
U. S. NCAP	56	—	—
Euro NCAP	50	64	—
C-NCAP	50	64	—
JNCAP	55	64	—
IIHS	—	64	64
C-IASI	—	—	64

资料来源：U. S. NCAP（美国）、Euro NCAP（欧洲）、C-NCAP（中国）、JNCAP（日本）、IIHS（美国保险协会）、C-IASI（中国保险汽车安全指数）。

C-NCAP与Euro NCAP、U. S. NCAP正面碰撞对比　　表1-12

正面碰撞	Euro NCAP		U. S. NCAP	C-NCAP	
试验形态	正面100%刚性壁障碰撞	正面40%偏置碰撞	正面100%刚性壁障碰撞	正面100%刚性壁障碰撞	正面40%偏置碰撞
碰撞速度（km/h）	50	64	56	50	64
假人安放	前排两个Hybrid-Ⅲ-5th；后排右侧Hybrid-Ⅲ-5th	前排两个Hybrid-Ⅲ-50th；后排Q10、Q6儿童假人	驾驶员Hybrid-Ⅲ-50th；乘员侧Hybrid-Ⅲ-5th；后排无假人	前排两个Hybrid-Ⅲ-50th；后排Hybrid-Ⅲ-5th、Q3儿童假人	前排两个Hybrid-Ⅲ-50th；后排左侧Hybrid-Ⅲ-5th
假人测点	头、颈、胸、大腿	头、颈、胸、大腿、小腿	头、颈、胸、大腿	头、颈、胸、大腿、小腿	
伤害评价	取驾驶人和乘员伤害更严重的指标进行评价		驾、乘单独评价，取二者平均值作为评价结果	取驾驶人和乘员伤害更严重的指标进行评价	

资料来源：Euro NCAP、U. S. NCAP、C-NCAP。

部分国家和地区测试规程对行人保护测试的项目　　表1-13

法规	Euro NCAP/ ANCAP	U. S. NCAP	IIHS	Latin NCAP（拉丁美洲）
行人保护	·腿型试验 ·头型试验 ·AEB行人/自行车试验 ·倒车自动制动	—	·AEB行人试验	·腿型试验 ·头型试验 ·AEB行人试验

续上表

法规	JNCAP	C-NCAP	C-IASI	K-NCAP(韩国)
行人保护	·腿型试验 ·头型试验 ·AEB 行人试验	·腿型试验 ·头型试验 ·AEB 行人试验	·腿型试验 ·头型试验	·柔性腿型试验 ·上腿型试验(前保险杠) ·头型试验 ·AEB 行人/自行车试验

资料来源：Euro NCAP、ANCAP(澳大利亚)、U. S. NCAP、IIHS、Latin NCAP(南美)。

NCAP(New Car Assessment Programme,新车评价规程)是将在市场上销售的新车型按照比现有强制性标准更严格和更全面的要求进行碰撞安全性能测试,评价结果按星级划分并公开发布,旨在给予消费者系统、客观的车辆信息,促进企业按照更高的安全标准开发和生产汽车,从而有效减少道路交通事故的伤害及损失。

三款常见车型的主要技术参数和性能指标见表1-14。

三款常见车型的主要技术参数和性能指标　　　表 1-14

参数名称	一汽红旗—红旗 HS5 2023 款 2.0T 旗享 Pro 版	比亚迪海豹 2023 款冠军版 700km 性能版	奔驰 C 级混合动力 2023 款改款二 C 350 eL
基本参数			
厂商	一汽—红旗	比亚迪	北京奔驰
级别	中型 SUV	中型车	中型车
车辆型号	CA6472HA6	BYD7006BEVA5	BJ7204PELHEV
动力类型	汽油	纯电动	插电式混合动力电动
车身结构	5 门 5 座 SUV	4 门 5 座三厢轿车	4 门 5 座三厢车
整车质保	4 年或 10 万 km	6 年或 15 万 km	3 年/不限公里
电池保修时间	—	首任车主不限年限/里程	8 年/12 万 km
尺寸及质量			
长×宽×高(mm×mm×mm)	4785×1905×1700	4800×1875×1460	4882×1820×1450
轴距(mm)	2870	2920	2954
轮距(前/后)(mm)	1623/1600	1620/1625	1589/1566
最小离地间隙(空载)(mm)	200	—	—
最小转弯半径(m)	—	5.7	5.2
接近角(°)	20	13	12
离去角(°)	23	14	17
整备质量(kg)	1755	2015	1385

续上表

参数名称	一汽红旗—红旗 HS5 2023 款 2.0T 旗享 Pro 版	比亚迪海豹 2023 款 冠军版 700km 性能版	奔驰 C 级混合动力 2023 款改款二 C 350 eL
发动机/驱动电机			
发动机排量(L)/慢充时间(h)	1989	待定	1999/3
进气形式/快充时间(h)	涡轮增压	0.5	涡轮增压/0.35
燃料形式/驱动电机类型	汽油	永磁同步	汽油/永磁同步
燃油标号/蓄电池类型	95 号汽油	磷酸铁锂蓄电池	95 号汽油/三元锂蓄电池
最大功率(kW)	185	230	230
最大转矩(N·m)	380	360	440
变速器形式	8 挡手自一体	电动汽车单速	9 挡手自一体
最高车速(km/h)	210	180	235
油箱容积(L)/电池容量(kW·h)	64	82.5	50/25.4
官方 0~100km/h 加速(S)	7.6	5.9	6.9
WLTC 综合工况油耗(L/100km)/工信部纯电续航里程(km)	7.92	700	1.27/105
排放标准	国Ⅵ		国Ⅵ
制动、悬架、转向、驱动方式			
制动系统(前/后)	通风盘式/盘式	通风盘式/盘式	通风盘式/盘式
驻车制动类型	电子驻车	电子驻车	电子驻车
悬架系统(前/后)	麦弗逊式独立悬架/多连杆独立悬架	双叉臂式独立悬挂/五连杆独立悬架	麦弗逊式独立悬挂/E 型多连杆式独立悬架
转向系统	电动助力	电动助力	电动助力
驱动方式	适时四轮驱动	后置后驱	前置前驱
主/被动安全装置、驾驶辅助配置			
主/副驾驶座安全气囊	●/●	●/●	●/●
前/后排侧面气囊	●/—	●/●	●/—
前/后排头部气囊(气帘)	●/●	●/●	●/●
制动力分配/制动辅助	●/●	●/●	●/●
牵引力控制/车身稳定控制	●/●	●/●	●/●
并线辅助/车道偏离预警系统	○/○	●/●	●/●
自动驻车/上坡辅助	●/●	●/●	●/●
驾驶辅助级别	L0(选装:L2)	L2	L2
多媒体配置			
中控台液晶屏	12.3 英寸触控液晶屏	15.6 英寸触控液晶屏	11.9 英寸触控液晶屏

续上表

参数名称	一汽红旗—红旗 HS5 2023 款 2.0T 旗享 Pro 版	比亚迪海豹 2023 款 冠军版 700km 性能版	奔驰 C 级混合动力 2023 款改款二 C 350 eL
手机互联/映射	OTA 升级	OTA 升级	支持苹果 CarPlay 支持 Android Auto OTA 升级
语音控制	可控制多媒体、导航、电话、空调	可控制多媒体、导航、电话、空调	可控制多媒体、导航、电话、空调
车联网	●	●	●

注：●-标准装备；○-选装—不提供；—-无此装备。

(三)实训:观察汽车型号和 VIN 码,熟知汽车主要技术参数和性能指标

1. 训练目标与要求

(1)知晓汽车型号的设置意义和位置;

(2)知晓 VIN 码的位置与旧机动车相关的代码位置与意义;

(3)知晓车辆的主要技术参数和性能指标。

2. 训练设备

(1)汽车 4 辆(燃油汽车 2 辆,纯电动汽车 1 辆,混合动力电动汽车 1 辆);

(2)强光手电筒、轮胎气压表、轮胎花纹深度尺和举升设备;

(3)电脑与平板若干。

3. 训练步骤

(1)观察汽车驾驶室、发动机(机)舱、行李舱、车身、底盘等部件;了解汽车的配置、性能与外观;

(2)查找车辆铭牌与 VIN 码的位置,进行识别,掌握代码与旧机动车相关的信息。

车辆识别代号(VIN)编码:

①1 ~ 3 位(WMI):世界制造商识别代码,表明车辆是由谁生产的。

②第 10 位:车型年份,即厂家规定的型年,不一定是实际生产的年份。但一般与实际生产的年份之差不超过 1 年。

(3)利用电脑、平板、手机查找车辆的相关技术参数和性能指标。

(4)说明车辆的品牌、生产年代、动力类型和相关技术参数及主要性能指标。

三、评价反馈

1. 自我评价

(1)通过本学习任务的学习,你是否已经掌握以下问题?

①当地的旧机动车市场情况。

②旧机动车的分类与消费者关心的汽车信息。

_____

_____

_____

③汽车性能与评价指标的关系及消费者最关心的指标。

_____

_____

_____

(2)是否能查看 VIN 码的位置并判断汽车年代和厂家?

_____

_____

_____

(3)是否能利用网络资源查看旧机动车市场情况?

_____

_____

_____

(4)在完成本学习任务的过程中,你是否主动帮助过其他同学?是否和其他同学去当地的旧机动车市场了解旧机动车的情况?具体问题是什么?结果是什么?

_____

_____

_____

(5)通过本任务学习,培养正确的质量意识;符合 5S 要求,你认为自己在哪些方面还有待进一步改善?

_____

_____

_____

(6)通过本任务学习,养成工作注意细节的习惯,培养为客户提供精细化服务的意识。

_____

_____

_____

签名:_____   ____年____月____日

2. 资讯与实施

1）资讯

（1）电动汽车按照电能组合方式可以分为纯电动汽车、_____。

（2）电动汽车是用_____作为动力装置的汽车。

（3）目前，汽车按用途分为乘用车和_____两大类。

（4）在相同的使用条件下，带涡轮增压的发动机比非涡轮的发动机动力性要好。
（　　）

（5）车辆识别码 VIN 中的前三位字码的组合能保证制造厂识别标志的唯一性。（　　）

（6）目前，汽车销售中对于燃料电池电动汽车使用的是市郊工况油耗（L/100km）、市区工况油耗（L/100km）、综合工况油耗（L/100km）等指标；对于纯电动汽车采用综合工况电能消耗量（kW·h/100km）、电能当量燃料消耗量（L/100km）。
（　　）

（7）目前，纯电动汽车采用的蓄电池是锂离子蓄电池。常用_____、磷酸铁锂等蓄电池产品。

（8）汽车动力性评价指标有汽车最高车速、汽车的加速能力、_____。

（9）新车碰撞测试标准主要包括：车内乘员安全标准（正面碰撞标准、侧面碰撞标准、翻滚碰撞标准、追尾碰撞中的座椅标准）和_____。

（10）由于环保要求逐年提高，二手车随着车龄增加车型极其繁杂，很多车主自己都弄不清楚自己的车到底达到何种排放标准，买车人也因为不明确相中的车辆是否可以在自己当地上牌而不敢下手，到车管所查询又费时费力，进入所在地的环境保护局网站或者_____查询即可知晓。

2）实施

（1）底盘中电子稳定系统的英文缩写是（　　）。

    A. VVT   B. EBD   C. ESP   D. CVT

（2）某轿车 VIN 码是 LW433B109L1016708，某年款代码表示的年份是（　　）。

    A. 2021 年   B. 2009 年   C. 2019 年   D. 2020 年

（3）下列车辆识别代码中，（　　）是一汽大众 2017 年生产的汽车代码。

    A. WVWPR13CXAE191088   B. LFV2B21K7A3253274

    C. LFV2A21K1H4090970   D. LSVFF66R8C2116280

（4）国家标准《道路车辆　车辆识别代号（VIN）》（GB 16735—2019）基本要求规定，在（　　）年内生产任何车辆的识别代号不得相同。

    A. 20   B. 30   C. 40   D. 50

（5）某汽车型号 EQ1091，其车辆类别代号和主参数代号的含义是（　　）。

    A. 越野车自重 9 吨   B. 货车载重量 9 吨

    C. 货车总质量 9 吨   D. 客车长为 9m

（6）车辆识别代码的前三位表示的是生产国别企业工厂代码，LFV 表示（　　）。

    A. 广州丰田   B. 神龙汽车公司   C. 北京现代   D. 一汽大众

（7）我国的《道路车辆　车辆识别代号（VIN）》基本要求规定，车辆识别代号中字母

(　　)不能使用。

　　A. O、Z、Q　　　　　　B. I、O、Q　　　　　　C. I、O、Z　　　　　　D. I、O、Q、Z

（8）一辆二手车的 VIN 码是 LS7DDD142XB002964,制造国家是(　　)。

　　A. 美国　　　　　　B. 德国　　　　　　C. 中国　　　　　　D. 日本

（9）我国的《道路车辆　车辆识别代号（VIN）》基本要求规定,VIN 码刻印于(　　)。

　　A. 前风窗玻璃下横梁上盖板　　　　　　B. 副驾驶座椅下方横梁上

　　C. 右 B 柱下方钣金平面处　　　　　　D. 前机舱盖内钣金面上

（10）整车的铭牌粘贴于(　　),包含公司名称、品牌、制造国、整车型号、乘坐人数、制造年月、驱动电机型号、驱动电机峰值功率、发动机型号、动力蓄电池系统额定电压、发动机最大净功率、动力蓄电池系统额定容量、车辆识别代号、发动机排量、最大允许总质量。

　　A. 前风窗玻璃下横梁上盖板　　　　　　B. 副驾驶座椅下方横梁上

　　C. 右 B 柱下方钣金平面处　　　　　　D. 前机舱盖内钣金面上

3. 小组评价

小组评价表见表1-15。

小组评价表　　　　　　　　　　　　　　　　表1-15

序号	评价项目	评价情况
1	学习态度是否积极主动	
2	是否服从教学安排	
3	是否达到全勤	
4	着装是否符合要求	
5	是否合理规范地使用仪器和设备	
6	是否按照安全和规范的规程操作	
7	是否遵守学习、实训场地的规章制度	
8	是否积极主动地与他人合作、探讨问题	
9	是否能保持学习、实训场地整洁	
10	团结协作情况	

参与评价的同学签名:_____　　　_____年___月___日

4. 教师评价

_____

_____

教师签名:_____　　　_____年___月___日

学习任务2
旧机动车的技术鉴定 >>>

学习目标

知识目标

1. 叙述汽车使用寿命的影响因素和变化规律；
2. 知道符合旧机动车的交易规范与条件；
3. 知晓汽车技术状况的检测与鉴定的方法与步骤；
4. 知道《二手车鉴定评估技术规范》（GB/T 30323—2013）的细则；
5. 知道《二手纯电动乘用车鉴定评估技术规范》（T/CADA 17—2021）的细则；
6. 了解事故车、泡水车、火烧车的鉴定方法。

技能目标

1. 能够正确完成燃油汽车的技术状况的检测与鉴定；
2. 能够正确完成纯电动旧机动车的技术状况的检测与鉴定；
3. 能够对事故车、泡水车、火烧车进行检查与鉴定。

素养目标

1. 能按照 5S 要求，对工具、场地进行整理；
2. 选择和使用工具合理规范，要有环保意识；
3. 培养正确的劳动态度，弘扬劳动精神、奋斗精神、奉献精神；
4. 培养正确的质量强国意识，展示中国工匠可信的形象；
5. 培养爱党报国、敬业奉献、服务人民的意识，理解"客户第一"的服务理念；
6. 养成共同协作的好习惯，培养在学习中敢担当、能吃苦的好品质；
7. 安全文明生产，保证工具、设备和自身安全。

任务描述

在评估一辆旧机动车前，首先要进行其合法身份的判定，并且通过静态检查、原地起动检查和路试检查，确定汽车的使用性能即进行技术鉴定，为下一步评估定价打下基础。

学习引导

本学习任务沿着以下脉络进行学习：

手续检查 ⇒ 汽车技术状况鉴定 ⇒ 事故车、泡水车的鉴定

一、相关知识

(一)汽车的使用寿命

1. 机动车寿命的定义与分类

机动车在使用过程中，由于磨损、老化等原因，其性能随着使用年限(或行驶里程)的增加而逐渐下降，到了一定期限就应报废，这是一种自然规律。

(1)机动车使用寿命：指从技术和经济上分析，机动车使用极限的到达。

(2)使用寿命表示：可以用累计使用年数或累计行驶里程数表示。

(3)汽车报废条件：

①小、微型非营运载客汽车和大型非营运轿车行驶 60 万 km，虽然没有使用年限的规定。但是，在旧机动车计算中，非营运载客汽车(包括轿车，含越野车)使用年限为 15 年。

②营运载客汽车与非营运载客汽车相互转换的，按照营运载客汽车的规定报废，但小、微型非营运载客汽车和大型非营运轿车转为营运载客汽车的，应核算累计使用年限，且不得超过 15 年，见式(2-1)。

$$累计使用年限 = 原状态已使用年 + \left(1 - \frac{原状态已使用年}{原状态使用年限}\right) \times 状态改变后年限 \qquad (2\text{-}1)$$

式(2-1)中原状态已使用年中不足一年的按一年计算，例如，已使用 2.5 年按照 3 年计算；原状态使用年限数值取定值为 17；累计使用年限计算结果向下圆整为整数，且不超过 15 年。

③不同类型的营运载客汽车相互转换，按照使用年限较严的规定报废。

机动车使用寿命可分为技术使用寿命、经济使用寿命和合理使用寿命等。

1)机动车技术使用寿命(自然使用寿命)

(1)概念：指机动车从开始使用，直至其主要机件达到技术极限状态而不能再继续修理时为止的总工作时间或总行驶里程。

(2)特点：在结构上是零部件的工作尺寸、工作间隙；在性能上常表现为机动车总体的动力状态或燃、润料的极度超耗。

(3)影响因素：主要取决于各部分总成的设计水平、制造质量及合理使用与维修。

2)机动车经济使用寿命

(1)概念：指机动车使用到相当里程和使用年限，对其进行全面经济分析之后得出机动车已达到不经济合理、使用成本较高的寿命时刻。

（2）影响因素：从机动车使用总成本出发，分析机动车制造成本、使用与维修费用、使用者管理开支、机动车当前的折旧以及市场价格可能变化等一系列因素。

3）机动车合理使用寿命

（1）概念：机动车合理使用寿命是以机动车经济使用寿命为基础，考虑整个国民经济的发展和能源节约等因素，制订出符合我国实际情况的使用期限。

（2）机动车技术、经济和合理使用寿命三者的关系见式（2-2）。

$$技术使用寿命 > 合理使用寿命 \geq 经济使用寿命 \tag{2-2}$$

2.汽车经济使用寿命

1）汽车经济使用寿命的意义

汽车经济使用寿命是汽车经济效益最佳时期，要合理使用，及时更新。使用者在更新车辆时要在国家政策允许的情况下，以经济使用寿命为依据。因此，研究汽车的使用寿命，主要是研究汽车的经济使用寿命。

2）汽车经济使用寿命常用的评价指标

（1）年限。以汽车从开始投入运行到报废的年数作为使用寿命的量标。这种方法除考虑运行时间外，还考虑车辆停驶期间的自然损耗。这种计量方法虽然比较简单，但是不能真实反映汽车的使用强度和使用条件，造成同年限的车辆差异很大。

（2）行驶里程。以汽车从开始投入运行到报废期间总的累计行驶里程数作为使用寿命的量标。反映了汽车的真实使用强度，但不能反映出运行条件和停驶期间的自然损耗。

虽然使用年限大致相同，但累计行驶里程相差悬殊，因而大多数汽车运输企业以行驶里程作为考核车辆各项指标的基数。但在旧机动车交易中，卖主里程表时有损坏，甚至故意毁坏。因此，行驶公里数的可信度不高，鉴定估价人员只能作为参考。

（3）使用年限。将汽车总的行驶里程与年平均行驶里程之比所得的年限作为使用年限的量标，见式（2-3）。

$$T_{折} = \frac{L_{总}}{L_{年均}} \tag{2-3}$$

式中：$T_{折}$——使用年限；

$L_{总}$——汽车总的行驶里程；

$L_{年均}$——汽车年平均行驶里程。

车辆的技术状态、完好率、平均技术速度和道路条件等因素有关。营运汽车在使用过程中，由于车辆的技术状况、平均技术速度和道路条件等因素的不同，年平均行驶里程的差异较大，但车辆的年平均使用强度基本相同。

采用使用年限这个量标比采用行驶里程更为合理，因为我国地域辽阔，幅员广大，地理、气候、道路条件差异较大，管理水平也有高有低。有些省市，即使是相同的使用年限，而车辆总行驶里程有长有短，车辆技术状况也大不相同。为此采用使用年限作为主要考核指标更为确切。

在旧机动车鉴定估价工作中，确定成新率最有用的量标是使用年限，而使用年限的获得又比较困难，一是车辆行驶里程的实际数值难以取得；二是年平均行驶里程是一个统计数据。

3）影响汽车经济使用寿命的因素

（1）汽车的损耗。从汽车的有形损耗和无形损耗两个方面进行分析。无形损耗是指由于技术进步、生产的发展，出现了性能好、生产效率高的新车型，或原车型价格下降等情况，促使在用车辆提前更新。

有形损耗是指汽车在使用过程中本身的消耗。有形损耗主要与汽车使用成本有关，汽车使用成本一般包括的费用见式（2-4）。

$$C = C_1 + C_2 + C_3 + C_4 + C_5 + C_6 + C_7 + C_8 \qquad (2-4)$$

式中：C_1——燃料费用；

C_2——维护、小修费用；

C_3——大修费用；

C_4——基本折旧费用；

C_5——轮胎费用；

C_6——驾驶人工资费用；

C_7——管理费用；

C_8——其他费用。

其中，$C_5 \sim C_8$ 是与汽车经济使用寿命无关的因素。

当使用寿命确定后，C_4 基本是一个定值。C_1、C_2、C_3 随行驶里程或使用年限的增长、车况的下降而增加。因此，对 C_1、C_2、C_3 与汽车经济寿命有关的因素进一步分析，从而可按最佳经济效益确定其经济使用寿命。

①汽车的燃料费用：汽车随行驶里程的增加，技术状况逐渐变坏，其主要性能不断下降，燃料和润滑材料消耗不断增加。

②汽车的维护、小修费用：维修费用是指汽车在使用过程中，各级维护费用及日常小修费用的总和，它主要由维修过程中实际消耗的工时费和材料费来确定。随着汽车行驶里程的增加，各级维护作业中的附加小修项目和日常小修作业项目的费用也随之增加，其变化关系见式（2-5）。

维修费用 C_2 = 维修费用初始值 a + 维修费用增长强度 b × 累计行驶里程 L （2-5）

③汽车的大修费用：根据国内初步统计表明，新车到第二次大修的费用一般为车辆原值的10%左右。随里程或年限的增长，之后的大修费用也逐渐增加，而大修间隔里程在逐渐缩短。在计算大修费用时，要把某次的大修费用均摊在此次大修至下次大修的间隔里程段内，即相当于对大修后间隔里程段的投资。

（2）车辆的来源与使用强度。

①私家车：是指个人拥有的家庭自用车辆。主要用于上班、代步、旅游等家庭事务活动。通常使用强度不大，维护情况也不错，是旧机动车市场的主要来源。

②网约车：是指通过网络预约的出租汽车。出租车分为巡游出租汽车（出租车或者TAXI）和网络预约出租汽车。网约车中又分为专车和私家车加盟经营，专车的使用强度基本等同于出租车，而加盟车辆应该依据使用强度来区别判断。

《网络预约出租汽车经营服务管理暂行办法》（交运规〔2021〕1号）已有明确规定,网约车车辆行驶里程达到60万km的时候强制报废,同时也明确,行驶里程没有达到60万km但是使用年限达到8年的,应退出网约车经营,可以继续转为社会车辆来行驶,但不能再从事网约车经营。

③城市出租汽车:这是城市和乡镇为客运和货运服务的车辆,多集中在大中城市,多以国产轿车、轻型客车从事客运出租经营,以微型、轻型货车从事货运出租经营。客运出租车辆的使用强度很大,对于轿车而言,一般年平均行驶里程在100万km左右。货运出租车辆的使用强度受货运市场影响较大。目前,由于货运量不足,导致车辆闲置,其使用强度不是很大。但是,由于车主受利益驱动,车辆经常超载运行,致使车辆机件磨损程度迅速上升,大大影响车辆使用寿命。另外,这些车辆管理、使用、维修水平情况差异很大。

④租赁汽车:是指在约定时间内,经营人将租赁汽车(包括载货汽车和载客汽车)交付承租人使用,不提供驾驶劳务。汽车租赁的实质是在将汽车的产权与使用权分开的基础上,通过出租汽车的使用权而获取收益的一种经营行为,其出租的除了实物汽车以外,还包含保证该车辆正常、合法上路行驶的所有手续与相关价值。不同于一般汽车出租业务的是,在租赁期间,承租人自行承担驾驶职责。汽车租赁业的核心思想是资源共享,服务社会。

共享汽车也是汽车租赁的一种,一般是通过某个公司来协调车辆,并负责车辆的保险和停放等问题。这种方式不仅可以省钱,而且有助于缓解交通堵塞,以及公路的磨损,减少空气污染,降低对能量的依赖性,发展前景极为广阔。此类汽车使用强度参差不齐,应该区别对待。

⑤城市公共交通车辆:是指城市公共汽车。一般这些车辆从"生"到"死"直到报废,不参与旧机动车市场的交易活动。

⑥交通专业运输车辆:是指专门从事运输生产的营运车辆。这些车辆是为整个社会服务的,其使用条件复杂,使用强度比较大。一般客车年平均行驶里程为5万km左右,货车为4.5万km左右。货车拖挂率、实载率均比较高,管理、使用和维修水平也比较高,车辆基础资料齐全。

⑦社会专业运输车辆:是指各行各业专门从事运输的车辆,主要是为本行业的运输生产服务的。如商业、粮食、冶金、林业等部门的运输车辆。

⑧社会零散运输车辆:是指机关、企事业单位和个人的非营运车辆,主要是为一般零散运输和生活服务的公务、商务用车。这些车辆一般没有专门的管理机构和维修基地,使用情况差异很大。

(3)汽车的使用条件。

①道路条件。

a.道路条件分类。道路对汽车使用寿命影响很大,直接影响车辆技术速度,使其年平均行驶里程相差比较大。道路对车辆使用寿命的影响主要是道路等级和路面情况两种因素。道路条件可分为两类五个等级。

第一类:汽车专用公路、高速公路、一级公路、二级汽车专用公路。

第二类:一般二级公路、三级公路、四级公路。

高速公路是专供汽车分道高速行驶,并全部控制出入的公路;一级公路为连接重要政治、经济中心,通往重点工矿区、港口、机场,专供汽车分道行驶并部分控制出入、部分立体交叉的公路;二级汽车专用公路为连接政治、经济中心或大工矿区、港口、机场等地的专供汽车行驶的公路;一般二级公路为连接政治、经济中心或大矿区、港口、机场等地的城郊公路;三级公路为沟通县或县以上城市的干线公路;四级公路为沟通县、乡(镇)、村等的支线公路。

b.地区道路特点。由于我国历史的原因,道路数量、质量与车辆、人口增长的速度不相适应,从而构成了我国道路混合交通的特殊性,即快慢车同道而行,机动车、非机动车和行人同道混行;平原地区地势平坦、道路宽阔、路面质量好;北方地区,年降雨量比较小,对道路,尤其是土路影响不大,只是冬天出现冰雪路,影响车辆运行;南方地区,年降雨量大,尤其雨季,道路泥泞、湿滑,乡村土路则地面松软、凹陷、泥泞无法行车;城市或城郊,道路四通八达,但人口稠密,车辆多、行人多、交通拥挤、道路堵塞。

②特殊使用条件。特殊使用条件主要是指一些特殊自然条件和地理环境,如寒冷、沿海、风沙、高原、山区等地区。在这些特殊使用条件下工作的汽车,都将缩短汽车的经济使用寿命。

3. 机动车技术状况变化的一般规律

1)机动车的技术状况

机动车的技术状况是指定量测得的、表征某一时刻汽车的外观和性能的参数值的总和。技术状况变化是随着汽车行驶里程的增加,汽车的技术状况逐渐变坏,致使汽车的动力性下降、经济性变坏、使用方便性下降、行驶安全性和使用可靠性变差,直至最后达到使用极限。主要外观症状有汽车最高行驶速度降低,加速时间与加速距离增长,燃料与润滑油消耗量增加,制动迟缓、失灵,转向沉重,行驶中出现振抖、摇摆或异常声响,排黑烟或有异常气味,运行中因技术故障而停歇的时间增多。

2)机动车技术状况的评价指标

机动车的技术状况可用机动车的工作能力或运用性能来评价。

机动车的运用性能包括动力性、经济性、使用方便性、行驶安全性、使用可靠性、载质量和容积等。

(1)动力性:最高行驶车速、加速时间与加速距离、最大爬坡能力、平均技术速度、低挡使用时间。

(2)使用经济性:燃料消耗量、润滑油消耗量、维修费用。

(3)使用方便性:每100km平均操纵作业次数、操作力、灯光和信号的完好程度、起动暖车时间、最大续驶里程。

(4)行驶安全性:制动距离、制动力、制动减速度、制动时的方向稳定性、侧滑量。

(5)使用可靠性:故障率和小修频率、维修工作量、因技术故障而停歇的时间。

3)机动车技术状况变化的原因

机动车技术状况变化的原因包括零件之间相互摩擦而产生的磨损,零件与有害物质接触而产生的腐蚀,零件在交变载荷作用下产生疲劳,零件在外载、温度和残余内应力作用下发生变形,橡胶及塑料等非金属零件和电器元件因长时间使用而老化,由于偶然事件造成零件损伤等。

（1）磨损：零件的主要损坏形式，磨损现象只发生在零件表面，其磨损速度的快慢既与零件的材料、加工方法有关，又受汽车运用中装载、润滑、车速等条件的影响。疲劳损坏是由于零件承受超过材料的疲劳极限的循环应力时，而产生的损坏。

（2）腐蚀损坏产生于与腐蚀性物质接触的零件表面。易于产生腐蚀损坏的主要部件有：燃料供给系统和冷却系统的管道、车身、车架等。

（3）老化是由于零件材料在物理、化学和温度变化的影响下，而逐渐变质或损坏的故障形式。例如，橡胶、塑料等非金属零件因老化而失去弹性，强度下降等。

4）影响机动车技术状况变化的因素

（1）机动车在使用过程中，其技术状况变化的快慢不仅取决于结构设计和制造工艺水平，还受各种使用因素的影响。

（2）影响机动车技术状况变化的使用因素有：运行条件、燃料和润滑油的品质、机动车运用的合理性等。

5）机动车技术状况变化的规律

（1）机动车技术状况的变化规律是指机动车技术状况与机动车行驶里程或行驶时间的关系。

机动车在使用过程中受到外部环境和内部条件多种因素的作用，其结构强度和使用条件的变化都有平稳变化的一面，同时又有不确定的一面，其反映在汽车技术状况变化规律上，表现为渐发性和突发性两种变化规律。

（2）渐发性变化规律是指机动车技术状况的变化随行驶时间或行驶里程单调变化，从而可用函数式表示变化规律；渐发性变化规律又称为机动车技术状况随行程的变化规律。

（3）突发性变化规律是指机动车或总成出现故障或达到极限状态的时间是随机的、偶发的，没有必然的变化规律，对其变化过程独立地进行观察所得结果呈现不确定性，但在大量重复观察中又具有一定的统计规律。突发性变化规律又称为机动车技术状况的随机变化规律。

（4）机动车技术状况逐渐变化的规律。在按使用说明书的要求合理运用机动车的前提下，机动车大部分总成、机构技术状况随汽车行驶里程平稳而单调地逐渐变化。

①特点：机动车技术状况随行驶里程的变化过程可以用二者之间的函数关系式描述，一般可表示为 n 次多项式或幂函数两种形式。

②实践表明，用多项式表征机动车技术状况参数与行驶里程或工作时间的关系时，使用前四项，其精度已经足够；而对制动蹄与制动鼓间的间隙、离合器踏板自由行程等参数变化规律的描述，用前两项，即用线性函数描述已足够精确。

对于主要因零件磨损所引起的机动车技术状况参数变化的规律，可用幂函数描述，如曲轴箱窜气量随行驶里程的变化过程等。

（5）机动车技术状况的随机变化。

①随机变化的影响因素。机动车使用中的偶然因素、驾驶操作技术水平、零部件材料的不均匀性、隐蔽缺陷等因素的影响，汽车或某总成技术状况变坏而进入故障状态所对应的行程是

随机变量,与故障前的状况无直接关系。

②本质原因。在上述多种因素影响下,若机件所承受的载荷超过规定的许用标准,可使机件产生损伤并迅速超过极限值而进入故障状态。

③技术状况参数随机性变化的特点是各影响因素具有随机性的反映。当给定机动车技术状况参数的极限值时,该随机性变化表现为机动车技术状况参数达到极限值所对应的行程是多种多样的,在同一行驶里程下,机动车技术状况也存在明显差异。

由于机动车技术状况的变化具有随机性,对应于不同的驾驶人员、不同的运行条件,即使车款相同、行驶里程相同、使用年限相同,所得出的评估结果也会有相当大的差异。掌握机动车技术状况随机变化的规律,对于正确公正地评估机动车来说是相当重要的。

(二)旧机动车评估的手续检查

1.旧机动车的合法手续

旧机动车交易是在可以继续使用的前提下进行的。证件包括旧机动车的来历凭证、机动车行驶证、机动车登记证、车辆号牌、车辆运输证、交易双方的身份证明、车辆购置附加费、机动车辆保险费、车船使用税的相关证明等,如图2-1所示。

1)旧机动车交易的基本条件

(1)使用时间、行驶里程和车辆种类符合国家或者本地规定的安全技术性能要求,经公安交管部门检测合格。

(2)旧机动车卖方应当拥有车辆的所有权或者处置权。

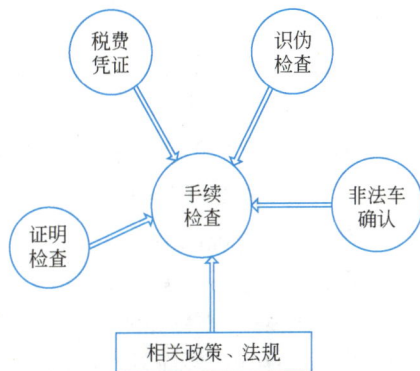

图2-1 手续检查

(3)卖方具有合法、完整的车辆法定证明、凭证。

(4)国家机关、国有企事业单位在出售、委托拍卖车辆时,应持有本单位或者上级单位出具的资产处理证明。

2)旧机动车交易过程

(1)进行旧机动车交易应当签订合同。合同示范文本由国务院工商行政管理部门制订。卖方应当向买方提供车辆的使用、修理、事故、检验以及是否办理抵押登记、缴纳税费、报废期等真实情况和信息。买方购买的车辆如因卖方隐瞒和欺诈不能办理转移登记,卖方应当无条件接受退车,并退还购车款等费用。

(2)委托旧机动车经纪机构购买旧机动车时,委托人应向旧机动车经纪机构提供合法身份证明;经纪机构依据委托人要求选择车辆,并及时向其通报市场信息;旧机动车经纪机构接受委托购买时,双方签订合同;旧机动车经纪机构根据委托人要求代为办理车辆鉴定评估,鉴定评估所发生的费用由委托人承担。

(3)旧机动车交易完成后,卖方应当及时向买方交付车辆、号牌及车辆法定证明、凭证。

2.禁止交易车辆

按照《二手车鉴定评估技术规范》(GB/T 30323—2013)规定查验机动车登记证书、行驶证、有效机动车安全技术检验合格标志、车辆购置税完税证明、车船使用税缴付凭证、车辆保险单等法定证明、凭证是否齐全，并按照表2-1检查所列项目是否全部判定为"Y"。如发现上述法定证明、凭证不全或表2-1检查项目任何一项判别为"N"的车辆，应告知委托方，不需继续进行技术鉴定和价值评估（司法机关委托等特殊要求的除外）。

可交易车辆判别表 表2-1

序号	检查项目	判别
1	是否达到国家强制报废标准	Y 否；N 是
2	是否为抵押期间或海关监管期间	Y 否；N 是
3	是否为人民法院、检察院、行政执法等部门依法查封、扣押期间的车辆	Y 否；N 是
4	是否为通过盗窃、抢劫、诈骗等违法犯罪手段获得的车辆	Y 否；N 是
5	发动机号（驱动电机号）与机动车登记证书登记号码是否一致，且无凿改痕迹	Y 是；N 否
6	车辆识别代号或车架号码与机动车登记证书登记号码是否一致，且无凿改痕迹	Y 是；N 否
7	是否走私、非法拼组装车辆	Y 否；N 是
8	是否法律法规禁止经营的车辆	Y 否；N 是

3. 旧机动车交易需要的法定证件

旧机动车交易需要的法定证件主要有机动车登记证书、机动车来历证明、机动车行驶证、机动车号牌、机动车检验合格标志等。

1）机动车登记证书

机动车登记证书是由公安机关交通管理部门核发和管理的，是机动车的"户口本"和所有权的凭证，具有产权证明的性质。车主信息、车辆信息、过户信息、用于变更行驶证上的登记项目，或者转出、抵押及办理行驶登记等机动车的详细信息和资料都记载在上面。证书上所记载的原始信息发生变动时，机动车所有人应当及时到车辆管理所办理变更登记；当机动车所有权转移时，原机动车所有人应当将机动车登记证书做变更登记后随车交给现机动车所有人。因此，机动车登记证书是机动车从"生"到"死"的完整记录。

2）机动车来历证明

机动车来历证明是旧机动车来源的合法证明。机动车来历证明主要包括以下几个方面。

（1）购买机动车的来历凭证。

在国内购买机动车的来历凭证可分为新车来历证明和旧机动车来历证明。在国外购买的机动车，其来历凭证是该车销售单位开具的销售发票及其翻译文本。

①新车来历证明。新车来历证明是指经国家工商行政管理机关验证（加盖工商验证章）的机动车销售发票（即原始购车发票）。通常在购买新车时，可在当地的工商行政管理局机动车市场管理分局办理工商验证手续。

②旧机动车来历证明。旧机动车来历证明是指经国家工商行政管理机关验证（加盖工商验证章）的旧机动车交易发票。旧机动车交易发票反映了即将交易的车辆曾是一辆已经交易过的合法使用的旧机动车。2005年10月，《二手车流通管理办法》颁布施行，全国统一

了二手车销售发票,目前国内大部分地区都使用了新版的"二手车销售统一发票"。而在统一发票之前,各地的旧车交易发票样式繁多,也造成了管理上的难度。

(2)人民法院调解、裁定或者判决转移的机动车,其来历凭证是人民法院出具的已经生效的《调解书》《裁定书》或《判决书》以及相应的《协助执行通知书》。

(3)仲裁机构仲裁裁决转移的机动车,其来历凭证是《仲裁裁决书》和人民法院出具的《协助执行通知书》。

(4)继承、赠予、中奖和协议抵偿债务的机动车,其来历凭证是继承、赠予、中奖和协议抵偿债务的相关文书和公证机关出具的《公证书》。

(5)资产重组或者资产整体买卖中包含的机动车,其来历凭证是资产主管部门的批准文件。

(6)国家机关统一采购并调拨到下属单位未注册登记的机动车,其来历凭证是全国统一的机动车销售发票和该部门出具的调拨证明。

(7)国家机关已注册登记并调拨到下属单位的机动车,其来历凭证是该部门出具的调拨证明。

(8)经公安机关破案发还的被盗抢且已向原机动车所有人理赔完毕的机动车,其来历凭证是保险公司出具的"权益转让证明书"。

(9)更换发动机、车身、车架的来历凭证,是销售单位开具的发票或者修理单位开具的发票。

3)机动车行驶证

机动车行驶证是由公安机关交通管理部门依法对车辆进行注册登记核发的证件。它是机动车取得合法行驶权的凭证。机动车上路行驶必须携带的证件,也是旧机动车过户、转籍必不可少的证件。一般载有该车车型、车主信息和车辆号牌、发动机号、车架号、车辆技术性能信息、检验记录等内容。

4)机动车检验合格标志

(1)机动车安全技术检验合格标志。

机动车必须进行安全技术检验,检验合格后,公安机关发放合格标志。从2017年1月1日起,环保检测标志与机动车安全技术检验合格标志合二为一。环境保护部、公安部、国家认监委发布《关于进一步规范排放检验加强机动车环境监督管理工作的通知》中指出,环保部门未来不再核发机动车环保检验合格标志,更换为采用相关机构拍摄排放检验合格报告上传到机动车安全技术检验监管系统的方式。

首先,环保部门不再核发机动车环保检验合格标志。机动车安全技术检验机构将排放检验合格报告拍照后,通过机动车安全技术检验监管系统上传公安交管部门,对未经定期排放检验合格的机动车,不予出具安全技术检验合格证明。公安交管部门对无定期排放检验合格报告的机动车,不予核发安全技术检验合格标志。纯电动汽车免于尾气排放检验。

(2)营运车辆综合性能检测合格标志。

凡在我国境内从事客、货运输的车辆,每年必须经汽车综合性能检测站检测,检测合格后由道路运输管理部门核发"综合性能检测合格"标志,并要求粘贴于前风窗玻璃右上角。

5）机动车号牌

机动车号牌是指由公安车辆管理机关依法对车辆进行注册登记核发的金属号牌，在办理车辆注册登记时和机动车行驶证一同核发，其号牌字码与行驶证号牌字码一致。

6）道路运输证

道路运输证是县级以上人民政府交通主管部门设置的道路运输管理机构对从事客货运输（包括城市出租客运）的单位和个人核发的随车携带的证件，用于证明该车能用于相应的客货运输。营运车辆转籍过户时，应到运营机构及相关部门办理营运过户有关手续。

7）车辆购置税

旧机动车交易应该查看车辆购置税完税证明，确认车辆购置税的纳税情况。如果遇到减免征收的情况，应该及时向征税机关核实情况，并查明应该缴纳的税款金额。

车辆购置税是国家向所有购置车辆的单位和个人，包括国家机关和单位以纳税形式征收的一项费用。其目的是解决发展公路运输事业与国家财力紧张的突出矛盾，筹集交通基础建设资金。

（1）车辆购置税的计算和征收标准。目前是按车辆计税价的10%计征，由车辆登记注册地的主管税务机关征收。它是购买车辆后支出的最大一项费用。计税价格按照下列情况确定。

纳税人购买自用应税车辆的计税价格为纳税人购买应税车辆而支付给销售商的全部价款和价外费用，不包括增值税税款。也就是说按取得的"机动车销售统一发票"上开具的价费合计金额除以（1＋13％）作为计税依据，乘以10％即为应缴纳的车购税。

纳税人购买进口自用车辆的应税车辆计税价格计算公式见式（2-6）。

$$计税价格 = 关税完税价格 + 关税 + 消费税 \qquad (2-6)$$

纳税人自产、受赠、获奖或者以其他方式取得并自用车辆，计税依据参照国家税务总局核定的应税车辆最低计税价格核定。

按特殊情况确定的计税依据。对于进口旧机动车、因不可抗力因素导致受损的车辆、库存超过3年的车辆、行驶8万km以上的试验车辆、国家税务总局规定的其他车辆，主管税务机关根据纳税人提供的"机动车销售统一发票"或有效凭证注明的价格确定计税价格。

（2）车辆购置税的免税、减税范围。车辆购置税的免税、减税范围按下列规定执行：

①外国驻华使馆、领事馆和国际组织驻华机构及其外交人员自用的车辆免税。

②中国人民解放军和中国人民武装警察部队列入军队武器装备订货计划的车辆免税。

③设有固定装置的非运输车辆免税。

④有国务院规定予以免税或者减税的其他情形的，按照规定免税或者减税。

⑤对于挖掘机、平地机、叉车、装载车（铲车）、起重机（吊车）、推土机六种车辆免税。

2020年4月16日，财政部、税务总局、工业和信息化部联合发布《关于新能源汽车免征车辆购置税有关政策的公告》（财政部公告2020年第21号），提出自2021年1月1日至2022年12月31日，对购置的新能源汽车免征车辆购置税。2023年6月19日，财政部、税务总局、工业和信息化部联合发布《关于延续和优化新能源汽车车辆购置税减免政策的公告》（财政部税务总局 工业和信息化部公告2023年第10号）提出对购置日期在2024年1月1日至2025年12月31日期间的新能源汽车免征车辆购置税，其中，每辆新能源乘用车免税额不超过 3 万元;对购置日期在 2026 年 1 月 1 日至 2027 年 12 月 31 日期间的新能源汽车减半征收车辆购置税,其中,每辆新能源乘用车减税额不超过 1.5 万元。

8)车船使用税

车船税征收依据是 2012 年 1 月 1 日起实施的《中华人民共和国车船税法》。根据规定,凡在中华人民共和国境内,车辆、船舶的所有人或者管理人为车船税的纳税人,应当依照《中华人民共和国车船税法》的规定缴纳车船税。车船税由地方税务机关负责征收。许多地方的车船使用税已有保险机构(含代办点)在销售"交强险"时,对应纳车船税的机动车辆,同时代收代缴车船税。

9)机动车保险费

(1)交强险。

交强险的全称是机动车交通事故责任强制保险,是我国第一个法定强制保险。《机动车交通事故责任强制保险条例》规定,一辆车如果多次出险,第二年的保费很快会上涨,而常年不出险保费也会逐年降低,以此实现"奖优罚劣"。

(2)商业险。

①车辆损失险。车辆损失险是指保险车辆遭受保险责任范围内的自然灾害(不包括地震)或意外事故,造成保险车辆本身损失,保险人依据保险合同的规定给予赔偿。

②第三者责任险。被保险人或其允许的合格驾驶人在使用保险车辆中,发生意外事故,致使第三者遭受人身伤亡和或财产的直接损毁,依法应当由被保险人支付的赔偿金额,保险人依照法律法规和保险合同的规定给予赔偿。

③附加险。包括全车盗抢险、车上责任险、无过失责任险、车载货物掉落责任险、风窗玻璃单独破碎险、车辆停驶损失险、自燃损失险、新增加设备损失险、不计免赔特约险。

车险电子保单包括:交强险、商业险电子保单、电子交强险标志(图 2-2)。电子保单采用加盖电子签章的 PDF 格式文件,具有防篡改功能,与纸质保险单具有同等法律效力。车险保单电子化后,投保车险后无须前往保险公司领取保险单证,理赔时只要凭身份证件就可办理,风窗玻璃上也不用再贴交强险标志。

同时,使用电子保单后驾驶车辆时,无须再随车携带纸质保单和粘贴保险标志,公安机关交通管理部门将通过移动警务终端等手段完成电子保单和电子交强险标志的查验工作。

10)交易双方的身份证明

买卖双方证明或居民身份证。这些证件主要用于向注册登记机关证明机动车所有权转移的车主身份和住址。

4.旧机动车的识伪与辨别检查

旧机动车的识伪检查是指通过对交易车辆的有关手续文件和实际车况进行检查以判断其是否具有合法的交易资格,主要是杜绝各种被盗车辆、走私车、拼装车混入旧机动车交易市场,损害消费者利益。

1)相关凭证的识伪

(1)识伪检查应首先检查车辆的来历凭证及其行驶手续,新车要有销售发票,二次交易的旧车要有旧车交易发票。

图 2-2　车险电子保单

（2）对于因经济赔偿、财产分割等引起的所有权转移，则需要有由法院出具的发生法律效力的判决书、裁决书或调解书。

（3）车辆行驶证所记录的车辆发动机号、车架号、厂牌型号和车辆外观要与实际相符。

（4）正规进口的车辆，均应贴有中国商检特有的 CCIB 标志，通常还附有中文使用手册和维护手册。常见的伪造证件和凭证有：机动车号牌、机动车行驶证、车辆购置附加费证等。

①机动车号牌的识伪。违法者常以非法加工偷牌拼装等手段，伪造机动车号牌。由于机动车号牌生产实行准产管理制度，并在号牌上加有防伪合格标记。因此，机动车号牌的识伪方法：一是看号牌的识伪标记；二是看号牌底漆颜色深浅；三是看白底色或白字体是否涂有反光材料；四是查看号牌是否按规格冲压边框、字迹是否模糊等。

其实，只要细加观察，分辨真假也不是难事。一般伪造的"套牌"在正常阳光下存在颜色偏红或者偏黄、字体较瘦等现象，细加端详就能发现。假牌照由于并非一次性成型，套牌上的字体边缘会有棱角，即使打磨过也难以掩盖痕迹，拆下车牌，其背面会有敲打过的痕迹。再不放心，直接到车辆管理部门上网查询车辆登记档案，真假即见分晓。

②VIN 的识别。车辆识别代号又称 VIN，相当于车辆的身份证号码，共有 17 个数字和字母，由厂家在车辆出厂前用专用的工业打标机打刻在车身不易损伤处，一般在车辆的发动机舱后舱板上（例如东风日产蓝鸟、阳光系列车型，上海通用系列车型等），也有部分车型打刻在车辆翼子板上（例如东风雪铁龙富康系列车型），另有部分车型由于发动机的安装位置影响检查 VIN 的视线等原因，将 VIN 打刻于其他地方（例如东风日产天籁车型将 VIN 打刻于前座副驾驶席的地板上）。

VIN 由交管部门严格掌控，不允许擅自改动；如果擅自改动，则会作为嫌疑车辆予以查扣。因此，买家在察看 VIN 时，一定要加以小心。工业打标机打出的字母、数字都是横平竖直、字迹清晰的,组成字母或数字的微型圆坑,个个直径相等,深度一致,间距均匀。若是人工篡改的话,由于手法、力度很难保持绝对一致,多多少少会造成圆坑或大或小,或深或浅,买家只要稍加观察,就不难发现破绽;同时,在察看发动机号时,也可参考上述方法。

③机动车行驶证的识伪。为了防止伪造行驶证,规定制作行驶证时塑封套上有用紫光灯可识别的不规则的与行驶证卡片上图形相同的暗记,并粘贴车辆彩色照片。因此,行驶证最好的识伪方法,就是察看识伪标记;再则察看车辆彩照与实物是否相符;再次,将其行驶证上的印刷字体、字号、纸质、印刷质量与车辆管理机关核发的行驶证式样进行比较核定。一般来说,伪造行驶证纸质差,印刷质量模糊。

④车辆购置附加费证的识伪。违法者伪造、倒卖车辆购置附加费凭证,往往对那些漏征或来历不明的车辆,在交易过程中伪造凭证蒙骗用户,从中获取暴利。因此,对于车辆购置附加费真伪的识别,一是采用对比法进行鉴定;二是前往征收机关查验。

⑤准运证的识伪。购买持有准运证的车辆时,应当注意证件的真伪性和有效性。一是请当地市以上的道路运输管理机关或公安车辆管理部门帮助认定;二是寻找现行的“准运证”式样进行对比认定,要注意“准运证”的时效性,即有效准运时间。

2)车辆外观和内饰识伪

一般来说,走私或拼装的旧车辆都会留下改装的痕迹。因此,在识伪检查时,可通过观察车辆外观和内饰进行初步判断。在外观上,主要察看是否有重新做过油漆的痕迹,尤其是顶部下沿,曲线部分的接合部线条是否流畅,大面是否凹凸不平。尤其是小曲线接合部,在目前手工技术条件下不可能处理得天衣无缝,留下的再加工痕迹亦特别明显。

另外,还可以用手从顶部开始向下触摸,如经过再加工处理,手感一定不那么平整光滑。车门和发动机舱盖同车身的接合部口缝是否一致、整齐,间隙是否过大等。在车辆内装饰方面,察看装饰材料是否平整,表面是否干净,尤其是压条边沿部分要特别仔细检查。经过再装配的车辆,内装饰压条边沿部分往往有手指印或其他工具碾压后留下的痕迹印。

3)事故车的识别

现在许多人换车的原因不外乎两条,座驾升级换代或是出了大事故不想继续使用。因此,对于事故车检查应该更加仔细,可从以下6个方面进行。

(1)首先查看全车线条是否流畅,因为车辆一旦发生刮擦或碰撞,车身线条最不易修复匀称。

(2)检测车辆车身外观各个部件的间隙是否一致。

(3)检查漆面的光洁度是否均匀。

(4)检查车身各部位密封胶是否完整。察看车时应当仔细观察车门边框和车窗的密封条是否有喷漆的痕迹。如果在车门边框的喷漆痕迹上还有裂口,就可以更加确定车门是经过修复的。需要注意的是,有的车密封条很容易扒下来,有的则比较紧,安装时有点困难,故不要一下子把密封条全扯下来。正确的方法是扒下一截后,进行查看,看完安装上,再扒下一截查看。这一步很重要,许多事故痕迹就隐藏在密封条下。

(5)检查原车焊接点是否完整。检查机盖下的车架焊接点,原来的焊接点平滑细小,修复过的焊接点一般比原来的粗糙,比较左右两边,如果存在这种现象,就说明该车曾经发生过比较严重的事故。

（6）用举升机把车辆抬高,检查底盘部件的老化或损伤程度。

（三）汽车技术状况鉴定

机动车在使用过程中,随着行驶里程增加,其运动部件正常磨损,自身的疲劳、变形、腐蚀等都会使机动车机械零件产生损坏,致使机动车技术状况逐渐变坏。具体表现为动力性下降、经济性变坏、安全性变差、可靠性下降等,而且还将伴随出现种种故障的外观征象,例如,车体不正、车身开裂、油漆剥落、连接松动、配合松旷、泄漏严重和润滑不良等。尽管随着诊断技术的发展,检测仪器、设备的准确性、定量性和适用性有了很大进步,但影响机动车性能的很多外部症状尚难以用仪器、设备检测出来,仍需用人工进行检查、观察并辅以简单的检测器具进行直观定性的检视,结合检测结果对机动车的真实技术状况作出准确判断,如图2-3所示。

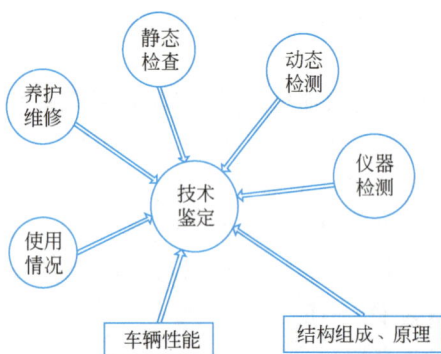

图2-3 旧机动车的技术鉴定

1. 外观检查

1）车漆部分

（1）漆色。新补的油漆往往色彩不同于原车漆色,如果车辆开的年头比较长,补漆往往比较多,因而整个车身各个部位颜色都有差异,甚至找不出原车的漆色。

（2）车身平整度。特别是有大面积撞伤的部位,补腻子的面积比较大,在工人打磨腻子时往往磨不平,因而补过漆后,车身表面看上去如同微微的波浪一样凹凸不平。

（3）油漆质量。补过的漆往往有如下质量问题:丰满度不如原车的油漆,油漆表面有流痕,表面有不规则的小麻坑,表面有小麻点。车辆成色越好,上述质量问题越少。

通过上述质量问题,我们可以判断一辆车以前被撞面积有多大,车身可能受过多大的损伤。购车者假如发现油漆表面有龟裂现象,如果车未撞过,那么该车至少已使用了10年。

2）车身车门部分

（1）与车身呈45°角看车顶与车门交合线。方法是,站在汽车前照灯旁,半蹲身子,像木工用眼睛吊线一样,观看车顶与车门交合处两条线和雨槽是不是平直,如图2-4所示。如果有扭曲,这辆汽车一定是被侧撞过的。要注意的是,不要只看一边,对车的两边都要观看。

（2）看那条横贯车辆首尾的"腰线"。如果腰线是凹凸不平或扭曲的,则汽车很可能发生过擦碰。因为在汽车的钣金维修中,"面"的找平及修复相对来说比"线"的修复要简单一些（"线"相当于是两个"面"的交会）。

（3）看车门。大家知道,车门基本上是一块方形。如果车门被撞后,钣金师傅是很难将旧门复原的:他将车门竖线对正了,上部与车顶的门框横线就会倾斜;反之,将上面的横线对正了,车门与车B柱和另一扇门的竖线又会有一定的偏差。这主要是碰撞造成的车门铰链变形的结果,如图 2-5 所示。

图 2-4 车顶与车门交合处两条线和雨槽是不是平直

(4)看门框。看车时,应扯下或扒下镶嵌在门框四周的橡胶密封条,查看门框。原装门框的边沿都有分布均匀的凹陷点,形状、大小及各个凹陷点之间的距离都是相同的。这些点是原厂的碰焊机器人的杰作,它用两个横截面和 HB 铅笔大小差不多的焊头,分别紧紧夹住两块车身钣金件的外表面,并在瞬间通过几万伏的高压电,强大的电流将接触点处的金属烧得通红后马上断电,两块钣金件在夹具的夹持力和电流的作用下已紧紧地结合在一起。

(5)看三柱。车辆都有 A、B、C 三柱,就像房屋四周的几个柱子一样。没有它,车身就支撑不起来。有些旧机动车是从国外走私或拼装的车辆,一般是把车顶拦腰切下来,去掉顶部,然后到另一地方后又将顶部焊接起来。通过这种方法,可以将整车变成零部件而逃避整车税。但是,事后焊接的车辆,在 A、B、C 三柱的根部,一定会留下焊接及刮灰的痕迹,只要仔细观察,就会发现。

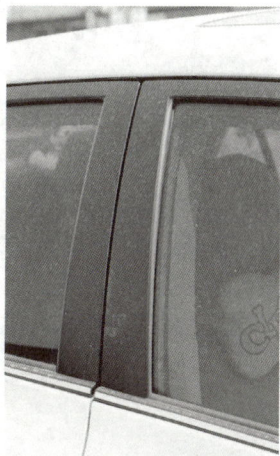

图 2-5 车门与车 B 柱和另一扇门的竖线

3)行李舱部分

查看行李舱开口处左右两边的钣金件或与后保险杠的接合处时,可先翻开行李舱下的地毯,检视该处有无烧焊的痕迹,虽然现在的钣金技术已经非常先进,但只要细心观察还是能够分辨出是否进行过钣金维修。如果车辆维修得比较粗糙,可能存在下雨天行李舱漏水问题。

打开行李舱,观察里面的清洁程度,看是不是有水印和油迹;同时,用鼻子嗅气味,看是否有霉味。如果以上情况无一幸免的都存在,说明车主平时是不爱惜车的人,车辆疏于维护,损坏的程度较严重。

4)底盘部分

仔细检查水箱罩和横梁等是否有拉直或烧焊的痕迹,底盘有否锈蚀或漏洞,车身橡胶密封条有否裂损或漏雨,底盘大梁有否曲折或烧焊等。检查轮胎磨损程度,可能的话,实际试车,转动换方向,从而判断该车车轮定位及转向系统和悬架部分中各球头的好坏。另外,通过简单的驾驶还能判断该车离合器及手动变速器或自动变速器的性能。通过目视检查减振器是否漏油;用手由上向下按压车身,判断减振器的好坏;检查驻车制动是否有效。

5）内饰检查

（1）座椅及地毯。座椅松动和严重磨损、凹陷,此时应该进行维修。从地毯磨痕可推断出汽车使用频繁程度,新地毯更要注意检查真实车况。

（2）打开空调,观察冷气和暖气是否良好,同时注意体会在压缩机运转时是否伴随异常噪声和车身的严重抖动。

（3）一般来说,车辆每年平均行驶 2 万 ~ 3 万 km。里程表显示数字过低不一定是好现象,里程表可能更改过。

（4）检查仪表板和车辆外部所有灯光及控制系统是否完好。

（5）现代轿车配备多种电子设备,注意观察发动机故障灯、气囊灯、ABS 灯及其他报警灯是否在车辆着车后长时间内不熄灭,或在打开点火开关后根本不点亮,这些都表明故障存在。

（6）检查驻车(手)制动器是否好用。

汽车内饰检查如图 2-6 所示。

图 2-6　汽车内饰检查

2. 发动机检查

1）发动机舱盖

（1）外观。仔细查看发动机舱盖与翼子板的密合度或缝隙是否一致,不要有大小不一的情形,如图 2-7 所示;发动机舱盖与风窗玻璃之间的间隙是否一致或留有原车的胶漆,这些都是检查的重点。

图 2-7　仔细查看发动机舱盖与翼子板的密合度或缝隙是否一致

（2）内部。发动机舱内的检查更是重点中的重点,打开发动机舱盖时,先检查一下其内侧,如果有烤过漆的痕迹,表示这片盖板碰撞过,因为一般人不会在这个地方乱烤漆,原因是它不具有美观的价值。然后检查发动机前部的端框,该部件往往是固定散热器和冷凝器的,同时它还是前照灯定位和调整的基准,所以非常重要,如图 2-8 所示。

图 2-8　发动机舱内部检查

2) 发动机及附件

(1) 检查散热器(冷却时)。打开发动机舱盖,首先检查散热器部分。但检查的前提是冷车状态,否则很容易被溅出的冷却液烫伤。打开散热器盖后,注意观察冷却液液面上是否有其他的异物漂浮,例如锈蚀的粉屑、不明的油污等。如果发现有油污浮起,表示可能有机油渗入到冷却液内;如果发现浮起的异物是锈蚀的粉屑,表示散热器内的锈蚀情况已经很严重。一旦发现有上述情况,都表示该车的发动机状况不是很好,需特别注意。

(2) 检查变速器是否有渗油现象。如果变速器渗油比较严重,此时应该检查油是从何处渗漏的,从而判断是否是箱体损坏。

(3) 检查蓄电池。一般蓄电池的寿命大约是两年,因此,消费者在检查蓄电池时,可先注意蓄电池上的制造日期。如果已经超过两年,则表示该蓄电池已经快要报废了。如果消费者决定要购买这辆车,可以要求卖车者换用新的蓄电池;也可以要求降价,回去后自己更换;否则用不了几天就会因为蓄电池没电而无法行驶。

(4) 检查空气滤清器。打开空气滤清器的盒盖,察看里面的清洁程度。如果灰尘很多,滤芯很脏,则表示这部车的使用程度较高,而且该车的前一位车主对车的维护也较差,没有定期更换滤芯。由此可设想,一辆车的维护差,车况也不会太好。

(5) 检视机油质量。检视前,先准备好白色的布或餐巾纸。在找到机油尺的位置后,先将机油尺拉起,用准备好的白布或餐巾纸将机油尺擦干净,然后检查布或纸上留下的机油颜色,如果呈暗褐色,则表示早该换机油了,而且前一位车主的维护习惯很差;如果呈黏稠状,也表示维护较差;如果含有水汽,那问题可能就严重了。这种发动机"吃水"的情形,会让水、机油混合而呈现乳白色的色泽,对发动机的伤害非常大。

另外,一般机油尺上都有高、低油位的标记,如果机油在这两个油位之间,则表示正常。因此,消费者可再将擦干净的机油尺从油箱中拉出来,检查机油尺上的油位。如果油位过低,则表示这部车可能有漏机油的情况,车况不佳。

总体来说,如果在挑选旧机动车时注意了以上几个方面,从车辆整体性能方面,就可以放心了。

3. 机动车技术状况的动态检查

机动车的动态检查包括发动机运转状况检查和机动车路试检查。

1）发动机运转状况检查

在进行发动机运转状况检查前，首先检查发动机润滑油量及冷却液量。

（1）发动机起动性能检查。发动机应能正常起动。一般起动不应超过3次，每次起动时间不超过10s。起动时，应无异常响声。

（2）发动机怠速运转检查。发动机起动后，使其怠速运转。对于电子燃油喷射式发动机，当冷却液温度较低时，发动机应以快怠速转速运转。发动机怠速运转应平稳，转速波动应小于50r/min。发动机怠速运转时，检查各仪表工作状况，检查电源系统充电情况。

（3）加速踏板控制检查。待冷却液温度、油温正常后，通过改变节气门开度，检查发动机在各种转速下运转是否平稳，改变转速时过渡应圆滑。迅速踏下加速踏板，发动机由怠速状态猛加速，观察发动机转速是否能迅速由低速到高速灵活反应。当加速踏板踩到底时，迅速释放加速踏板，发动机转速是否能迅速由高速到低速灵活反应，发动机不能熄火。发动机加速运转过程中，检查发动机有无"敲缸"和气门运动噪声。在规定转速下，发动机机油压力应符合有关规定。

（4）排气颜色检查。汽油机正常工作时排出的气体应无色，柴油机带负荷工作时，排出的气体一般为淡灰色。当负荷较大时，可为深灰色。当排出的气体为蓝色时，表明润滑油窜入燃烧室燃烧，可能为活塞、活塞环与汽缸之间配合间隙过大，汽缸磨损严重造成。当排出的气体为黑色时，表明混合气过浓或点火时间过迟。

（5）发动机熄火检查。对于汽油机，关闭点火开关后，发动机应能正常熄火。对于柴油机，停机装置应灵活有效。

2）机动车路试检查

机动车路试检查一般进行15～30min。机动车路试检查应在平坦、硬实、干燥、清洁的道路上进行。

（1）传动系统性能检查。从起步连续换挡加速至最高挡，再由最高挡逐步减到低速挡，离合器应接合平稳、分离彻底、操作轻便、无异常响声。变速器应换挡轻便、准确可靠、无异常响声。传动轴应工作正常，无松旷、异响。差速器、主减速器应工作正常、无异响。

对于自动变速器的车辆检查如下：

①检查自动变速器油液面。行驶几分钟，使自动变速器达到正常的50～80℃的温度，将车辆停放在平坦路面，保持怠速运转，将换挡杆依次挂入各个挡位（要同时踩住制动踏板），最后挂入P挡，然后观察自动变速器的油尺标志，在正常工作温度下油面应该在HOT范围内，如果比较低，说明需要添加同型号变速器油。如果在冷车状态下，油面应该在COOL范围内，过高说明应该放出一些油。

②检查自动变速器油的质量。油液应该清洁无异味。如果油液为深暗或褐色，说明需要更换了；或者是长期重负荷运转；如果油液中有烧焦味道，可能是离合器或制动器片烧焦造成的。

③在试车时，自动变速器也应该在没有冲击、黏合、延迟的情况下平稳换挡。如果在完

全踏下加速踏板时,节气门不能全开,说明节气门开度不符合要求,应检查节气门拉索,或对整个供油系统(油路)进行检查。

④车辆的怠速也会影响自动变速器。如果怠速过低,从N挡到P挡,或到D挡、R挡、2挡、3挡时,会导致车辆发生振动。如果从N挡到P挡,出现发动机熄火或在行驶过程中踩制动踏板停车发动机熄火时,也是怠速转速过低的缘故;或者是变速器阀体、挡位开关、转速传感器故障等;如果怠速过高,从N挡到P挡会产生换挡冲击,明显的表现就是自动换挡时感觉到向前闯动。

⑤在行驶中,如果出现升挡的车速明显高于规定值,可能是节气门拉索或位置传感器的调整不当或损坏等故障。如果踩加速踏板较深但车提速缓慢,说明自动变速器打滑,很可能是变速器油面过低造成的。如果出现不能升挡、无倒挡、无超速挡等现象,都说明该自动变速器有严重故障。

(2)转向系统性能检查。在宽敞路段,机动车行驶过程中,向左、向右转动转向盘,转向应灵活、轻便。当将转向盘撒手时,转向轮应能自动回正。机动车直线行驶时,不得有跑偏、转向轮摆振现象。

动力转向泵:转向时液压泵出现噪声,首先应检查液压泵皮带是否过松打滑,然后应检查储油罐油面高度并查看油液中有无泡沫。若均无问题,说明油路有堵塞处或油液严重污染,使液流通道受阻。此时应对转向系统进行彻底清洗,并按规定及时更换油液。还应检查液压泵流量、压力,必要时更换液压泵。

(3)制动性能检查。

①点制动检查。当汽车以20km/h初速直线行驶时,急踩制动踏板后迅速放松,机动车应无明显跑偏现象,制动协调时间和制动释放时间应无异常。当汽车以50km/h初速直线行驶,迅速将制动踏板踩到底,机动车应能立即减速、停车,不允许有制动跑偏、甩尾现象。

②制动系统辅助装置检查。对于气压制动系统的机动车(主要是大客车、大货车),当制动系统的气压低于400kPa时,气压报警装置应发出报警信号。对于装备有弹簧储能制动器的机动车,当制动系统的气压低于400kPa时,弹簧储能制动器自锁装置应正常有效。

(4)悬架系统的检查。悬架系统使用性能的变坏可以通过车身的振动感受来反映,在车中乘坐感觉汽车偏斜振动大、不舒适,就应维修悬架系统。具体可以进行紧急制动、急加速来检查前后悬架;通过车辆的转弯检查左右悬架的性能。

(5)汽车动力性检查。汽车动力性可以通过最高车速和加速能力来评价,利用原车的最高车速和原地起步加速时间作为参照指标进行检查。

(6)机动车滑行性能检查。汽车行驶系统中轮毂轴承松紧度是否合适、前轮定位是否正确、轮胎气压是否正常、制动器的性能都会严重影响汽车的滑行性能。通过机动车滑行性能试验,检查机动车底盘装配与调整状况。机动车空载以初速度30km/h,摘挡滑行应满足的要求是整备质量≤4t,滑行距离≥160m;整备质量4~5t,滑行距离≥180m。

3)机动车动态试验后的检查

(1)检查各部件温度。检查润滑油、冷却液温度:冷却液温度不应超过90℃,发动机润滑油温度不应高于95℃,齿轮油温不应高于85℃。检查运动机件过热情况:查看车轮轮毂、制动鼓、变速器壳、传动轴、中间轴承、驱动桥壳等的温度，不应有过热现象。

（2）检查渗漏现象。在发动机运转及停车时，散热器、水泵、缸体、缸盖、暖风装置及所有连接部位不得有明显渗、漏水现象。机动车连续行驶距离不小于10km，停车5min后观察，不得有明显渗、漏油现象。

机动车不得有漏气、漏油现象。气压制动机动车，在气压升至600kPa且不使用制动的情况下，停止空气压缩机3min后，气压的降低值不应大于10kPa。在气压为600kPa的情况下，将制动踏板踩到底，待气压稳定后观察3min，气压的降低值不应大于20kPa。液压制动机动车，在保持制动踏板力700N达到1min时，制动踏板不允许有缓慢向前移动的现象。

4. 纯电动汽车动力蓄电池与电机控制系统技术状况检查

随着新能源汽车的保有量的逐年增加，而且纯电动汽车占比较大。纯电动旧机动车与传统燃油汽车的区别主要在蓄电池、驱动电机和电控系统。

1）蓄电池系统检查

蓄电池系统是电动汽车重要部件之一，是纯电动汽车驱动系统的唯一动力源，其性能的好坏直接影响车辆续驶里程和动力性。纯电动汽车的动力蓄电池大部分位于车身的底部，同时，动力蓄电池作为一种化学储能元件，经过一段时间的使用之后会发生性能衰退的现象。蓄电池系统的评估首要对蓄电池系统的外观及充电功能进行检查，而进行性能评估才是评估的核心。由于目前大部分电动汽车均按照使用年限及里程数对蓄电池系统进行质保服务，所以蓄电池系统的不同质保状态对其评估结果也存在着较大差异。

（1）蓄电池系统外观及充电功能检查。

首先要检查动力蓄电池系统是否为原厂蓄电池系统、无重大破损、可以进行正常充放电、无电池故障报警。

由于蓄电池系统外观及充电功能反映的是蓄电池的基本状态，所以主要检查蓄电池是否为原厂蓄电池，有无火烧、腐蚀、浸水等严重伤害，蓄电池系统相关配件有无异常及充电功能是否正常。采用目视方法对蓄电池系统进行外观检查，并确认动力蓄电池系统基本数据（蓄电池厂家、型号、额定电压、额定容量、能量）与原厂生产数据一致（图2-9）；查看充电口里的插头是否松动，接触面是否有氧化现象（图2-10）；同时使用车辆仪表显示屏或车载应用屏幕查看蓄电池充电状态，确保可正常进行交流充电和直流充电。

锂离子动力蓄电池总成 EV Lithium-Ion Battery System	
产品型号 Battery Pack Type	TPLi0660-512
零部件号 Part Number	2500010FA4
电池容量 Battery Capacity	129Ah
标称电压 Nominal Voltage	512V
电池编码 Battery Serial Number	0LVPBF400P1AAWC9P0000029
生产日期 Date	2022.09

图2-9 动力蓄电池铭牌

图 2-10　充电接口

目前,纯电动乘用车蓄电池系统安装位置和排布结构并不统一,但大多数都安装在底盘上,所以,蓄电池系统的外观检查通常需要将汽车举升起来,通过目视方法进行外观检查(图 2-11)。充电功能检查通过对车辆进行交流或直流充电操作来实现。在进行交流或直流充电时,应注意观察汽车和充电桩的显示,两方面都显示充电正常、有相应的充电电流指示并持续一定的时间,才表示充电功能正常。

图 2-11　蓄电池系统的外观检查

(2)蓄电池系统综合性能检查。

主要是评估蓄电池目前的可用容量(或能量)以及汽车历史驾驶行为、充电行为和运行环境对蓄电池的影响,是评估蓄电池系统最重要的部分。由于蓄电池的老化严重依赖衰退路径,相同容量或能量的蓄电池由于前期使用过程中的强度不同,后续会呈现不同的衰退趋势。因此,可采用车辆日均使用时间、次均充电 SOC、快慢充比、运行温度所占频次 4 项统计数据,计算历史使用影响因素系数,对蓄电池系统的能量和容量进行修正,用于区分强应力老化蓄电池和正常应力老化蓄电池,对蓄电池系统的剩余价值给出更为合理的评估。由于影响蓄电池健康状态的因素较多,又受到现场评估条件及评估时限的制约,这部分检查需要借助充电桩或专业的蓄电池测试设备,专业性要求较高,通过电脑诊断仪查看蓄电池管理系统(图 2-12)。充电显示屏幕如图 2-13 所示。

控制器	[VIN:L1NSPGHB8LA004549] 参数	数值
		021 SV20004
BMS	Pack显示SOC	—
BMS	Pack显示SOH	—
BMS	蓄电池组累计充电安时数	90
BMS	蓄电池组累计放电安时数	87
BMS	正极接触器开关次数	—
BMS	负极接触器开关次数	—
BMS	Pack实际SOC	61.2
BMS	快充接触器开关次数	—
BMS	预充接触器开关次数	—
BMS	最大SOC	61.8
BMS	最小SOC	60.3
BMS	绝缘检测开启状态	绝缘检测开启
BMS	真实SOC 1%~96%范围的使用次数	3
BMS	真实SOC 1%~96%使用时允许计数标志位	1
BMS	蓄电池相关整车配置信息	后驱模式

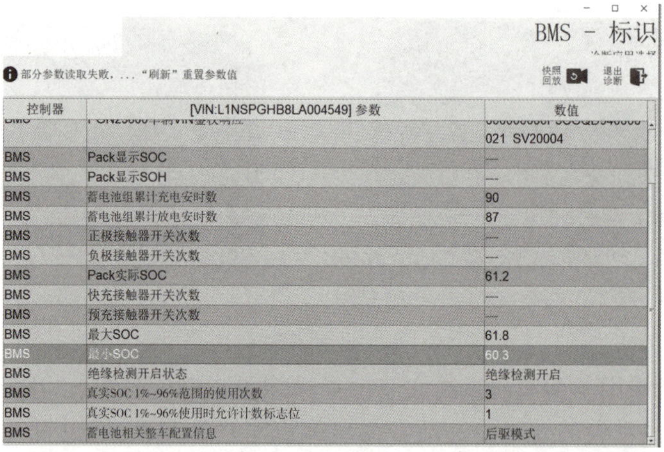

图2-12　蓄电池管理系统(BMS)检查

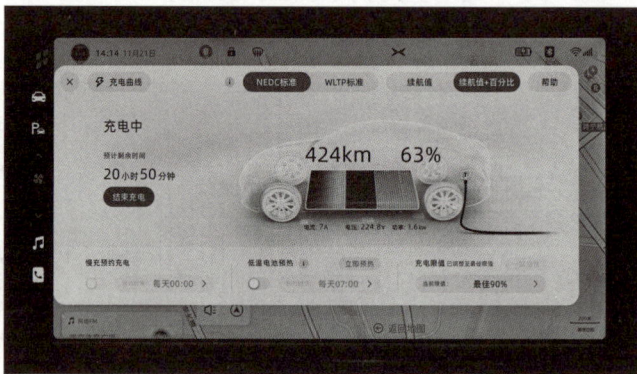

图2-13　充电显示屏幕

如果蓄电池出现快速电量跳变(增加或减少)；动力受损无法突破80km/h；未亏电的情况下加速变慢(运动模式)；未亏电的情况下空调无法制冷(空调舒适模式)等均说明蓄电池可能有故障。

(3)蓄电池质保检查。

对于蓄电池质保也同样有年限和行驶里程的限制，并且营运车辆和家庭车辆存在不同的质保标准，非营运车辆目前厂家提供电池组质保为8年或12万~20万km。由于蓄电池健康状态的衰退是不可逆的，并且蓄电池系统的成本在整车部件中占比大，更换成本高。蓄电池质保主要通过剩余质保时间与总质保时间的比值来评价。

2)驱动电机及控制器检查

纯电动汽车的驱动电机是核心部件之一，是主要的执行机构，其特性决定了车辆的主要性能指标，直接影响车辆动力性、经济性和用户驾乘感受。

在二手纯电动乘用车鉴定评估中，对于驱动电机驱动系统的技术状况检查包括：驱动电机及控制器的外观和接地检查；驱动电机驱动系统的动态性能检查。这个工作融合在路试检查过程中进行，不论是外观和接地检查还是路试，在汽车起动和行驶状态下，需注意驱动电机是否有异响。

驱动电机及控制器检测采用目视方法(图2-14),查勘驱动电机系统插接件无异常(松动、脱落、变形、腐蚀);驱动电机系统高低压线束及防护无破损腐蚀;并确定驱动电机和控制器的铭牌数据与原车辆生产厂家数据一致。对于存在起火痕迹、腐蚀痕迹、浸水痕迹的驱动电机及控制器,应仔细观察受损程度,判断驱动电机及控制器是否受损及受损程度。因为经过火烧、浸水、腐蚀和机械撞击的驱动电机及控制器,可能会存在性能和安全性下降的风险。

图2-14 驱动电机及控制器检查

在驱动电机和控制器检查之后,通过汽车故障电脑诊断仪读取驱动电机及驱动器的故障情况,在没有故障报警的情况下,才可以进行路试检查,否则在路试过程中可能存在安全隐患。

3)电控系统的检查

电控系统实际上是一个总称,细分的话可以分成整车控制系统、电机控制系统、蓄电池管理系统。新能源汽车的一大特点是各种电控系统相互之间都有非常紧密的联系,有些汽车甚至一套电控系统控制车上所有用电设备,所以将它们统称起来也无妨。

目前,汽车几乎均采用智能座舱系统,对于车载智能系统(中控大屏)应该开启正常(图2-15),无死机、黑屏等故障;语音或手机控制正常,各个功能界面切换和工作正常。根据车辆说明书操作信息娱乐系统,判断各种操控、显示、播放功能是否正常。并且汽车可正常上电(仪表显示屏和中控屏点亮)判别标准如果起动时间小于5s,或者一次起动的属于正常。

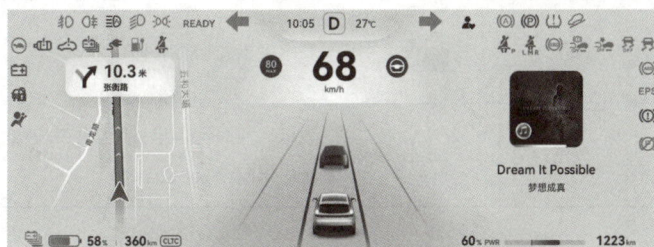

图2-15 中控显示屏

总之,仪表盘的检查重点是车辆行驶里程、蓄电池剩余电量(SOC值)或剩余续驶里程、高压系统故障灯和其他系统故障灯是否点亮。如果发现仪表板指示灯显示异常或出现故障报警,应查明原因。新能源汽车高压系统指示灯图标及含义见表2-2。

新能源汽车高压系统指示灯图标及含义 表2-2

指示灯与警告灯名称	颜色	图标	含义
驱动电机故障指示灯	红色		表示车辆驱动电机出现故障,存在汽车不能继续行驶的风险
低压供电系统异常状态指示灯	红色		表示低压蓄电池充电系统存在故障,请先尝试起动汽车给低压蓄电池充电
动力蓄电池故障指示灯	红色		表示汽车动力蓄电池出现故障
动力蓄电池过热警告灯	红色		表示动力蓄电池温度太高,需停车降温
驱动电机冷却液温度过高指示灯	红色		表示驱动电机冷却液温度过高,请将车辆停至安全区域直至此灯熄灭
动力系统故障指示灯	红色		表示汽车动力系统出现故障
充电枪连接指示灯	红色		表示充电枪已连接
冷却液位低指示灯	黄色		表示汽车冷却液位过低,存在损坏增程器的风险
功率受限指示灯	黄色		汽车功率和加速受限
动力蓄电池电量低指示灯	黄色		表示动力蓄电池电量低,请及时给动力蓄电池充电
充电状态指示灯	黄色		表示汽车处于充电状态
燃油不足指示灯	黄色		表示燃油即将耗尽,请尽快添加;此灯闪烁,表示油量传感器出现故障

如果确认出现高压部件故障,为确保人身及车辆安全,必须断开维修开关(Manual Service Disconnect),再进行操作。

对驱动电机的进一步检查,需要使用举升机或将架起车轮查勘驱动电机起动是否正常;驱动电机无异响,空挡提高转速,声音过渡无异响。驱动电机异响主要判断是否存在金属撞击或者摩擦声音,如果存在说明电机有故障。

　　根据车辆说明书确定高级驾驶辅助系统(Advanced Driver Assistance System,ADAS)的具体组成和实现功能,进行相应操作以判断各个辅助驾驶功能是否正常,是否有报警情况。ADAS 主要包括前方碰撞警示系统、驾驶人状态监控系统、车辆翻覆警示系统、立体视觉前方安全警示系统、车道偏离警示系统、车道维持系统、盲点侦测警示系统、自动停车辅助系统、适路性车灯系统、夜视系统、主动车距控制巡航系统、碰撞预防系统等。

(四)燃油车辆技术状况鉴定要求

1.车身

　　(1)如图 2-16 所示,按照表 2-3、表 2-4 要求检查 26 个项目,程度为 1 的扣 0.5 分,每增加 1 个程度加扣 0.5 分。共计 20 分,扣完为止。轮胎部分须高于程度 4 的标准,不符合标准扣 1 分。

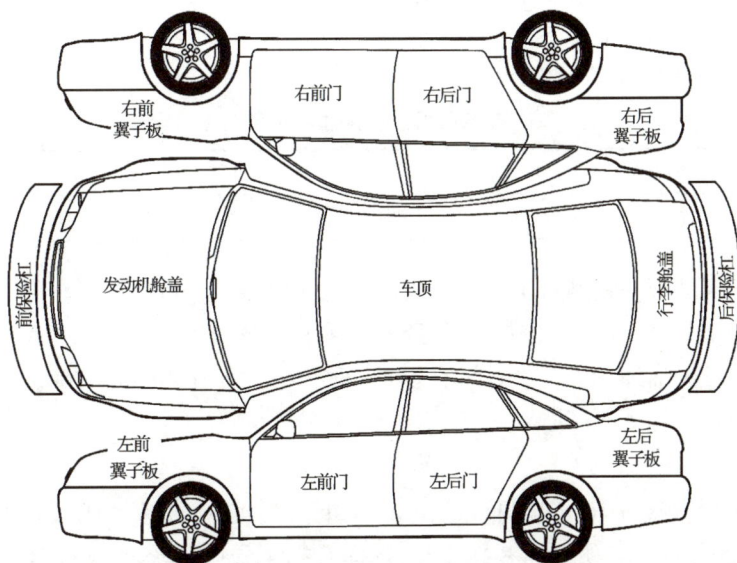

图 2-16　车身外观展开示意图

车身外观部位代码与评分表　　　　　　　　　　表 2-3

序号	部位	代码	扣分			序号	部位	代码	扣分		
			0.5	1	1.5				0.5	1	1.5
1	发动机舱盖表面	14				8	左后车门	21			
2	左前翼子板	15				9	右后车门	22			
3	左后翼子板	16				10	行李舱盖	23			
4	右前翼子板	17				11	行李舱内侧	24			
5	右后翼子板	18				12	车顶	25			
6	左前车门	19				13	前保险杠	26			
7	右前车门	20				14	后保险杠	27			

续上表

序号	部位	代码	扣分			序号	部位	代码	扣分		
			0.5	1	1.5				0.5	1	1.5
15	左前轮	28				21	前风窗玻璃	34			
16	左后轮	29				22	后风窗玻璃	35			
17	右前轮	30				23	四门风窗玻璃	36			
18	右后轮	31				24	左后视镜	37			
19	前照灯	32				25	右后视镜	38			
20	后组合灯	33				26	轮胎	39			
共计20分，扣完为止											

原则：1. 面积小于或等于100mm×100mm，扣0.5。

　　　2. 面积大于100mm×100mm并小于或等于200mm×300mm，扣1分。

　　　3. 面积大于200mm×300mm，扣1.5分。

　　　4. 轮胎花纹深度小于1.6mm，扣1分。

车身外观状态描述对应表 表2-4

代码	HH	BX	XS	LW	AX	XF
描述	划痕	变形	锈蚀	裂纹	凹陷	修复痕迹

（2）使用车辆外观缺陷测量工具与漆膜厚度检测仪器结合目测法对车身外观进行检测。

（3）根据表2-3、表2-4描述缺陷，车身外观项目的转义描述为：车身部位+状态+程度。例：21XS2对应描述为：左后车门有锈蚀，面积为大于100mm×100mm，小于或等于200mm×300mm。

2. 发动机舱

按表2-5项要求检查10个项目。选择A不扣分，第40项选择B或C扣15分；第41项选择B或C扣5分；第44项选择B扣2分，选择C扣4分；其余各项选择B扣1.5分，选择C扣3分。共计20分，扣完为止。

发动机舱检查项目作业表 表2-5

序号	项目号	检查项目	A	B	扣分	C	扣分
1	40	机油有无冷却液混入	无	轻微	15	严重	15
2	41	缸盖外是否有机油渗漏	无	轻微	5	严重	5
3	42	前翼子板内缘、散热器框架、横拉梁有无凹凸或修复痕迹	无	轻微	1.5	严重	3
4	43	散热器格栅有无破损	无	轻微	1.5	严重	3
5	44	蓄电池电极桩柱有无腐蚀	无	轻微	2	严重	4
6	45	蓄电池电解液有无渗漏、缺少	无	轻微	1.5	严重	3
7	46	发动机皮带有无老化	无	轻微	1.5	严重	3

续上表

序号	项目号	检查项目	A	B	扣分	C	扣分
8	47	油管、水管有无老化、裂痕	无	轻微	1.5	严重	3
9	48	线束有无老化、破损	无	轻微	1.5	严重	3
10	49	其他	只描述缺陷,不扣分				
共计20分,扣完为止							

如检查第 40 项时发现机油有冷却液混入、检查第 41 项时发现缸盖外有机油渗漏,则应在《旧机动车鉴定评估报告》或《旧机动车技术状况鉴定书》的技术状况缺陷描述中分别予以注明,并提示修复前不宜使用。

3. 驾驶舱

按表 2-6 要求检查 15 个项目。选择 A 不扣分,第 50 项选择 C 扣 1.5 分;第 51、52 项选择 C 扣 0.5 分;其余项目选择 C 扣 1 分。共计 10 分,扣完为止。

驾驶舱检查项目作业表　　　　　表 2-6

序号	项目号	检查项目	A	C	扣分
1	50	车内是否无水泡痕迹	是	否	1.5
2	51	车内后视镜、座椅是否完整、无破损、功能正常	是	否	0.5
3	52	车内是否整洁、无异味	是	否	0.5
4	53	转向盘自由行程转角是否小于15°	是	否	1
5	54	车顶及周边内饰是否无破损、松动及裂缝和污迹	是	否	1
6	55	仪表台是否无划痕,配件是否无缺失	是	否	1
7	56	排挡把手柄及护罩是否完好、无破损	是	否	1
8	57	储物盒是否无裂痕,配件是否无缺失	是	否	1
9	58	天窗是否移动灵活、关闭正常	是	否	1
10	59	门窗密封条是否良好、无老化	是	否	1
11	60	安全带结构是否完整、功能是否正常	是	否	1
12	61	驻车制动系统是否灵活有效	是	否	1
13	62	玻璃窗升降器、门窗工作是否正常	是	否	1
14	63	左、右后视镜折叠装置工作是否正常	是	否	1
15	64	其他	只描述缺陷,不扣分		
共计10分,扣完为止					

如检查第 60 项时发现安全带结构不完整或者功能不正常,则应在《旧机动车鉴定评估报告》或《旧机动车技术状况鉴定书》的技术状况缺陷描述中予以注明,并提示修复或更换前不宜使用。

4.起动

按表2-7要求检查10个项目。选择A不扣分，第65、66项选择C扣2分；第67项选择C扣1分；第68至71项，选择C扣0.5分；第72、73项选择C扣10分。共计20分，扣完为止。

起动检查项目作业表

表2-7

序号	项目号	检查项目	A	C	扣分
1	65	车辆起动是否顺畅（时间少于5s，或一次起动）	是	否	2
2	66	仪表板指示灯显示是否正常，无故障报警	是	否	2
3	67	各类灯光和调节功能是否正常	是	否	1
4	68	泊车辅助系统工作是否正常	是	否	0.5
5	69	防抱死制动系统（ABS）工作是否正常	是	否	0.5
6	70	空调系统风量、方向调节、分区控制、自动控制、制冷工作是否正常	是	否	0.5
7	71	发动机在冷、热车条件下怠速运转是否稳定	是	否	0.5
8	72	怠速运转时发动机是否无异响，空挡状态下逐渐增加发动机转速，发动机声音过渡是否无异响	是	否	10
9	73	车辆排气是否无异常	是	否	10
10	74	其他	只描述缺陷，不扣分		
共计20分，扣完为止					

如检查第66项时发现仪表板指示灯显示异常或出现故障报警，则应查明原因，并在《旧机动车鉴定评估报告》或《旧机动车技术状况鉴定书》的技术状况缺陷描述中予以注明。

优先选用车辆故障信息读取设备对车辆技术状况进行检测。

5.路试

按表2-8要求检查10个项目。选择A不扣分，选择C扣2分。共计15分，扣完为止。

如果检查第80项时发现制动系统出现制动距离长、跑偏等不正常现象，则应在《旧机动车鉴定评估报告》或《旧机动车技术状况鉴定书》的技术缺陷描述中予以注明，并提示修复前不宜使用。

路试检查项目作业表

表2-8

序号	项目号	检查项目	A	C	扣分
1	75	发动机运转、加速是否正常	是	否	2
2	76	车辆起动前踩下制动踏板，保持5~10s，踏板无向下移动的现象	是	否	2
3	77	踩住制动踏板起动发动机，踏板是否向下移动	是	否	2
4	78	行车制动系统最大制动效能在踏板全行程的4/5以内达到	是	否	2
5	79	行驶是否无跑偏	是	否	2
6	80	制动系统工作是否正常有效、制动不跑偏	是	否	2
7	81	变速器工作是否正常、无异响	是	否	2
8	82	行驶过程中车辆底盘部位是否无异响	是	否	2
9	83	行驶过程中车辆转向部位是否无异响	是	否	2

续上表

序号	项目号	检查项目	A	C	扣分
10	84	其他		只描述缺陷，不扣分	
共计15分，扣完为止					

如果检查第80项时发现制动系统出现制动距离长、跑偏等不正常现象，则应在《旧机动车鉴定评估报告》或《旧机动车技术状况鉴定书》的技术缺陷描述中予以注明，并提示修复前不宜使用。

6. 底盘

按表2-9要求检查8个项目。选择A不扣分，第85、86项，选择C扣4分；第87、88项，选择C扣3分；第89、90、91项，选择C扣2分。共计15分，扣完为止。

底盘检查项目作业表　　　　表2-9

序号	项目号	检查项目	A	C	扣分
1	85	发动机油底壳是否无渗漏	是	否	4
2	86	变速器体是否无渗漏	是	否	4
3	87	转向节臂球销是否无松动	是	否	3
4	88	三角臂球销是否无松动	是	否	3
5	89	传动轴十字轴是否无松旷	是	否	2
6	90	减振器是否无渗漏	是	否	2
7	91	减振弹簧是否无损坏	是	否	2
8	92	其他		只描述缺陷，不扣分	
共计15分，扣完为止					

7. 功能性零部件

对表2-10所示部件功能进行检查。结构、功能坏损的，直接进行缺陷描述，不计分。

车辆功能性零部件项目表　　　　表2-10

项目号	类别	零部件名称	项目号	类别	零部件名称
93	车身外部件	发动机舱盖锁止	104	驾驶舱内部件	中央集控
94		发动机舱盖液压撑杆	105	随车附件	备胎
95		后门/行李舱液压支撑杆	106		千斤顶
96		各车门锁止	107		轮胎扳手及随车工具
97		前后刮水器	108		三角警示牌
98		立柱密封胶条	109		灭火器
99		排气管及消声器	110	其他	全套钥匙
100		车轮轮毂	111		遥控器及功能
101	驾驶舱内部件	车内后视镜	112		喇叭高低音色
102		座椅调节及加热	113		玻璃加热功能
103		仪表板出风管道			

(五)纯电动旧机动车技术状况鉴定要求

对于二手纯电动乘用车技术状况鉴定,依据《二手纯电动乘用车鉴定评估技术规范》(T/CADA17 —2001)。按照车身外观、蓄电池系统、电机及控制器、驾驶舱、电控及仪表、底盘、功能性零部件及液态和路试等8个部分(表2-11),逐一检查各项目并确定其分值,描述其缺陷,评定车辆技术等级。

二手纯电动乘用车技术状况鉴定表   表2-11

序号	项目号	检测项目	程度	扣分	序号	项目号	检测项目	程度	扣分
1	38	车顶			27	64	前机舱盖支撑杆		
2	39	车顶密封条			28	65	前风窗玻璃		
3	40	天窗			29	66	前风窗玻璃密封条/胶		
4	41	左B柱外侧			30	67	前刮水器片		
5	42	左A柱外侧			31	68	前刮水器摆臂		
6	43	左侧底边梁			32	69	直流充电接口及护盖		
7	44	左前车门			33	70	右前照灯		
8	45	左前车门外拉手			34	71	右前翼子板		
9	46	左前门锁			35	72	右前翼子板内衬		
10	47	左前车窗玻璃			36	73	右前轮胎		
11	48	左前车窗玻璃密封条			37	74	右前轮辋		
12	49	左前车门密封条			38	75	右前轮毂罩		
13	50	左前车门铰链			39	76	右后视镜		
14	51	左后视镜			40	77	右前车门		
15	52	左前翼子板			41	78	右前车门外拉手		
16	53	左前翼子板内衬			42	79	右前门锁		
17	54	左前轮胎			43	80	右前车窗玻璃		
18	55	左前轮辋			44	81	右前车窗玻璃密封条		
19	56	左前轮毂罩			45	82	右前车门密封条		
20	57	左前照灯			46	83	右前车门铰链		
21	58	前保险杠			47	84	右A柱外侧		
22	59	前车标			48	85	右B柱外侧		
23	60	前机舱盖			49	86	右侧底边梁		
24	61	前机舱盖锁止开关			50	87	右后车门		
25	62	前机舱盖铰链			51	88	右后车门外拉手		
26	63	前机舱盖密封条			52	89	右后门锁		

表头: 1. 车身外观检查(94项,共15分)

续上表

序号	项目号	检测项目	程度	扣分	序号	项目号	检测项目	程度	扣分
53	90	右后车窗玻璃			74	111	后风窗玻璃密封条/胶		
54	91	右后车窗玻璃密封条			75	112	后刮水器片		
55	92	右后车门密封条			76	113	后刮水器摆臂		
56	93	右后车门铰链			77	114	备胎支架		
57	94	右C柱外侧			78	115	备胎罩		
58	95	右D柱外侧			79	116	左后组合灯		
59	96	右后翼子板			80	117	左后翼子板		
60	97	右后翼子板内衬			81	118	左后翼子板内衬		
61	98	右后轮胎			82	119	左后轮胎		
62	99	右后轮辋			83	120	左后轮辋		
63	100	右后轮毂罩			84	121	左后轮毂罩		
64	101	交流充电接口及护盖			85	122	左D柱外侧		
65	102	右后组合灯			86	123	左C柱外侧		
66	103	后保险杠			87	124	左后车门		
67	104	后车标			88	125	左后车门外拉手		
68	105	行李舱盖/尾门			89	126	左后门锁		
69	106	行李舱盖/尾门铰链 支撑弹簧/支撑杆			90	127	左后车窗玻璃		
70	107	行李舱盖密封条			91	128	左后车窗玻璃密封条		
71	108	行李舱盖/尾门外拉杆			92	129	左后车门密封条		
72	109	行李舱盖/尾门锁			93	130	左后车门铰链		
73	110	后风窗玻璃			94	131	其他(只描述缺陷,不扣分)		

X_1 得分	

程度:

程度为1的扣0.5分,每增加一个程度加扣0.5分。共计15分,扣完为止。轮胎部分需高于程度4的标准,不符合标准时扣1分。

1—面积≤100mm×100mm;2—100mm×100mm<面积≤200mm×300mm;3—面积>200mm×300mm;轮胎纵向花纹深度<1.6mm

2. 蓄电池系统检查(22项,共30分)

Ⅰ:蓄电池系统外观及充电功能检查(5分)

序号	项目号	检查项目(14项)	判别		扣分标准	扣分
1	132	蓄电池铭牌与出厂的基本数据一致	是	否	5	
2	133	无起火痕迹	是	否	5	
3	134	无腐蚀痕迹	是	否	5	

序号	项目号	检查项目(14项)	判别		扣分标准	扣分
4	135	无浸水痕迹	是	否	5	
5	136	蓄电池包是原厂配件	是	否	5	
6	137	蓄电池包/防护罩无变形、破损	是	否	5	
7	138	蓄电池包固定件无松动、破损	是	否	1	
8	139	蓄电池冷却系统无渗漏、损坏	是	否	1	
9	140	蓄电池系统插接件无异常(松动、脱落、变形、腐蚀)	是	否	1	
10	141	直流充电插座无异常(松动、脱落、变形、腐蚀)	是	否	1	
11	142	交流充电插座无异常(松动、脱落、变形、腐蚀)	是	否	1	
12	143	蓄电池高低压线束及防护无破损腐蚀	是	否	1	
13	144	充电功能正常(交流电充电和直流电充电)	是	否	5	
14	145	其他(只描述缺陷,不扣分)				
X_{21} 合计						

Ⅱ:蓄电池系统综合性能检查(20分)

序号	项目号	检查项目(6项)	数值
1	146 (二选一)	电量可用状态(E_S):$E_S = (E_C - E_{end})/(E_r - E_{end})$	
		容量可用状态(C_S):$C_S = (C_C - C_{end})/(C_r - C_{end})$	

注:E_S——电量可用状态,$E_C \geq E_r$ 时 $E_S = 1$,$E_C \leq E_{Send}$时 $E_S = 0$;

　E_C——实际电量;

　E_r——额定电量,即新车公告电量;

　E_{end}——寿命终止电量,即国家标准规定或厂家蓄电池质保的达到蓄电池寿命终止的电量;

　C_S——容量可用状态,$C_C \geq C_r$ 时 $C_S = 1$,$C_C \leq C_{Send}$时 $C_S = 0$;

　C_C——实际容量;

　C_r——额定容量,即新车公告容量;

　C_{end}——寿命终止容量,即国家标准规定或厂家蓄电池质保的达到蓄电池寿命终止的容量

序号	项目号		检查项目	$T_{day} < 1$	$1 < T_{day} \leq 4$	$T_{day} > 4$
2	147	计算方法	日均使用时间(T_{day}): $T_{day} = T_{use}/T_{total}$			
			日均使用时间系数 (L_1)	0.98	1.0	0.97
			日均使用时间系数(L_1)			

注:T_{day}——车辆日均使用时间,单位为小时/天(h/d);

　T_{use}——车辆总共运行时间,单位为小时(h);

　T_{total}——车辆总共使用时间,单位为天(d)

序号	项目号	检查项目（6项）			数值		
3	148	计算方法	次均充电SOC（SOC_{cavg}）： $SOC_{cavg} = \sum_{i=1}^{N}(SOC_{iend} - SOC_{istart})/N$		$SOC_{cavg} < 70\%$	$SOC_{cavg} \geqslant 70\%$	
			次均充电SOC系数（L_2）		1.0	0.98	
		次均充电系数SOC（L_2）					

注：SOC_{cavg}——车辆次均充电SOC；

　SOC_{iend}——车辆第i次充电结束SOC；

　SOC_{istart}——车辆第i次充电起始SOC；

　N——车辆总充电次数。

SOC：荷电状态。反映蓄电池剩余容量状况的物理量，其数值定义为规定放电条件下蓄电池的当前剩余容量与完全充电状态的可用容量的比值。当$SOC=0\%$时表示蓄电池放电完全，当$SOC=100\%$时表示蓄电池完全充满

序号	项目号	检查项目（6项）					
4	149	计算方法	快慢充比（P_{AD}）： $P_{AD} = N_{DC}/N_{AC}$	$P_{AD} < 0.5$	$0.5 < P_{AD} \leqslant 1$	$P_{AD} > 1$
			快慢充比系数（L_3）	1.0	0.98	0.95
		快慢充比系数（L_3）				

注：P_{AD}——车辆快慢充比；

　N_{DC}——车辆快充总次数；

　N_{AC}——车辆慢充总次数

序号	项目号	检查项目（6项）					
5	150	计算方法	运行温度在10~45℃的频次占比（P_{temp}）： $P_{temp} = T_{10~45℃}/T_{use}$	$P_{temp} > 0.5$	$0.2 \leqslant P_{temp} \leqslant 0.5$	$P_{temp} \leqslant 0.2$
			蓄电池最佳运行温度频次占比系数（L_4）	1.0	0.98	0.95
		蓄电池最佳运行温度频次占比系数（L_4）				

注：P_{temp}——蓄电池运行温度在10~45℃的频次占比；

　$T_{10~45℃}$——蓄电池运行温度在10~45℃的累计运行时间；

　T_{use}——车辆总共运行时间

历史使用影响因素系数（$L = L_1 + L_2 + L_3 + L_4$）

注：无法提供147~150项时，L取值0.9

注：L——历史使用影响系数；

　L_1——日均使用时间系数；

　L_2——次均充电SOC系数；

　L_3——快慢充比系数；

　L_4——运行温度在10~45℃的频次占比系数

序号	项目号	评分方法	计算方法	$R = E_S(C_S) \times L$								
6	151		综合性能（R）	$R < 0.1$	$0.1 \leqslant R < 0.2$	$0.2 \leqslant R < 0.3$	$0.3 \leqslant R < 0.4$	$0.4 \leqslant R < 0.5$	$0.5 \leqslant R < 0.6$	$0.6 \leqslant R < 0.7$	$0.7 \leqslant R < 0.8$	$0.8 \leqslant R < 0.9$	$R \geqslant 0.9$
			分值	0	3	6	8	10	12	14	16	18	20
		综合性能（R）										

注：R——蓄电池综合性能；
E_S——蓄电池电量可用状态；
C_S——蓄电池容量可用状态；
L——历史使用影响系数

蓄电池系统综合性能得分X_{22}	

Ⅲ：蓄电池质保检查（共5分）

序号	项目号	检查项目（2项）	数值
1	152	剩余质保时间比(T_S)：$T_S = (T_{max} - T_C)/T_{max}$	
2	153	剩余质保里程比(D_S)：$D_S = (D_{max} - D_C)/D_{max}$	
		蓄电池质保评分系数$A_S = \min(T_S, D_S)$	
		蓄电池质保得分(A)：$A = A_S \times 5$	
X_2得分			

注：T_S——剩余质保时间比；
T_C——蓄电池使用时间；
T_{max}——蓄电池质保时间；
D_S——剩余质保里程比；
D_C——行驶里程；
D_{max}——蓄电池质保里程；
A_S——蓄电池质保评分系数；
A——蓄电池质保评分

3. 电机及控制器检查（10项，共5分）

序号	项目号	检查项目	判别		扣分标准	扣分
1	154	电机铭牌字迹和内容清楚，与出厂的基本数据一致	是	否	5	
2	155	无起火痕迹	是	否	5	
3	156	无腐蚀痕迹	是	否	5	
4	157	无浸水痕迹	是	否	5	
5	158	电机和控制器表面无碰伤、划痕	是	否	1	
6	159	电机冷却系统无渗漏、损坏	是	否	1	
7	160	电机系统插接件无异常（松动、脱落、变形、腐蚀）	是	否	1	
8	161	电机系统高低压线束及防护无破损腐蚀	是	否	1	
9	162	驱动电机和控制器安全接地检查合格	是	否	1	
10	163	其他（只描述缺陷，不扣分）				
X_3得分						

4. 驾驶舱检查（23项，共10分）

序号	项目号	检查项目	判别		扣分标准	扣分
1	164	车内无水泡痕迹	是	否	1.5	
2	165	车内整洁、无异味	是	否	0.5	
3	166	中控物理按钮	是	否	1	
4	167	中控显示屏/中控触摸屏外观	是	否	1	
5	168	仪表台无划痕，配件无缺失	是	否	1	

续上表

序号	项目号	检查项目	判别		扣分标准	扣分
6	169	出风口无裂痕,配件无缺失	是	否	1	
7	170	储物盒无裂痕,配件无缺失	是	否	1	
8	171	安全气囊外观完整、无破损	是	否	1	
9	172	转向盘的最大自由转动量应小于等于15°	是	否	1	
10	173	变速杆手柄及护罩完好、无破损	是	否	1	
11	174	驻车制动系统灵活有效	是	否	1	
12	175	车内后视镜完整、无破损	是	否	0.5	
13	176	左、右后视镜折叠装置工作正常	是	否	1	
14	177	车顶及周边内饰无破损、松动及裂缝和污迹	是	否	1	
15	178	天窗移动灵活、关闭正常	是	否	1	
16	179	座椅完整、无破损	是	否	0.5	
17	180	座椅调节功能	是	否	1	
18	181	座椅加热和通风	是	否	1	
19	182	头枕完整、无破损	是	否	1	
20	183	安全带结构完整、功能正常	是	否	1	
21	184	门窗功能正常	是	否	1	
22	185	车窗玻璃升降正常	是	否	1	
23	186	其他(只描述缺陷,不扣分)				
X_4得分						

5. 电控及仪表检查(11项,共15分)

序号	项目号	检查项目	判别		扣分标准	扣分
1	187	车辆可正常上电(仪表显示屏和中控屏点亮)	是	否	1	
2	188	电机起动正常(需要使用举升机或将车轮架起)	是	否	5	
3	189	电机无异响,空挡提高转速,声音过渡无异响(需要使用举升机或车轮架起)	是	否	5	
4	190	车载智能系统(中控大屏)开启正常,无死机、黑屏等故障	是	否	5	
5	191	指针式仪表/仪表显示屏工作正常,无故障报警	是	否	1	
6	192	各类灯光和调节功能正常	是	否	0.5	
7	193	制动防抱死系统(ABS)及各种扩展功能工作正常	是	否	0.3	
8	194	空调系统风量、方向调节、分区控制、自动控制、制冷工作正常	是	否	0.3	
9	195	信息娱乐系统工作正常	是	否	0.3	
10	196	先进辅助驾驶系统(ADAS)工作正常	是	否	5	
11	197	其他(只描述缺陷,不扣分)				
X_5得分						

续上表

	6. 底盘检查(16项,共10分)					
序号	项目号	检查项目	判别		扣分标准	扣分
1	198	减速器无破损,无渗漏	是	否	1	
2	199	万向节球笼无损坏,防尘套无渗漏、无破损	是	否	1	
3	200	前悬架弹性元件无损坏	是	否	1	
4	201	前悬架导向机构无损坏	是	否	1	
5	202	前减振器无渗漏、无损坏	是	否	1	
6	203	后悬架弹性元件无损坏	是	否	1	
7	204	后悬架导向机构无损坏	是	否	1	
8	205	后减振器无渗漏、无损坏	是	否	1	
9	206	转向节球销无松动	是	否	1	
10	207	转向机及防尘套无损坏	是	否	1	
11	208	转向拉杆球销无松动	是	否	1	
12	209	制动盘无破损,无异常磨损	是	否	1	
13	210	制动鼓无破损,无异常磨损	是	否	1	
14	211	制动片无破损,无异常磨损,厚度符合要求	是	否	1	
15	212	制动油管路无破损、无渗漏	是	否	1	
16	213	其他(只描述缺陷,不扣分)				
X_6得分						

	7. 功能性零部件及液态检查(14项,共3分)					
序号	项目号	检查项目	判别		扣分标准	扣分
1	214	备胎	是	否	0.5	
2	215	千斤顶	是	否	0.5	
3	216	轮胎扳手及随车工具	是	否	0.5	
4	217	三角警示牌	是	否	0.5	
5	218	灭火器	是	否	0.5	
6	219	充电线缆/便携式随车充电器	是	否	0.5	
7	220	反光背心	是	否	0.5	
8	221	机械式钥匙	是	否	0.5	
9	222	遥控钥匙	是	否	0.5	
10	223	无钥匙进入	是	否	0.5	
11	224	行李舱隔板	是	否	0.5	
12	225	制动液含水量	是	否	3	
13	226	防冻液冰点	是	否	3	
14	227	其他(只描述缺陷,不扣分)				
X_7得分						

续上表

8.路试检查（10项,共12分）						
序号	项目号	检查项目	判别		扣分标准	扣分
1	228	动力系统正常,无报警无故障	是	否	2	
2	229	加速、动能回收工作正常	是	否	2	
3	230	行驶过程无跑偏	是	否	2	
4	231	行驶过程中车辆电机部位无异响	是	否	2	
5	232	行驶过程中电池电量和剩余里程显示无跳变现象	是	否	2	
6	233	行驶过程中车辆底盘部位无异响	是	否	2	
7	234	行驶过程中车辆转向部位无异响	是	否	2	
8	235	制动系统工作正常有效、制动不跑偏	是	否	2	
9	236	行车制动系最大制动效能在踏板全行程的4/5以内达到（装有自动调整间隙装置）	是	否	2	
10	237	其他（只描述缺陷,不扣分）				
X_8得分						
车辆技术状况鉴定总分值 X		$X=\sum_{i}^{8}X_i=X_1+X_2+X_3+X_4+X_5+X_6+X_7+X_8$				

确定车辆技术状况总分（X）。总分值为8个部分鉴定分值累加,计算公式见式(2-7)：

$$X=\sum_{i=1}^{8}X_i \tag{2-7}$$

式中:X——车辆技术状况鉴定总分值；

X_1——车身外观鉴定分值；

X_2——蓄电池系统鉴定分值；

X_3——电机及控制器鉴定分值；

X_4——驾驶舱鉴定分值；

X_5——电控及仪表鉴定分值；

X_6——底盘鉴定分值；

X_7——功能性零部件及液态鉴定分值；

X_8——路试鉴定分值。

根据鉴定分值,按照表2-12确定车辆对应技术等级。

车辆技术状况等级分值对应表　　　表2-12

技术状况等级	分值区间
一级	鉴定总分≥90
二级	60≤鉴定总分<90
三级	20≤鉴定总分<60
四级	鉴定总分<20
五级	重大事故车、泡水车、火烧车

（六）事故车鉴定

1.事故车鉴定经验

车辆的事故情况对车况的整体评定非常重要,在旧机动车的检查评估操作中,最关注的就是对车辆事故情况的判断。事故车等级是通过车身撞击受损程度来判断的。事故车经修复后仍然会留下痕迹,寻找事故痕迹或者经过修复后车辆的特征是事故车鉴别的重点,当然,通过使用全自动车身电子检测仪或者漆膜厚度仪可以准确判断是否是事故车,如果没有上述仪器设备,可以从以下三方面运用实际经验来判断。

（1）事故车辆的骨架已经受损而且无法完全修复,所以从发动机舱、行李舱以及地板处观察车辆骨架是检查的重点。

（2）事故车修复后一般在整体外观上没有明显缺陷,但是会在很多细节上留下痕迹,所以要从外观的细节上去发现。

（3）事故车受到撞击而致骨架变形、车身整体性能下降、车轮定位改变等问题不能完全修复,所以从动态行驶中也可发现问题。

2.事故车检查步骤

按照《二手车鉴定评估技术规范》（GB/T 30323—2013）对事故车的定义,车上的12个部位:车体左右对称、左A柱、左B柱、左C柱、右A柱、右B柱、右C柱、左右前纵梁、左右前减振器悬架部位、左右后减振器悬架部位、受损状况是判断事故车的依据,在实际业务操作中,一般采用分八步依次检查的方法（图2-17）,顺时针绕车一周后,完成事故车的全部检查。事故车辆的检查遵循由外到内、由表及里的原则,通过车身各个部分的异常情况发现骨架部分的损伤。

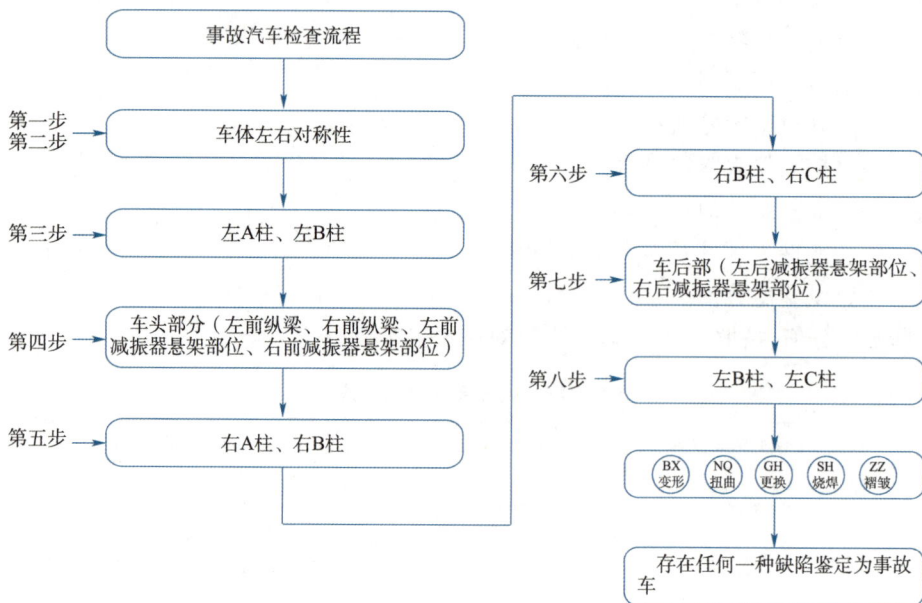

图2-17　事故汽车检查流程

（1）第一步、第二步：右前方45°和左前方45°。

检查部位：车体覆盖件，轮胎定位。

检查流程：由远（距车前2m处45°）及近（1步45°），远观。

基本动作：先站后蹲，从下到上，视线与腰线平行。

检查方法：目测，大致记录，在检查到具体部件时再仔细鉴定。

检查要点：观察车身线条（腰线）是否顺畅；观察各个部件接缝处是否均匀；查看前后车门、翼子板是否变形，是否有明显修复痕迹，有无色差；观察轮胎位置与倾斜角度；观察左、右部件是否对称。

（2）第三步：左B柱、左A柱检查。

检查部位：左B柱、左A柱。

检查流程：开启车门，近看左B柱、左A柱、车顶和门槛形成的框架范围。

基本动作：由左A柱与车顶支柱交界处起顺时针一周查看。

检查方法：目测。

检查要点：检查门槛、左A柱、左B柱有无变形、切割、钣金修复及喷涂状况，车门铰链螺栓有无拧动痕迹，封胶、胶条、焊点状况。

（3）第四步：车头部分右前纵梁、左前纵梁、右前减振悬架、左前减振悬架。

检查部位：前纵梁、前减振器悬架。

检查流程：开启发动机舱盖，近看发动机舱内部情况。

基本动作：从发动机舱盖右侧铰链开始逆时针查看发动机舱。

检查方法：目测。

检查要点：检查纵梁有无变形、切割、吸能孔变形情况，减振器悬架螺栓有无拧动痕迹，封胶、焊点有无修复痕迹。

（4）第五步：右A柱、右B柱检查。

检查部位：右A柱、右B柱。

检查流程：开启车门，近看右A柱、右B柱、车顶和门槛形成的框架范围。

基本动作：由右A柱与车顶支柱交界处起顺时针一周查看。

检查方法：目测。

检查要点：检查门槛、右A柱、右B柱有无变形、切割、钣金修复及喷涂状况，车门铰链螺栓有无拧动痕迹，封胶、胶条、焊点有无修复。

（5）第六步：右B柱、右C柱检查。

检查部位：右B柱、右C柱。

检查流程：开启车门，近看右B柱、右C柱、车顶和门槛形成的框架范围。

基本动作：由左B柱与车顶支柱交界处起顺时针一周。

检查方法：目测。

检查要点：检查门槛、右B柱、右C柱有无变形、切割、钣金修复及喷涂状况，车门铰链螺栓有无拧动痕迹，封胶、胶条、焊点是否修复过状况。

（6）第七步：后部检查。

检查部位：左后减振器悬架、右后减振器悬架。

检查流程：开启行李舱盖，查看左后减振器悬架、右后减振器悬架情况。

基本动作：打开行李舱盖、掀开饰板查看后减振器情况。

检查方法：目测。

检查要点：检查减振器悬架螺栓有无拧动痕迹，封胶、焊点状况，是否存在变形、切割焊接痕迹。

（7）第八步：左 C 柱、左 B 柱检查。

检查部位：左 C 柱、左 B 柱。

检查流程：开启车门，近看左 C 柱、左 B 柱、车顶和门槛形成的框架范围。

基本动作：由左 B 柱与车顶支柱交界处起顺时针一周查看。

检查方法：目测。

检查要点：检查门槛、左 B 柱、左 C 柱有无变形、切割、钣金修复及喷涂状况，车门铰链螺栓有无拧动痕迹，封胶、胶条、焊点状况。

（七）泡水车鉴定

1.汽车水灾损失影响因素

（1）水的种类。评估水淹汽车损失时，通常将水分为淡水和海水。同时，还应该对水的浑浊情况进行认真了解。多数水淹汽车损失中的水为雨水和山洪形成的泥水，但也有下水道倒灌而形成的浊水，这种城市下水道溢出的浊水中含有油、酸性物质和各种异物。油、酸性物质和其他异物对汽车的损伤各不相同，必须在现场查勘时仔细检查，并作明确记录。

（2）水淹高度。水淹高度是确定水损程度非常重要的参数，水淹高度通常不以高度作为计量单位，而是以汽车上重要的具体位置作为参数。以轿车为例，水淹高度通常分为 6 级。

1 级——制动盘和制动鼓下沿以上，车身地板以下，乘员舱未进水。

2 级——车身地板以上，乘员舱进水，而水面在驾驶人座椅坐垫以下。

3 级——乘员舱进水，水面在驾驶人座椅坐垫面以上，仪表工作台以下。

4 级——乘员舱进水，仪表工作台中部。

5 级——乘员舱进水，仪表工作台面以上，顶篷以下。

6 级——水面超过车顶，汽车被淹没顶部。

（3）水淹时间。水淹时间（t）的长短对汽车所造成的损伤差异很大。水淹时间以小时（h）为单位，通常分为 6 级。

1 级——$t \leqslant 1$。

2 级——$1 < t \leqslant 4$。

3 级——$4 < t \leqslant 12$。

4 级——$12 < t \leqslant 24$。

5 级——$24 < t \leqslant 48$。

6 级——$t > 48$。

2.汽车水淹损失评估

1)水淹高度为 1 级时的损失评估

当汽车的水淹高度为 1 级时,有可能造成的受损零部件主要是制动盘和制动鼓。损坏形式主要是生锈,生锈的程度主要取决于水淹时间的长短以及水质。通常情况下,无论制动盘和制动鼓的生锈程度如何,所采取的补救措施主要是四轮的维护。因此,当汽车的被淹高度为 1 级,被淹时间也为 1 级时,通常不计损失;被淹时间为 2 级或 2 级以上时,水淹时间对损失金额的影响也不大,损失率通常为 0.1% 左右。

2)水淹高度为 2 级时的损失评估

当汽车的水淹高度为 2 级时,除造成 1 级水淹高度时所造成的损失以外,还会造成四轮轴承进水;全车悬架下部连接处因进水而生锈;配有 ABS 的汽车的轮速传感器的磁通量传感失准;地板进水后车身地板如果防腐层和油漆层本身有损伤就会造成锈蚀;少数汽车将一些控制模块置于地板上的凹槽内(如上海大众帕萨特 B5),会造成一些控制模块损毁(如果水淹时间过长,被淹的控制模块有可能彻底失效)。损失率通常为 0.5% ~2.5%。

3)水淹高度为 3 级时的损失评估

当汽车的水淹高度为 3 级时,除造成 2 级水淹高度所导致的损失以外,还会造成座椅潮湿和污染;部分内饰的潮湿和污染;真皮座椅和真皮内饰损伤严重。一般来说,水淹时间超过 24h 以后,还会造成桃木内饰板分层开裂;车门电动机进水;变速器、主减速器及差速器可能进水;部分控制模块被水淹;起动机被水淹;中高档车 CD 机、音响功放被水淹。损失率通常为 1.0% ~5.0%。

4)水淹高度为 4 级时的损失评估

当汽车的水淹高度为 4 级时,除造成 3 级高度所造成的损失以外,还可能造成发动机进水;仪表台中部分音响控制设备、CD 机、空调控制面板受损;蓄电池放电、进水;大部分座椅及内饰被水淹;音响的喇叭全损;各种继电器、熔断丝盒可能进水;所有控制模块被水淹。损失率通常为 3.0% ~15.0%。

5)水淹高度为 5 级时的损失评估

当汽车的水淹高度为 5 级时,除造成 4 级高度所造成的损失以外,还可能造成全部电器装置被水泡;发动机严重进水;离合器、变速器、后桥也可能进水;绝大部分内饰被泡;车架大部分被泡。损失率通常为 10.0% ~30.0%。

6)水淹高度为 6 级时的损失评估

当汽车的水淹高度为 6 级时,汽车所有零部件都受到损失。损失率通常为 25.0% ~60.0%。

(八)火烧车鉴定

1.汽车火灾分类

汽车火灾分类火灾对车辆损坏一般分为整体燃烧和局部燃烧。

(1)整体燃烧:整体燃烧是指发动机舱内线路、电器、发动机附件、仪表台、内装饰件、座椅烧损,机械件壳体烧熔变形,车体金属(钣金件)件脱炭(材质内部结构发生变化),表面漆层大面积烧损。该情况下的汽车损坏通常非常严重。

（2）局部烧毁：局部烧毁分三种情况。

①发动机舱着火造成发动机前部线路、发动机附件、部分电器、塑料件烧损。

②轿壳或驾驶室着火，造成仪表台、部分电器、装饰件烧损。

③货运车辆货厢内着火。

2. 汽车火灾损失评估步骤

（1）对明显烧损的部位进行分类登记。

（2）对机械件进行测试、分解检查。特别是转向、制动、传动部分的密封橡胶件。

（3）对金属件（特别是车架、前桥、后桥、壳体类）考虑是否因燃烧而退火、变形。

（4）对于因火灾使车辆遭受损害的，分解检查工作量很大，且检查、维修工期较长，一般很难在短时期内拿出准确估价单，只能是边检查边定损，反复进行。

3. 汽车火灾的损失评估

汽车起火燃烧以后，其损失评估的难度相对较大。

如果汽车的起火燃烧被及时扑灭，可能只会导致一些局部的损失，损失范围也只是局限在过火部分的车体油漆、相关的导线及非金属管路、汽车内饰。只要参照相关部件的市场价格，并考虑相应的工时费，即可确定出损失的金额。

如果汽车的起火燃烧持续了一段时间之后才被扑灭，虽然没有对整车造成毁灭性的破坏，但也可能造成比较严重的损失。凡被火"光顾"过的车身的外壳、汽车轮胎、导线线束、相关管路、汽车内饰、仪器仪表、塑料制品、外露件的美化装饰等，可能都会报废，定损时需考虑到相关需更换件的市场价格、工时费用等。

如果起火燃烧程度严重，外壳、汽车轮胎、导线线束、相关管路、汽车内饰、仪器仪表、塑料制品、外露件的美化装饰等肯定会被完全烧毁。部分零部件，如控制电脑、传感器、铝合金铸造件等，可能会被烧化，失去任何使用价值。一些看似"坚固"的基础件，如发动机、变速器、离合器、车架、悬架、车轮轮毂、前桥、后桥等，在长时间的高温烘烤作用下，会因"退火"而失去应有的刚度，无法继续使用。此时，汽车距离完全报废已经很近了。

（九）事故车辆检查示例

背景：车辆证件齐全。

品牌：宝马3系420Li超悦版时尚型。

（1）第一步、第二步：车体左右对称。

先从车的右前45°直立和半蹲观察，然后从车的左前45°直立和半蹲观察，检查车体左右对称。经检查，车体左右对称，符合标准。

（2）第三步：检查左A柱、左B柱。

经检查确认，该范围无明显碰撞、修复痕迹。

（3）第四步：车头部分检查。

经检查确认，该范围无明显碰撞、修复痕迹。

（4）第五步：检查右A柱、右B柱。

经检查确认,该范围无明显碰撞、修复痕迹。

(5)第六步:检查右B柱、右C柱。

经检查确认,该范围无明显碰撞、修复痕迹。

(6)第七步:后部检查。

经检查确认,该车后部无明显碰撞、修复痕迹。

(7)第八步:左C柱、左B柱。

经检查确认,左侧B柱有轻微变形,记录为3BX,由此判断该车为事故车。

综合上述八步的检查结果,该车左侧B柱有轻微变形,确认该车为事故车。

(十)鉴别水淹车的技巧

旧机动车由于电路部分进水,特别是各个控制电脑板浸水后,容易短路、烧坏、腐烂,在日后的使用中常常会有各种故障出现,严重的情况会导致发动机需要大修。因此,车辆浸水后价值大打折扣,购买旧机动车要慎防买到水淹车。鉴别水淹车有以下技巧。

1.看

鉴别水淹车,要从细节上下功夫,比如车灯是否有被水泡过的泛黄水痕。车灯有泛黄印记说明泡过水,但车灯新的过分也要警惕泡水车,更换车灯是因为撞坏了还是泡水了要问清楚。其次,就是看车厢内的细节,汽车座椅支架有没有明显锈蚀痕迹,如果新的过分也有可能曾经被换过。还有,水淹车给内饰做清洁时往往会忽视安全带,不妨将安全带全部抽出来,如果发现有霉斑说明曾经泡过水。另外,打开行李舱看随车工具上有无锈迹,如果随车工具上出现了明显锈迹,可能是泡水留下的。

2.闻

对于水淹车内饰,最常见的处理方式无非就是全面清洗,但雨水那种霉味往往很难消除,这就给鉴别水淹车留下了线索。水淹车的内饰就算经过了全面清洗之后,多数还是会留下难以消除的霉味,不妨坐在车内关上车门仔细地闻闻。所以,如果遇到车内特别香的旧机动车也要留个心眼,是单纯的空气清新剂还是为了掩盖雨水霉味而喷的大量香水,这些也需要问清楚。

3.摸

市面上大部分车型的汽车座椅绝大多数都是用发泡海绵填充的,这种发泡海绵经过水泡之后再晒干就会变硬,缺乏弹性,软硬不均,所以鉴别水淹车也可以用手捏一捏座椅软硬来初步判断。除了检查座椅之外,还要对车门细节进行查看,因为车门的布艺或真皮材质经过水泡后很难修复,如果发现重新包裹处理了,就要问清楚是因为破损还是泡水或者其他什么原因。

4.查

鉴别水淹车最直观最快捷的方法就是升起汽车来看看底盘锈蚀是否明显。俗话说烂车先烂底,尽管大部分车辆底盘都会喷有防锈涂层,但如果车辆长时间浸泡在混浊的雨水中,防锈涂层就会遭到破坏,底盘锈蚀会更为明显。其次要检查排气管、悬架固定螺栓和制动挡板有无严重锈蚀,还要检查行李舱排水塞子是否有打开过的痕迹,如果打开过说明行李舱曾经进过水,就要格外当心了。

二、任务实施

(一)实训一:确定车辆的合法性,进行旧机动车技术状况鉴定

1.训练目标与要求

(1)掌握旧机动车合法判定的条件与依据;

(2)掌握车辆外观检查的方法与简单检查仪器设备的使用;

(3)掌握车辆性能鉴定的方法与步骤。

2.训练设备

(1)汽车4辆(燃油汽车2辆,纯电动汽车1辆,混合动力电动汽车1辆);

(2)强光手电筒、轮胎气压表、轮胎花纹深度尺和举升设备;

(3)漆膜仪若干台;

(4)故障诊断仪、解码器、万用电表;

(5)电脑与平板若干。

3.训练步骤

(1)查看机动车登记证书、机动车来历证明、机动车行驶证、机动车号牌、机动车检验合格标志,确定其有效性与合法性。

🖥 小知识

玻璃生产日期识别

如图2-18所示是玻璃标识样例,CCC为中国3C强制认证,3C下面的一串数字代表了玻璃的生产厂家,E000472代表公司名称,TEMPERED代表此玻璃是钢化玻璃。E4为欧洲ECE的认证,4意味着认证机构为荷兰。

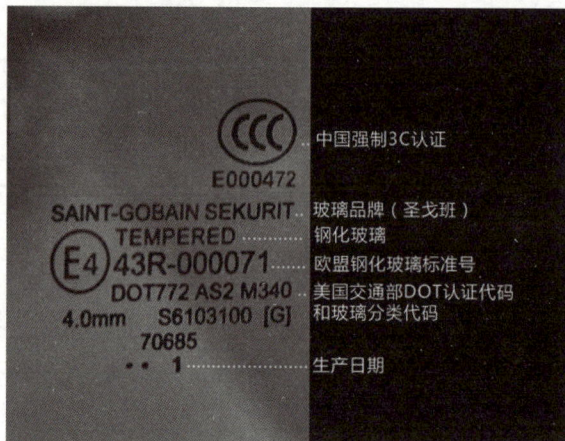

图2-18 玻璃标识样例

DOT 说明玻璃通过了美国交通部的认证,772 代表公司名称。大家还可以看到在 DOT 后面有 AS2 的字样,它代表光线传输率不小于70%的玻璃,可用范围是"可用于除前风窗外的任何部位",而 AS1 是这块玻璃的透光率不小于70%,即"清楚的玻璃""可用于前风窗",大家可以验证一下自己的车是否是这样。43R－000071:43R 为欧盟认证的钢化玻璃标准号,000071 为具体编号。

"..1"表示生产日期,1 代表 2011 年生产,黑点在数字之前代表上半年生产,用"7－黑点数(7－2)"可以得出玻璃的生产月份为 2011 年 5 月;若是黑点在数字之后,则代表玻璃为下半年生产,具体月份的计算公式为"13－黑点数"。通过这个公式可以判断出汽车玻璃的生产日期,对鉴定旧机动车的生产日期等会有一定帮助。

轮胎生产日期识别

无论是在新车购买、旧机动车购买,还是专门的轮胎购买时,一定要留心观察轮胎的出厂日期。且以此还可以作为一项暗中判断车辆准确车龄车况的附加技能。在轮胎上找到 DOT(以及后面一排"代码")之后,会发现有个椭圆形的圈内,标着四个数字。而这四个数字,则是出厂日期的代码,后两位数代表生产年限,前两位数则代表生产于该年的第几周。如图 2-19 所示的轮胎,则代表它是 2013 年第 35 周,即 8 月末生产的。

图 2-19　轮胎生产日期识别

从标志 1616 可以看出其生产日期是 2016 年第 16 周,也就是 2016 年 4 月中旬生产的。从标志 4818 可以看出其生产日期是 2018 年第 48 周,也就 2018 年 11 月底 12 月初生产的。

(2)按照车辆的方位进行检查。

车辆整体:总体目视判断→驾驶席及车身内部:驾驶席周围、内饰、配置、操纵装置、控制屏幕→车辆前端:车头周围、前风窗→发动机或前舱盖:发动机或电机控制器、车头下方→车辆左前方:整个左侧面→车辆右前方:整个右侧面→右前车门:立柱、顶盖、车身内部、底盘、蓄电池包→右后车门:立柱、顶盖、车身内部→车辆右后方及车辆后部底盘:整个右侧面及后部→车辆后方:后部→行李舱内:后围板、后侧板备胎舱、行李舱底板、后部车架→车辆左后方及车辆后部底盘:整个左侧面及底盘、蓄电池包→左后车门:立柱、顶盖、驾驶车身内部→左前车门:立柱、顶盖、车身内部、底盘→底盘:前后纵梁、整个底盘、蓄电池包。

（3）按照车身外观部位进行检查。

小知识

旧机动车漆面检查方法

局部做漆：一般是由于小的磕碰剐蹭造成车身漆面损坏，采用局部做漆。还有就是车身局部受损后需要钣金处理，之后也要做漆。

全车做漆：由于漆面老化、磕碰剐蹭、事故等原因，需要对全车进行做漆。

看光线反射和色差：通过车身反射光的明暗对比来判断是否做漆。一般做漆的地方反射光很暗，但一些高档车都是在厂家指定的特约维修站烤漆，电脑配色、配漆、配亮油，做漆的质量非常好，不容易观察。对于金属漆，可以检查漆面金属含量的多少。当然，做漆质量好的汽车客户自不必很在意；做漆质量不好的车会产生色差，也比较明显，客户可以看出来。

用手感觉顺滑性：做漆的地方感觉会不顺滑，同时车身的不平整也可以感觉出来。

观察有无砂纸打磨的痕迹：只要刮完腻子用砂纸打磨后，都会留有痕迹，有很多或粗或细的条纹，和做漆周边完好的原车漆部分是不同的。

敲打车身：由于刮腻子的薄厚程度和原车漆是不一样的，所以敲打车身时钣金的刮腻子部位声音要低沉一些。

注意边沿、装饰条及橡胶密封件，看是否有残留油漆痕迹和"流漆"痕迹。

打开发动机舱盖或行李舱盖：检查有无残留油漆以及和车身油漆的色差。

燃油汽车检查。车漆部分：漆色、车身平整度、油漆质量→车身车门部分：与车身呈45°角看车顶与车门交合线、看那条横贯车辆首尾的"腰线"、看车门、看门框、看三柱→行李舱部分→底盘部分→内饰检查→发动机舱盖：外观、内部→发动机及附件：检查散热器(冷却时)、检查变速器是否有渗油现象、检查蓄电池、检查空气滤清器、检视机油质量。

新能源汽车检查。车漆部分：漆色、车身平整度、油漆质量→车身车门部分：与车身呈45°角看车顶与车门交合线、看那条横贯车辆首尾的"腰线"、看车门、看门框、看三柱→行李舱部分→底盘部分：→蓄电池包、电机下部→内饰检查→前舱盖：外观、内部→蓄电池、电动机和控制器：蓄电池外观及充电功能→蓄电池系统综合性能与质保→电机及控制器→附件：检查散热器(冷却时)、检查蓄电池、检查空气滤清器。

（4）机动车技术状况的动态检查。

燃油汽车发动机运转状况检查：发动机起动性能检查→发动机怠速运转检查→加速踏板控制检查→排气颜色检查→发动机熄火检查。

新能源汽车运转状况检查：蓄电池外观及充电接口检查→充电功能检查→蓄电池系统综合性能与质保检查→电机及控制器检查→起动性能检查→加速性能控制检查。

机动车路试检查：传动系统性能检查→转向系统性能检查→制动性能检查→悬架系统检查→汽车动力性检查→机动车滑行性能检查。

机动车动态试验后的检查：检查各部件温度→检查渗漏现象。

(二)实训二:依据二手车鉴定评估技术规范,评定车辆技术状况与等级

1.训练目标与要求

(1)掌握《二手车鉴定评估技术规范》(GB/T 30323—2013)要求和内容;

(2)掌握《二手纯电动乘用车鉴定评估技术规范》(T/CADA 17—2021)的要求与内容;

(3)依据标准中若干个项目的评分要求,对评估车辆鉴定评分;

(4)能够根据鉴定的评分情况确定车辆的技术等级。

2.训练设备

(1)汽车4辆(燃油汽车2辆,纯电动汽车1辆,混合动力电动汽车1辆);

(2)强光手电筒、轮胎气压表、轮胎花纹深度尺和举升设备;

(3)电脑与平板若干;

(4)故障诊断仪、解码器、万用电表。

3.训练步骤

(1)依据表2-3对车身外观检测项目,进行评定打分;

(2)依据表2-5、表2-6对发动机舱和驾驶舱等检查项目,进行评定打分;

(3)依据表2-7对起动检查项目,进行评定打分;

(4)依据表2-8对路试检查项目,进行评定打分;

(5)利用表2-9对底盘检查项目,进行评定打分;

(6)利用表2-10对功能性零部件检查项目,进行评定打分;

(7)利用表2-11对二手纯电动乘用车技术状况鉴定表的8个部分检查项目,进行评定打分;

(8)最终,根据评分情况累计确定车辆的技术状况,并评定车辆技术等级。

(三)实训三:依据鉴定评估技术规范,判别重大事故车、泡水车、火烧车

1.训练目标与要求

(1)掌握《二手车鉴定评估技术规范》(GB/T 30323—2013)要求和内容;

(2)掌握《二手纯电动乘用车鉴定评估技术规范》(T/CADA 17—2021)的要求与内容;

(3)掌握事故车、泡水车和火烧车缺陷描述的正确含义;

(4)依据标准中的检测项目,能够判别重大事故车、泡水车和火烧车。

2.训练设备

(1)汽车4辆(事故车2辆,火烧车1辆,泡水车1辆);

(2)强光手电筒、轮胎气压表、轮胎花纹深度尺和举升设备;

(3)故障诊断仪、解码器、万用电表;

(4)电脑与平板若干。

3.训练步骤

(1)依据表2-13对事故车的17项检测项目,进行判别。

事故车检查   表 2-13

序号	项目号	检查项目	序号	项目号	检查项目
事故车检查（17项）					
1	1	车体外缘左右对称性	10	10	左前纵梁
2	2	左A柱	11	11	右前纵梁
3	3	左B柱	12	12	左前减振器支撑座
4	4	左C柱	13	13	右前减振器支撑座
5	5	左D柱	14	14	左后减振器支撑座
6	6	右A柱	15	15	右后减振器支撑座
7	7	右B柱	16	16	前围板部位
8	8	右C柱	17	17	车身底板部位
9	9	右D柱			

缺陷代码	不对称		BX	NQ	ZZ	BJ	SH	QG
缺陷描述	高度差>40mm		变形	扭曲	褶皱	钣金	烧焊	切割
车体骨架缺陷描述								
事故车评定	□事故车			□正常车				

缺陷状态认定标准：

1. 变形、扭曲、褶皱、钣金、烧焊，其面积大于等于30mm×30mm，即被认定为此缺陷；

2. 当出现切割更换痕迹时，即被认定为此缺陷

（2）依据表2-14对泡水车的13项检查项目，进行判别。

泡水车检查   表 2-14

序号	项目号	检查项目	序号	项目号	检查项目
泡水车检查（13项）					
1	18	车内地毯	8	25	行李舱底板
2	19	乘客/驾驶舱底板线束及接口	9	26	驾驶室内熔断丝盒/控制单元
3	20	座椅滑轨	10	27	发动机舱/行李舱熔断丝盒及线束
4	21	座椅坐垫下方	11	28	空调出风口
5	22	转向柱	12	29	发动机线束及接口
6	23	点烟器底座	13	30	车顶篷
7	24	安全带			

缺陷代码	PSXS	PSNS	PSSZ	PSMB	PSXF
缺陷描述	泡水锈蚀	泡水泥沙	泡水水渍	泡水霉斑	泡水修复
泡水缺陷描述					
泡水车评定	□泡水车		□正常车		

缺陷状态解释：

1. 泡水锈蚀：指车内金属部件因为泡水原因造成的大面积极为明显的锈蚀。

2. 泡水泥沙：指车内明显存在着泥沙痕迹。

3. 泡水水渍：指因为泡水车内存留水印。

4. 泡水霉斑：指车内部件因为泡水后造成的明显发霉现象。

5. 泡水修复：指车内部件存在因泡水后进行修复所造成的痕迹。

（3）依据表 2-15 对火烧车的 7 项检查项目，进行判别。

火烧车检查　　　　　　　　　　　表 2-15

火烧车检查(7 项)					
序号	项目号	检查项目	序号	项目号	检查项目
1	31	发动机舱盖隔音棉	5	35	仪表台及内饰
2	32	防火墙隔音棉	6	36	车身底板部件
3	33	机舱内线束	7	37	行李舱底板
4	34	机舱内管路			
缺陷代码	HSXH			HSZX	
缺陷描述	火烧熏黑碳化			火烧炙烤熔化	
火烧缺陷描述					
火烧车评定	□火烧车			□正常车	

缺陷状态认定标准：

单点火烧熏黑碳化或火烧炙烤熔化面积达到 0.3m² 以上或多点火烧痕迹累计面积达到 0.5m² 以上，则判别该车为火烧车

三、评价反馈

1. 自我评价

（1）通过本学习任务的学习，你是否已经掌握以下问题：

①汽车使用寿命的影响因素和变化规律。

_____

_____

②旧机动车的交易规范与条件。

_____

_____

③哪几种车不能交易？

_____

_____

④车辆的技术状况检测与鉴定方法。

_____

_____

⑤合法车判断注意事项。

_____

_____

（2）车辆的检测用到了哪些检测设备？你是否已经掌握了这些检测设备的正确操作技能？

_____

_____

（3）归纳车辆检测与鉴定的步骤。

_____

_____

（4）通过本任务学习，培养不畏技术困难，努力钻研技术的习惯，不断提出真正解决问题的新理念新思路新办法。认真仔细地记录实训过程完成情况。

_____

_____

（5）养成工作中良好的着装习惯，展示中国工匠可信的形象，检查工作着装的规范程度。

_____

_____

（6）是否积极主动参与工作现场的清洁和整理工作？

_____

_____

（7）在完成本学习任务的过程中，你是否主动帮助过其他同学？是否和其他同学探讨静态检查、原地起动检查、路试检查等问题？具体问题是什么？结果是什么？

_____

_____

（8）通过本学习任务的学习，你认为自己在哪些方面还有待进一步改善？

_____

_____

签名：_____ _____年_____月_____日

2. 资讯与实施

1）资讯

（1）二手车鉴定中，在动态试验后需要检查_____、渗漏。

（2）二手车鉴定评估机构具有一种广义的评估职能,包括评价职能、_____、鉴定职能、估价职能。

（3）微型载货汽车和各类出租汽车使用年限_____。

（4）二手车的识伪检查是指通过对交易车辆的有关手续文件和_____进行检查以判断其是否具有合法的交易资格。

（5）纯电动旧机动车与传统燃油汽车的区别,主要在_____、_____和电控系统。

（6）对于纯电动汽车的电控系统实际上是一个总称,细分的话可以分成整车控制系统、电机控制系统、_____。

（7）外观检测中,看横贯车辆首尾的"腰线"。如果腰线是凹凸不平或扭曲的,则车辆很可能发生过擦碰事故。　　　　　　　　　　　　　　　　　　　　　　（　　）

（8）旧机动车属于有形资产中固定资产的机器设备,年限越长越不值钱。　　（　　）

（9）机动车行驶证是机动车取得合法行驶权的凭证,它在旧机动车交易中可以确认车辆的所有权人。　　　　　　　　　　　　　　　　　　　　　　　　　　（　　）

（10）旧机动车鉴定估价师对其出具的鉴定评估报告的真实性、科学性、客观性负责,并承担所有的经济和法律责任。　　　　　　　　　　　　　　　　　　　　（　　）

2）实施

（1）在二手纯电动乘用车鉴定评估中,对于电机驱动系统的技术状况检查包括:电机及控制器的外观和接地检查;电机驱动系统的（　　　）,这个工作融合在路试检查过程中进行。

　　A.动态性能检查　　　　　　　　　　B.静态性能检查

　　C.起动性能检查　　　　　　　　　　D.加速性能检查

（2）机动车检测标准中规定,轮胎花纹深度在磨损后应（　　　）。

　　A.大于2.0mm　　　　　　　　　　　B.大于1.6mm

　　C.小于3.2mm　　　　　　　　　　　D.小于1.6mm

（3）由于汽车的使用,出现了汽车的磨损、部件性能下降,致使原有的车辆相对新车型的贬值称机动车的（　　　）。

　　A.功能性贬值　　　　　　　　　　　B.经济性贬值

　　C.实体性贬值　　　　　　　　　　　D.功能性贬值和经济性贬值

（4）资产评估中三个基本假设是（　　　）。

　　A.继续使用、公开市场、清算　　　　B.继续使用、收益现值、清算

　　C.公开市场、清算、折旧　　　　　　D.继续使用、清算、折旧

（5）在汽车使用寿命中技术、合理、经济使用寿命三者的关系是（　　　）。

　　A.技术使用寿命＝合理使用寿命＝经济使用寿命

　　B.合理使用寿命＞经济使用寿命≥技术使用寿命

　　C.经济使用寿命＞合理使用寿命≥技术使用寿命

　　D.技术使用寿命＞合理使用寿命≥经济使用寿命

（6）由于技术的进步,出现了新的性能更优的车辆,致使原有的车辆相对新车型的贬值称机动车的（　　　）。

A. 功能性贬值   B. 经济性贬值

C. 实体性贬值   D. 功能性贬值和经济性贬值

（7）按资产存在形态分类，可以分为有形资产和无形资产。下列有形资产是（　　　）。

     A. 机动车、土地使用权   B. 专利权、商标权、商誉

     C. 汽车摩托车、房屋建筑物   D. 机器设备、著作权

（8）（　　　）是强制保险险种，车辆若不投保该险种不能办理合法上路行驶手续。

     A. 不计免赔险   B. 交强险   C. 车损险   D. 玻璃险

（9）检查车厢内地板，翻开地毯，观察底部，检查有无锈蚀、漏洞，大梁有无曲折及修复的情况，如果有，车辆属于（　　　）。

     A. 泡水、事故车   B. 翻过车

     C. 车辆进过雨水   D. 底盘受过碰擦

（10）与车身呈（　　　）看车顶与车门交合线。方法是，站在车前大灯旁，半蹲身子，像木工用眼睛吊线一样，观看车顶与车门交合处两条线和雨槽是不是平直。如果有扭曲，这辆车一定是被侧撞过的。

     A. 15 度角   B. 45 度角   C. 垂直   D. 平行

3. 小组评价

小组评价表见表 2-16。

小组评价表　　　　　　　　　　　　　　　　　　　表 2-16

序号	评价项目	评价情况
1	学习态度是否积极主动	
2	是否服从教学安排	
3	是否达到全勤	
4	着装是否符合要求	
5	是否合理规范地使用仪器和设备	
6	是否按照安全和规范的规程操作	
7	是否遵守学习、实训场地的规章制度	
8	是否积极主动地与他人合作、探讨问题	
9	是否能保持学习、实训场地整洁	
10	团结协作情况	

参与评价的同学签名：＿＿＿＿＿＿＿　　　＿＿＿＿年＿＿＿月＿＿＿日

4. 教师评价

＿＿＿＿＿＿＿＿＿＿＿＿＿＿＿＿＿＿＿＿＿＿＿＿＿＿＿＿＿＿＿＿＿＿＿＿＿

＿＿＿＿＿＿＿＿＿＿＿＿＿＿＿＿＿＿＿＿＿＿＿＿＿＿＿＿＿＿＿＿＿＿＿＿＿

教师签名：＿＿＿＿＿＿＿　　　＿＿＿＿年＿＿＿月＿＿＿日

学习任务3
旧机动车评估方法的选择 >>>

学习目标

知识目标

1. 知道旧机动车评估基本知识；
2. 知道旧机动车有形损耗、无形损耗及其贬值（折旧）；
3. 知道成新率的各种计算方法；
4. 知道旧机动评估的方法与运用条件。

技能目标

1. 会分析各种价格评估方法的局限性，掌握其应用范围；
2. 能够选择旧机动车的评估方法规范完成相关评估；
3. 能够规范撰写旧机动车评估报告书。

素养目标

1. 能按照5S要求，对工具、场地进行整理；
2. 选择和使用工具合理规范，要有环保意识；
3. 培养正确的劳动态度，弘扬劳动精神、奋斗精神、奉献精神；
4. 培养正确的质量强国意识；展示中国工匠可信的形象；
5. 培养爱党报国、敬业奉献、服务人民的意识，理解"客户第一"的服务理念；
6. 养成共同协作的好习惯，培养在学习中敢担当、能吃苦的好品质；
7. 安全文明生产，保证工具、设备和自身安全。

任务描述

旧机动车评估的方法通常有四种，评估人员使用哪种方法至关重要，因为它关系到最后的评估价格。因此，评估人员要掌握不同评估方法的适用条件和范围以及考虑的因素，计算评估价格，写出评估报告。

学习引导

本学习任务沿着以下脉络进行学习：

旧机动车鉴定估价方法的比较	→	旧机动车成新率的确定	→	旧机动车鉴定评估报告书的撰写

一、相关知识

（一）旧机动车评估的理论依据

旧机动车的价格评估方法是确定旧机动车评估值的具体手段与途径。从评估对象的角度来看，旧机动车属于固定资产机器设备的一类产品，故同其他资产评估一样，也应遵循资产评估的一般理论，总体而言分为重置成本法、收益现值法、现行市价法和清算价格法这四种基本方法。

作为国有资产的旧机动车，还应遵守《国有资产评估管理办法》的规定。然而，旧机动车作为一类资产，又有别于其他类资产，有其自身的特点。如它的单位价值大，使用时间长；使用强度、使用条件、维护水平差异很大；政策性强，使用管理严格，税费附加值高。由于旧机动车自身的这些特点，决定了在对旧机动车进行评估时，不能完全照搬资产评估的方法，必须结合旧机动车的实际情况，以技术鉴定为基础，以资产评估理论为指导灵活处理，从而使旧机动车评估能够更客观、准确地反映旧机动车的价值，并且具有一定的可操作性。

1. 旧机动车评估的前提条件

资产评估是在资产交易发生之前，通过模拟市场对准备交易的资产在某一时点的价格所进行的估算，必须借助于若干种假设，以对资产的未来用途和经营环境作出合理的判断。旧机动车评估中所采用的理论和方法，同样也是建立在一定的假设条件上的。如果假设前提不同，所适用的评估标准也不同，评估结果也会大相径庭。旧机动车评估的假设有继续使用假设、公开市场假设和清算（清偿）假设三种。

1）继续使用假设

继续使用假设是指汽车应该能够按现行用途继续使用，或将转换用途继续使用。这一假设的核心是强调汽车对未来的有效性。在这一假设条件下对旧机动车进行价格评估，不能按车辆拆零出售零配件所得收入之和进行估价。对于可继续使用的汽车评估与不能继续使用的汽车评估，所采用的价格计量标准是不同的。例如，对一辆可继续使用的、处于在用状态的汽车进行评估时，一般采用重置成本法评估并处于在用状态的价值。但如果汽车无法继续使用，只能将其报废或拆零出售，以现行市价法评估其零件的变现值，并且还需扣除拆零费用。两者的评估值显然不同。

值得注意的是，在继续使用前提下，车辆必须具有显著的剩余使用寿命；而且能以其提供的功能和服务，在未来能够满足所有者的期望受益或用途；车辆所有权明确，并保持完好；车辆从经济上和法律上能够根据所有者的意愿按照当前用途继续使用或转作他用。

2）公开市场假设

公开市场假设是指被评估的车辆可以在完全竞争的交易市场上，按市场原则进行交易，市场上买者和卖者地位平等,交易双方都有获取足够市场信息的机会和时间,买卖双方的交易行为都是自愿的、理智的,买卖双方都能对资产的功能、用途及其交易价格等作出理智的判断。

旧机动车交易价格的高低取决于该汽车在公开市场上的行情。公开市场假设还假设车辆在法律许可的范围内,被用于最有利的用途,可取得最佳经济效果,从而为其持有人带来最大收益。不同类型的车辆,其性能、用途不同,市场程度也不一样。一般情况下,品牌和性能好,且用途广泛的车辆比普通车辆的市场活跃,因此,也越容易通过市场交易实现其最佳效用。对于具备在公开市场上进行交易条件的车辆,应做公开市场假设,并根据车辆所在的地区、环境条件及市场的供求关系等因素确定其最佳用途。

3)清偿(清算)假设

清偿假设是指车辆所有者迫于某种压力,以协商或拍卖的方式在公开市场上出售车辆。这种情况下的汽车交易,与公开市场下的交易具有两点显著区别:一是交易双方的地位不平等,卖方是非自愿地被迫出售;二是交易被限制在较短的时间内完成。因此,汽车的价格往往明显低于继续使用或公开市场假设下的价格。例如,一辆正在营运的汽车,以收益现值法评估其价值为10万元,但如果该汽车所属的企业因破产被强制清算拍卖,就只能以清算价格法评估其价值,其价格肯定会大大低于10万元。

综上所述,在旧机动车评估中,在不同的假设条件下,评估结果可能会存在较大的差异。在继续使用假设的前提下,车辆未来的使用价值是评估的基础;在公开市场假设的前提下,则以竞争活跃的旧机动车市场中的交易价格作为评估基础;而在清算假设的前提下,则要求车辆能够迅速出售变现。因此,旧机动车鉴定估价人员在工作中必须根据具体情况,判定被评估车辆最可能的效用,以便得出旧机动车辆的公平价格。

2.旧机动车评估的计价标准

旧机动车价格评估的计价标准是关于旧机动车价格评估所适用的价格标准的准则,旧机动车交易过程中,根据交易目的、交易条件的不同,旧机动车在价值形态上的计量可以有多种形式。不同形式的价值在评估价格上也存在着差异,而旧机动车评估业务实践要求具体计价标准是唯一的;否则,就失去了正确反映和提供价值尺度的功能。因此,必须根据评估的目的,弄清楚所要求的价值尺度的内涵,从而确定旧机动车评估业务所适用的价格类别。根据我国资产评估管理要求,旧机动车估价亦遵守这四种类型的标准:重置成本标准、现行市价标准、收益现值标准和清算价格标准。

1)重置成本标准

重置成本是指在现时条件下,按功能重置机动车并使其处于在用状态所耗费的成本。重置成本的构成与历史成本不一样,也是反映车辆的购建、运输、注册登记等建设过程中全部费用的价格,只不过它是按现有技术条件和价格水平计算的。重置成本标准适用的前提是车辆处于在用状态,一方面反映车辆已经投入使用;另一方面反映车辆能够继续使用,对所有者具有使用价值。决定重置成本的两个因素是重置完全成本及其损耗(或称贬值)。

2)现行市价标准

现行市价是车辆在公平市场上的售卖价格。现行市价标准源产生于公平市场,市场上买者和卖者地位平等,交易双方都有获取足够市场信息的机会和时间,买卖双方的交易行为都是自愿的、理智的,买卖双方都能对资产的功能、用途及其交易价格等作出理智的判断。决定现行市面上价格的基本因素如下:

(1)基础价格,即车辆的生产成本价格。一般情况下,一辆车的生产成本高低决定其价格的高低。

(2)供求关系,车辆价格与需求量成正比关系,与供应量成反比关系。当一辆车有多个买方竞买时,车的价格就会上升;反之,则会下降。

(3)质量因素,是指车辆本身功能、指标等技术参数及损耗状况。优质优价是市场经济法则,在旧机动车评估中,质量因素对车辆价格的影响必须予以充分考虑。

3)收益现值标准

收益现值是指根据机动车辆未来预期获利能力的大小,按照"将本求利"的逆向思维——"以利索本",以适当的折现率或资本化率将未来收益折成现值。可见,收益现值是指为获得旧机动车辆以取得预期收益的权利所支付的货币总额。收益现值标准适用的前提条件是车辆投入使用,同时,投资者投资的直接目的是为了获得预期的收益。

4)清算价格标准

清算价格是指在非正常市场上限制拍卖的价格。清算价格标准适用的前提条件,与现行市价标准的区别在于市场条件。现行市价是公平市场价格,而清算价格则是一种拍售价格,它由于受到期限限制和买主限制,其价格一般低于现行市面上价格。在旧机动车交易的实践中,旧机动车的拍卖,均以这种性质的价格出售。

对于旧机动车评估计价标准的选择,必须与机动车经济行为的发生密切结合起来,不同的经济行为,所要求车辆评估价值的内涵是不一样的。如果不区别车辆经济行为确定评估价值类型——计价标准,或者统统地确定机动车辆的评估值,就会失去评估价值的科学性。实际工作中,旧机动车评估的经济行为是多种多样的,要求鉴定估价人员充分理解机动车评估计价标准的含义和适用前提,分析选择科学合理的计价标准。

(二)现行市价法评估旧机动车

现行市价法又称市场法、市场价格比较法和销售对比法,是指根据替代原则,通过比较被评估车辆与最近售出类似车辆的异同,并针对这些异同经过必要的价格调整,从而确定被评估车辆价值的一种评估方法。这种方法的基本思路是通过市场调查,选择与评估车辆相同或类似的车辆作为参照物,分析参照物的结构、配置、性能、新旧程度、交易条件及成交价格,并与待评估车辆比较、对照,按照两者的差别及现实市场行情对评估价格进行适当调整,计算出旧机动车辆的评估价格。因为任何一个正常的购买者在购置旧机动车时,他所愿意支付的价格不会高于市场上具有相同用途的替代品的现行市价。运用现行市价法要求充分利用类似旧机动车成交价格信息,并以此为基础,判断和估测被评估资产的价值。运用已被市场检验了的结论来评估被评估对象,显然是容易被资产业务当事人接受的。因此,现行市价法是资产评估中最为直接,最具说服力的评估方法之一。

1.现行市价法应用的前提条件

运用现行市价法对旧机动车进行价格评估必须具备以下两个前提条件。

1)要有一个充分发育、活跃的旧机动车交易市场,即旧机动车交易公开市场

公开市场是指在这个市场上有众多的卖者和买者,他们之间进行平等交易,有充分的参照物可取,这样可以排除交易的偶然性。市场成交的旧机动车价格可以准确反映市场行情,使得评估结果更加公平公正,易于为双方接受。

2)市场上要有可比的旧机动车及其交易活动

这里所说的可比性是指选择作为参照物的旧机动车及其交易活动在近期公开市场上已经发生过,且与被评估旧机动车业务相同或相似。评估中参照的旧机动车与被评估的旧机动车有可比较指标,并且这些可比较的指标、技术参数的资料是可收集到的,并且价值影响因素明确,可以量化。这些已经完成交易的旧机动车就可以作为被评估资产的参照物,其交易数据是进行比较分析的主要依据。资产及其交易的可比性具体体现在以下几个方面。

(1)参照物与评估车辆在功能上具有可比性,包括车辆的规格、型号、功能、性能、配置、新旧程度、市场条件、交易条件上相同或相似。

(2)参照物与被评估对象面临的市场条件具有可比性,包括市场供求关系、竞争状况和交易条件等。

(3)参照物成交时间与评估基准日间隔时间不能过长,应在一个适度时间范围内。同时,这个时间因素对旧机动车价值的影响是可以调整的。

2. 参照物的选择

在运用现行市价法对旧机动车进行价格评估时选择参照物十分关键,参照物的交易时间与车辆评估基准日必须相近。此外,参照车辆与评估车辆还应具有可比性,包括车辆的规格、型号、功能、性能、配置、新旧程度、市场条件、交易条件等。按照通常做法,参照物一般要在 3 个以上。因为运用现行市价法进行旧机动车价格评估,旧机动车的价位高低在很大程度上取决于参照物成交价格水平。而参照物的成交价不仅仅是自身市场价值的体现,还受买卖双方交易地位、交易动机、交易时限等一系列外界干扰因素的影响。因此,在评估中除了要求参照物与评估对象在功能、交易条件和成交时间方面有可比性外,还要选择足够数量的参照物以排除偶然因素的影响。

3. 现行市价法评估的步骤

运用现行市价法进行旧机动车价格评估,一般要经历收集资料、选定参照对象、分析可比性因素和调整差异作出评估结论 4 个步骤。

1)收集资料

收集评估对象的有关资料,包括车辆型号、装备性能、生产厂家、购买日期、行驶里程,了解车辆技术状况以及尚可使用的年限。

2)选定类比的参照对象

选择参照物的关键是可比性和数量问题,数量上一般来说应不少于 3 个,而影响可比性的因素如下:

(1)车辆型号和制造厂商。

(2)车辆来源,即指车辆是私家车、公务用车、商务用车,还是出租车或其他营运车辆。

(3)车辆使用年限。

（4）行驶里程数。

（5）车辆实际技术状况。

（6）市场状况，主要指供求关系和影响旧机动车交易价格的其他有关经济环境因素。

（7）交易条件，交易条件主要包括交易批量、交易动机、交易时间等。交易批量、交易动机不同，交易对象的价格就可能不同。在不同时间交易，交易完成的时限不同，旧机动车交易的价格也会有差别。

（8）交易地域，一般来说，不同地区的交易市场，交易价格会存在较大差别。

某些情况找不到多台可类比的对象时，应按上述可比性因素，仔细分析选定的类比对象是否具有一定的代表性，要认定其成交价的合理性，才能作为参照物。

3）综合上述可比性因素，对待评估的车辆与选定的类比对象进行认真的分析类比

根据前面所选定的对比指标，在参照物及评估对象之间进行比较，并将两者的差异进行量化。例如，旧机动车技术状况中涉及功能的指标，尽管参照物与评估对象功能相同或相似，但在生产能力、产品质量，以及在资产运营过程中的能耗、料耗和工耗等方面都可能有不同程度的差异。评估过程中应将参照物与评估对象对比指标之间的上述差异数量化和货币化。

4）分析调整差异，作出评估结论

以参照物的成交价格作为评定估算评估对象价值的基础，在这个基础上，将已经量化的参照物与评估对象对比指标差异进行调增或调减，就可以得到以每个参照物为基础的评估对象的初步评估结果。按照一般要求，运用现行市价法进行评估通常应选择 3 个以上参照物。所以，在一般情况下初步结果也在 3 个以上。根据资产评估一般惯例的要求，正式的评估结果只能是一个，这就需要评估人员对若干评估初步结果进行综合分析，以确定最终的评估值。在这个环节上没有什么硬性规定，主要是取决于评估人员对参照物的把握和对评估对象的认识。

当然，如果参照物与评估对象可比性都很好，评估过程中没有明显的遗漏或疏忽，采用加权平均的办法或算术平均的办法将初步结果转换成最终评估结果也是可以的。

4. 现行市价法的具体计算方法

运用现行市价法确定单台车辆价值通常采用直接法和类比法。

1）直接法

直接法是指在市场上能找到与被评估车辆完全相同的车辆的现行市价，并依其价格直接作为被评估车辆评估价格的一种方法。所谓完全相同是指车辆型号、使用条件和大体技术状况相同，生产和交易时间相近，寻找这样的参照物一般来讲是比较困难的。通常如果参照车辆与被评估车辆类别相同、主参数相同、结构性能相同，只是生产序号不同并只有局部改动，交易时间相近的车辆，可作为直接评估过程中的参照物。

直接比较法的公式为：

$$P = P_0 \qquad\qquad (3-1)$$

式中：P——被评估车辆的评估值；

P_0——参照物的市场交易价值。

2）类比法

类比法是指评估车辆时，在公开市场上找不到与之完全相同但能找到与之相类似的车辆时，以此为参照物，通过对比分析车辆技术状况和交易条件的差异，在参照物成交价格的基础上对价格作出相应调整，进而确定被评估车辆价格的评估方法。所选参照物与评估基准日越接近越好，无法找到近期参照物时，也可考虑相对远期的参照物，再作日期修正。类比法具有适用性强、应用广泛的特点。但由于类比法可能要对参照物与评估对象的若干可比因素进行对比分析和差异调整，因此，该方法对资料信息的数量和质量要求较高，而且要求评估人员要有较丰富的评估经验、市场阅历和评估技巧。没有足够的数据资料，以及对旧机动车的技术状况、市场行情的充分了解和把握，难以准确地评定估算对象的价值。在资产评估中类比法的公式为：

资产评估价值 = 参照物售价 + 功能差异价 + 时间差异价 + ⋯ + 交易情况差异价

$$P = P_0 \times (1 \pm k) \tag{3-2}$$

式中：P——被评估车辆的评估值；

P_0——参照物的市场交易价值；

k——调整系数。

用现行市价法进行评估，了解市场情况是很重要的。了解的情况越多，掌握的数据与案例越多，评估的准确性越高，这是运用现行市价法进行旧机动车价格评估的关键。

5. 现行市价法的特点

运用现行市价法进行旧机动车价格评估，能够比较客观地反映旧机动车目前的市场情况，其评估的参数、指标，直接从市场获得，评估值能反映市场现实价格，评估结果易于被各方面理解和接受。其不足是必须要有成熟、公开和活跃的市场作为基础；另外，由于旧机动车的可比因素多而且复杂，即使是同一个生产厂家生产的同一型号的产品，同一天登记，也可能由于使用强度、使用条件、维护水平的不同而带来车辆技术状况的不同和评估价值的差异。

（三）重置成本法评估旧机动车

重置成本法是指以评估基准日的当前条件下重新购置一辆全新状态的被评估车辆所需的全部成本（即完全重置成本，简称重置全价），减去该被评估车辆的各种陈旧性贬值后的差额作为被评估车辆评估价格的一种评估方法。

1. 重置成本法的理论依据与计算公式

重置成本法的理论依据在于：在条件允许的情况下，任何一个潜在的投资者在决定投资某项资产时，他所愿意支付的价格不会超过购建该项资产的现行购建成本。如果投资对象并非全新，投资者所愿支付的价格会在投资对象全新的购建成本的基础上，扣除资产的实体有形损耗；如果被评估资产的功能性贬值，如果被评估资产及其产品面临市场困难和外力影响，投资者所愿支付的价格会在投资对象全新的构建成本的基础上，扣除资产的经济性贬损因素。上述评估思路用数学公式可概括为：

被评估车辆的评估值 = 重置成本 − 实体性贬值 − 功能性贬值 − 经济性贬值 （3-3）

或：

$$被评估车辆的评估值 = 重置成本 \times 成新率 \qquad (3\text{-}4)$$

从式(3-3)和式(3-4)中可看出,应用重置成本法进行旧机动车价格评估时,涉及重置成本、实体性贬值、功能性贬值、经济性贬值、成新率等几个有关概念。

资产的重置成本就是资产的现行再取得成本。旧机动车的重置成本是指购买一辆全新的与被评估车辆相同的车辆所支付的最低金额。重置成本法假定任何一个理性的投资者在购买某项资产时所愿意支付的价格,不会超过具有同等效用的全新资产的最低成本。如果该项资产的价格比重新建造或购置一辆全新状态的同等效用的全新资产的最低成本高,投资者肯定会去新建或购置全新的资产。这也就是说,旧机动车的重置成本是其价格的最大可能值。按重新购置车辆所用的材料、技术的不同,可把重置成本区分为复原重置成本(简称复原成本)和更新重置成本(简称更新成本)。复原成本指用与被评估车辆相同的材料、制造标准、设计、规格及技术等,以现时价格重新构建相同的车辆所需的全部成本。更新重置成本则是指利用新型材料、新技术标准、新型设计、规格和技术等,以现行价格水平购建与评估对象相同或相似功能的车辆所需支付的全部成本。一般情况下,在进行重置成本计算时,如果同时可以取复原成本和更新成本,应选用更新成本;如果不存在更新成本,则再考虑用复原成本。

旧机动车成新率是表示旧机动车的当前功能或使用价值与全新机动车的功能或使用价值相比所占的比率,也可以理解为旧机动车的现时状态与机动车全新状态的比率。

实体性贬值也叫有形损耗,是指旧机动车由于使用及自然力的作用导致其技术经济性能的损耗或下降而引起的资产的价值损失,具体而言指机动车在存放和使用过程中,因机件磨损和损耗等原因而导致的车辆实体发生的价值损耗以及由于自然力的作用而发生的损耗。投入交易的旧机动车一般都不是全新状态的,因此都存在实体性贬值。

功能性贬值是指由于科学技术和生产力的发展导致的车辆贬值,即无形损耗。这类贬值可能是由于技术进步引起劳动生产率的提高,生产成本降低而造成重新购置一辆全新状态的被评估车辆所需的成本降低而引起的车辆价值的贬值。对于营运车辆,也可能由于技术进步,出现了新的、性能更优的车辆,致使原有车辆的功能、生产率、收益能力相对新车型已经落后而引起其贬值,具体表现为待评估车辆在完成相同任务的条件下,耗费更多的燃料、人力、配件材料等,造成运营成本的增加。

经济性贬值是指由于宏观经济政策、市场需求、通货膨胀、环境保护等外部环境因素的变化所造成车辆达不到原设计获利能力而造成的贬值。这些外界因素对车辆价值的影响不仅是客观存在的,而且对车辆价值影响还相当大,在旧机动车的评估中不可忽视。

2. 重置成本法中有关参数的估算

通过对重置成本法计算公式的分析不难发现,要合理运用重置成本法评估旧机动车的交易价格,必须正确确定车辆的重置成本、实体性贬值、功能性贬值、经济性贬值和成新率。

1) 重置成本及其估算

重置成本的计算在资产评估学中有加合分析法、功能系数法、物价指数法和统计分析法等几种方法。对于旧机动车评估定价,计算重置成本一般采用加合分析法和物价指数法。

（1）加合分析法。加合分析法也称为直接法和重置核算法，它是利用成本核算的原理，按待评车辆的成本构成，以现行市价为标准，将车辆按成本构成分成若干组成部分，先确定各组成部分的现时价格，逐项计算，然后累加得到待评估车辆的重置全价的一种评估方法。旧机动车的重置成本的构成包括直接成本和间接成本两部分。直接成本是指直接可以构成车辆成本的支出部分。具体来说是按现行市价的买价，加上运输费、购置附加费、消费税、人工费等。间接成本是指购置车辆发生的管理费、专项贷款发生的利息、注册登记手续费等。以往根据不同评估目的，旧机动车重置成本全价的评估还要区别对待。属于所有权转让的经济行为或为司法、执法部门提供证据的鉴定行为，可将被评估车辆的现行市场成交价格作为被评估车辆的重置全价，其他费用略去不计；属于企业产权变动的经济行为，如企业合资、合作经营和合并兼并，其重置成本构成除了考虑被评估车辆现行市场购置价格外，还应考虑国家和地方政府对车辆加收的合理税费。现在，随着市场经济的发展和国内产权交易制度日益与国际接轨，越来越多的情况下趋于按照第二种情况对重置成本进行估算。

（2）物价指数法。物价指数法又称价格指数法，是利用与资产有关的价格变动指数，将被估资产的历史成本（账面价值）调整为重置成本的一种方法，具体而言，指根据已掌握的历年来的价格指数，在旧机动车原始成本（账面原值）的基础上，通过现时物价指数确定其重置成本。其计算公式见式（3-5）和式（3-6）：

$$车辆重置成本 = 车辆原始成本 \times 车辆评估时物价指数 / 车辆购买时物价指数 \quad (3-5)$$

或：

$$车辆重置成本 = 车辆原始成本 \times (1 + 物价变动指数) \quad (3-6)$$

当被评估车辆已停产，或是进口车辆无法找到现时市场价格时，物价指数法是一种很有用的方法，但应用时必须注意，一定要先检查被评估车辆的账面购买原价。如果购买原价不准确，则不能用物价指数法。物价指数要尽可能选用有法律依据的国家统计部门或物价管理部门以及政府机关发布和提供的数据，不能选用无依据、不明来源的数据。如果现在选用的指数与评估对象规定的评估基准日之间有一段时间差，这一时间差内的价格指数可由评估人员依据近期内的指数变化趋势结合市场情况确定。

价格指数法与重置核算法是重置成本估算较常用的方法，但二者具有明显的区别。价格指数法估算的重置成本仅考虑了价格变动因素，因而确定的是复原重置成本；而加合分析法既考虑了价格因素，又考虑了生产技术进步和劳动生产率的变化因素，因而既可以估算复原重置成本，也可以估算更新重置成本。另外，价格指数法建立在不同时期的某一种或某类甚至全部资产的物价变动水平上；而加合分析法建立在现行价格水平与构建成本费用核算的基础上。

明确二者的区别，有助于重置成本估算中方法的判断和选择。当汽车制造技术进步较快，成本、价格变化迅速的时候，采用价格指数法估算的重置成本往往会偏高。

2）实体性贬值及其估算

机动车的实体性贬值是由于使用和自然力损耗形成的贬值，又称有形损耗或有形贬值，一般可以采取以下三种方法进行估算。

（1）观察法。观察法又称成新率法。指旧车价格评估人员根据自己的专业知识和工作经验,通过对旧机动车实体各主要部件进行观察以及使用仪器测量等方式进行技术鉴定,并综合分析车辆的设计、制造、使用、磨损、维护、修理、大修理、改装情况和经济寿命等因素,将评估对象与其全新状态相比较,考察由于使用磨损和自然损耗对资产的功能、使用效率带来的影响,从而判断被评估旧机动车的实体性贬值的一种方法。其数学公式表达为:

$$车辆实体性贬值 = 重置成本 × 有形损耗率 \tag{3-7}$$

（2）使用年限法。使用年限法是指通过确定被评估旧机动车已使用年限与该车辆预期可使用年限的比率来判断其实体贬值率（程度）,进而估测资产的实体性贬值的方法。其计算公式表达为:

$$车辆实体性贬值 = （重置成本 - 残值）× 已使用年限/规定使用年限 \tag{3-8}$$

式(3-8)中的残值是指旧机动车在报费时净回收的金额,根据我国现有的旧机动车报废管理规定和车辆报废回收的实际,在旧机动车假定股价的实际工作中往往略去不计。

（3）修复费用法。修复费用法又称功能补偿法。通过确定被评估旧机动车恢复原有的技术状态和功能所需要的费用补偿,来直接确定旧机动车的有形损耗。此方法主要适用于具有特殊结构的可补偿性资产有形损耗率的估测。可补偿性有形损耗是指技术上可修复且经济上合理的有形损耗。

3）功能性贬值及其估算

功能性贬值是由于技术相对落后造成的贬值。估算功能性贬值时,主要根据资产的效用、生产加工能力、工耗、物耗、能耗水平等功能方面的差异造成的成本增加或效益降低,相应确定功能性贬值额。同时,还要重视技术进步因素,注意替代设备、替代技术、替代产品的影响,以及行业技术装备水平现状和资产更新换代速度。功能性贬值包含一次性功能贬值和营运性功能贬值。

（1）一次性功能贬值的测定。从理论上讲,同样车辆的复原重置成本与更新重置成本之差即是该车辆的一次性功能贬值。但在实际工作中,具体计算某辆车的复原重置成本是比较困难的。因此,对目前在市场上能购买到的且有制造厂家继续生产的全新车辆,一般就用更新重置成本（市场价）考虑其一次性功能贬值。如果待评估车辆的型号是现已停产或已淘汰的车型,这样就没有实际的市场价,只能采用参照物的价格用类比的方法来估算。参照物一般采用替代型号的车辆,这些替代型号的车辆其功能通常比原车型有所改进和增加,故其价值通常会比原车型的价格要高（功能性贬值大时,价格也可能降低）。故在与参照物比较,用类比法对原车型进行价值评估时,一定要了解参照物在功能方面改进或提高的情况,再按其功能变化情况测定原车辆的价值。

（2）营运性功能贬值的估算。测定营运性功能贬值时,首先选定参照物,并与参照物进行比较,找出营运成本有差别的内容和量值,然后确定原车辆尚可继续使用的年限和应上缴的所得税率及折现率,通过计算超额收益或成本降低额算出营运性陈旧贬值。

4）经济性贬值的估算

经济性贬值是由机动车辆外部因素引起的,外部因素不论多少,对车辆的估值影响有两种,一是车辆闲置,在这种情况下,可通过估计车辆未来闲置的时间及其资金成本来估算其经济性贬值;二是造成营运成本上升。由于造成车辆经济性贬值的外部因素很多,并且造成贬值的程度也不尽相同,所以在评估时应在统筹考虑这些因素的基础上,适当地确定经济性贬值的数额。

5)旧机动车成新率的确定

(1)旧机动车成新率的概念。旧机动车成新率是表示旧机动车的当前功能或使用价值与全新机动车的功能或使用价值相比所占的比率,也可以理解为旧机动车的现时状态与机动车全新状态的比率,是反映旧机动车新旧程度的指标。它与旧机动车的有形损耗率存在如下关系:

$$成新率 = 1 - 有形损耗率 \tag{3-9}$$

或:

$$有形损耗率 = 1 - 成新率 \tag{3-10}$$

(2)旧机动车成新率的确定。成新率作为重置成本法的一项重要指标,如何科学、准确地确定该项指标,是旧机动车评估中的重点和难点。通常采用使用年限法、技术鉴定法、综合分析法三种方法来确定旧机动车的成新率。

①使用年限法。使用年限法是建立在以下两个假设之上:首先,旧机动车在整个使用寿命期间,实体性损耗是随时间的递增呈线性递增的;其次,旧机动车价值的降低与其损耗的大小成正比。由此不难得出使用年限法确定旧机动车成新率的数学表达式为:

$$成新率 = \left(1 - \frac{已使用年限}{规定使用年限}\right) \times 100\% \tag{3-11}$$

从式(3-11)可知,使用年限法确定旧机动车成新率涉及到两个基本参数,即机动车已使用年限和机动车规定使用年限。机动车的规定使用年限,按照国家有关规定,小、微型出租客运汽车使用8年,中型出租客运汽车使用10年,大型出租客运汽车使用12年;租赁载客汽车使用15年;小型教练载客汽车使用10年,中型教练载客汽车使用12年,大型教练载客汽车使用15年;公交客运汽车使用13年;其他小、微型营运载客汽车使用10年,大、中型营运载客汽车使用15年;专用校车使用15年;大、中型非营运载客汽车(大型轿车除外)使用20年;小、微型非营运载客汽车、大型非营运轿车(家庭自用乘用车)、轮式专用机械车无使用年限限制。机动车使用年限起始日期按照注册登记日期计算,但自出厂之日起超过2年未办理注册登记手续的,按照出厂日期计算。营运载客汽车与非营运载客汽车相互转换的,按照营运载客汽车的规定报废,但小、微型非营运载客汽车和大型非营运轿车转为营运载客汽车的,应按照《机动车强制报废标准规定》中的附件1所列公式核算累计使用年限,且不得超过15年;不同类型的营运载客汽车相互转换,按照使用年限较严的规定报废。具体见表3-1(注:乘用车使用年限15年,超过15年的按实际年限计算;有年限规定的车辆、营运车辆按实际要求计算)。对于其他机动车辆,国内尚无可供评估使用的规定使用年限,其规定使用年限的确定需要评估人员自行解决。解决的办法是参照《机动车强制报废标准规定》和该类产品的会计折旧年限。已使用年限是指旧机动车开始使用到评估基准日所经历的时间,需要注意的是,这里的使用年限是反映机动车累计工作量的重要指标,它是建立在车辆按照正常使用强度使用的前提之上的。考虑到车辆来源不同,使用强度可能存在较大差异,因此,在运用使用年限指标时应充分注意车辆的实际使用时间，而不是简单的日历天数。有时，为了提高该参数的可操作性和准确性，也可综合考虑已使用年限和行驶里程数，即以折算年限作为使用年限数，具体公式见式(3-12)：

$$T_折 = \frac{L_总}{L_{年均}} \quad （年）\tag{3-12}$$

式中：$T_折$——折算年限，年；

$L_总$——累计行驶里程，km；

$L_{年均}$——年平均行驶里程，km/年。

机动车使用年限及行驶里程参考值   表3-1

车辆类型与用途			使用年限（年）	行驶里程（万 km）
载客	非营运	小、微型客车、大型轿车	无	60
		中型客车	20	50
		大型客车	20	60
	营运	出租客运 小、微型	8	60
		出租客运 中型	10	50
		出租客运 大型	12	60
		租赁	15	60
		教练 小型	10	50
		教练 中型	12	50
		教练 大型	15	60
		公交客运	13	40
		其他 小、微型	10	60
		其他 中型	15	50
		其他 大型	15	80
载货		微型	12	50
		中、轻型	15	60
		重型	15	70

注：乘用车使用年限15年，超过15年的按实际年限计算；有年限规定的车辆、营运车辆按实际要求计算。

根据有关统计数据，我国城乡运输车辆的年平均行驶里程一般在4万 km 左右，长途货运为5万 km，个体运输业者为3万 km 左右，小轿车、私家车和其他生活用车为2.5万 km 以下，商务公务用车为3.5万 km 左右，而城市出租车年均行驶里程则可达10万 km。我国汽车平均行驶里程见表3-2。需要指出的是，这些数据源于对既往数据的分析，今后随着社会经济环境和人民生活习惯的改变，这些数据还将发生变化，未来评估者必须根据当时的实际情况作出灵活调整。

我国汽车平均行驶里程   表 3-2

汽车类别	年平均行驶里程(万 km)	汽车类别	年平均行驶里程(万 km)
微型、轻型货车	3 ~ 5	中型、重型货车	6 ~ 10
私家车	1 ~ 3	公务、商务车	3 ~ 6
出租车	10 ~ 15	租赁车	5 ~ 8
旅游车	6 ~ 10	中、低档长途客车	8 ~ 12
高档长途客车	15 ~ 25		

运用使用年限法确定旧机动车成新率,方法简单,容易操作,一般用于旧机动车的价格粗估或价值不高的旧机动车价格的评估。使用时,要注意使用年限是代表工作累计强度的一种计量,这种计量是以车辆的正常使用为前提。在实际评估过程中,应充分注意车辆的实际已使用的时间,而不是简单的日历天数,同时也要适当考虑实际使用强度。

②技术鉴定法。技术鉴定法是指评估人员在对旧机动车辆进行技术观察和技术检测的基础上,判定旧机动车的技术状况,再以评分的方法或分等级的方法来确定成新率的方法。在实际操作中,技术鉴定法又有部件鉴定法和整车观测分析法两种。

部件鉴定法是在确定旧机动车各组成部分的技术状况的基础上,对旧机动车按其组成部分对整车的重要性和价值量的大小来加权评分,最后确定成新率的一种方法。其做法是:将车辆按总成分成若干个主要部分,根据各部分的建造费用占车辆建造成本的比重,按一定百分比例确定权重,在技术检测的基础上确定各部分的功能与技术状况,给出各部分成新率(各部分技术状况与全新车辆相同,则该部分成新率100%,其功能完全丧失,则成新率为0),再分别与权重相乘即得各部分的加权成新率,最后对各部分的加权成新率求和即得旧机动车的成新率。参考国内有关资料,机动车的总成权值分配见表3-3。

旧机动车的总成权值分配表   表 3-3

车辆各主要总成、部件名称	价值权重(分数)			车辆各主要总成、部件名称	价值权重(分数)		
	乘用车	商用车			乘用车	商用车	
		客车	货车			客车	货车
发动机及离合器总成	26	27	25	车架	0	6	6
变速器及传动系统总成	11	10	15	车身	28	20	9
前桥、前悬架及转向系统	10	10	15	电器仪表	7	6	5
后桥及后悬架总成	8	11	15	轮胎	4	4	5
制动系统	6	6	5				

这种方法既考虑了旧机动车实体性损耗,也考虑了旧机动车维修换件可能会增大车辆的价值,更接近实际,可信度高,但操作过程费时费力,各组成部分权重之间关系复杂。一定程度上限制其使用,多用于价值较高的机动车辆评估。

整车观测法是指评估人员采用人工观察的方法,辅之以简单的仪器检测,判定旧机动车技术状况等级以确定成新率的方法。旧机动车的技术状况分级见表3-4。

旧机动车的技术状况分级表   表 3-4

车辆等级	车况	成新率(%)	技术状况描述
1	很新	95 / 90	登记年限≤1年,行驶里程≤20000km,没有缺陷,没有修理和买卖的经历
2	很好	85 / 80 / 75	登记年限≤3年,行驶里程≤60000km,轻微不明显的损伤,漆面、车身和内部仅有小的瑕疵,没有机械故障,无须更换部件或进行任何修理,无不良记录
3	良好	70 / 65 / 60 / 55	登记年限≤5年,行驶里程≤100000km,重新油漆的部分痕迹良好,机械部分易损件已经更换,在用状态良好,故障率低,可随时出车使用
4	一般	50 / 45 / 40 / 35	行驶里程≤160000km,有一些机械方面的明显缺陷,需要进行某些修理或更换一些易损部件,可随时出车,但动力性下降,油耗增加
5	尚可使用	30 / 25 / 20 / 15	处于运行状态的旧车,油漆晦暗,锈蚀严重,有多处机械的明显缺陷,可能存在不容易修复的故障,需要较多的维修换件,可靠性很差,使用成本增加
6	待报废处理	10 / 6 / 4	基本达到或已达到使用年限,通过《机动车运行安全技术条件》(GB 7258—2017)检测,虽能使用,但存在着故障,动力性、经济性、可靠性下降;燃料费和维修费增加迅速,排放污染和噪声污染达到极限
7	报废	2 / 0	使用年限已达到报废期,只有基本材料的回收价值

　　旧机动车的技术状况分级表是就一般车辆成新率判定的经验数据,仅供参考。运用整车观察法确定旧机动车成新率简单易行,但评估多建立在评估人员的主观判断上,受评估人员的经验和技术水平的影响较大,没有部件鉴定法客观、准确,一般用于中、低等价值的旧机动车的估算,或作为综合分析法鉴定估价要考虑的主要因素之一。

　　③综合分析法。为了使评估结果更加准确、客观,综合分析法以使用年限法为基础,再综合考虑对旧机动车价值影响的多种因素,以系数调整来确定成新率,其计算公式为:

$$成新率 = \left(1 - \frac{已使用年限}{规定使用年限}\right) \times 调整系数 \times 100\% \qquad (3\text{-}13)$$

　　式(3-13)中,已使用年限和规定使用年限的确定方法与使用年限法相同。综合调整系数可通过以下途径确定:当待评估车辆无须进行项目修理或更换零部件时,可参考表3-4,通过对各类调整系数评分并进行加权平均来确定调整系数;而当车辆需要进行项目修理或更换零部件或需要进行大修时,则可在表 3-5 的基础上,适当调整已确定调整系数。

旧机动车成新率调整系数表　　　　表 3-5

影响因素	因素分级	调整系数	权重(%)	影响因素	因素分级	调整系数	权重(%)
车辆技术状况	好	1.0	30	车辆制造质量	进口	1.0	20
	较好	0.9			国产名牌	0.9	
	一般	0.8			国产非名牌	0.8	
	较差	0.7		车辆用途	私用	1.0	15
	差	0.6			公务、商务	0.9	
车辆维护状况	好	1.0	25		营运	0.7	
	一般	0.9		车辆工作条件	较好	1.0	10
	较差	0.8			一般	0.9	
	差	0.7			较差	0.8	

表 3-5 中各影响因素及其评定说明如下:

车辆技术状况。车辆技术状况系数是在对车辆进行技术状况鉴定的基础上对车辆进行的分级和取值,其取值范围为 0.6～1.0,技术状况好时取上限,反之取下限。

车辆维护状况。维护状况反映车辆的使用、维护水平,不同的维护水平对车辆使用寿命影响较大,车辆维护状况的取值为 0.7～1.0。

车辆制造质量。按照旧车市场上消费者的一般认识,正常进口的车辆质量优于国产车辆,名牌产品优于一般产品,对罚没的走私车辆,车辆质量制造系数视同国产名牌产品考虑,该系数总的取值范围为 0.8～1.0。但是,随着国内汽车制造技术的发展,进口车辆与国产车辆之间的质量差距日益缩小,评估者在确定该系数时必须慎重把握。

车辆用途。即车辆的工作性质不同,使用强度不同,一般来说营运车辆的使用强度最大,公务、商务车其次,私家车使用强度最低。车辆工作性质系数取值为 0.7～1.0。

车辆工作条件。车辆工作条件主要指车辆行驶地域的道路和气候等自然条件状况。我国幅员辽阔,自然条件差异较大。车辆长期在国家等级三级以上公路行驶时,该系数取值为 1;在四级公路,车辆在 30%～50% 的道路上行驶时,该系数取值为 0.9;在国家登记外道路,好路率在 30% 以上道路上行驶时,该系数取值 0.8。

需要注意的是,一般调整系数取值不要超过 1.0。

④综合成新率。综合成新率由技术鉴定成新率与年限成新率组成,即:

$$综合成新率 = 年限成新率 \times \alpha + 技术鉴定成新率 \times \beta \qquad (3-14)$$

$$技术鉴定成新率 = 车辆技术状况分值/100 \qquad (3-15)$$

式(3-14)中,α、β 分别为技术鉴定成新率与年限成新率系数,由评估人员根据市场行情等因素确定,且 $\alpha + \beta = 1$。

技术鉴定成新率 $\times \beta$,相当于实体性陈旧贬值与功能性陈旧贬值后,车辆剩余的价值率;年限成新率 $\times \alpha$,相当于经济性陈旧贬值后,车辆剩余的价值率。

技术成新率由车身外观部位、发动机舱检查、驾驶舱检查、起动检查、路试检查、底盘检查、车辆功能性零部件等 7 个项目组成。具体见表 3-6。

燃油旧机动车技术成新率构成项目 表 3-6

序号	项目	总分值	鉴定评价方法
1	车身外观部位检查项目(26 项)	20	表 2-3
2	发动机舱检查项目(10 项)	20	表 2-5
3	驾驶舱检查项目(15 项)	10	表 2-6
4	起动检查项目(10 项)	20	表 2-7
5	路试检查项目(10 项)	15	表 2-8
6	底盘检查项目(8 项)	15	表 2-9
7	车辆功能性零部件检查(21 项)	进行描述不计分	表 2-10
合计			

纯电动旧机动车技术成新率由车身外观检查(94 项)、蓄电池系统检查(22 项)、电机及控制器检查(10 项)、驾驶舱检查(23 项)、电控及仪表检查(11 项)、底盘检查(16 项)、功能性零部件及液态检查(14 项)、路试检查(10 项)等 8 个项目构成。具体见表 3-7。

纯电动旧机动车技术成新率构成项目 表 3-7

序号	项目	总分值	鉴定评价方法
1	车身外观检查(94 项)	15	
2	蓄电池系统检查(22 项)	30	
3	电机及控制器检查(10 项)	5	
4	驾驶舱检查(23 项)	10	见二手纯电动的乘用车技术状况鉴定表（表 2-11）
5	电控及仪表检查(11 项)	15	
6	底盘检查(16 项)	10	
7	功能性零部件及液态检查(14 项)	3	
8	路试检查(10 项)	12	
合计			

3. 重置成本法的特点

通过对重置成本、实体性贬值、功能性贬值、经济性贬值和成新率的分析，我们已经能够运用重置成本法确定旧机动车的评估价格，在使用中尽管工作量大，难以计算经济性贬值，但它比较充分地考虑了车辆的损耗，评估结果公平合理，在不易计算车辆未来收益或难以取得市场(旧机动车交易市场)参照物条件下可广泛应用。

(四)收益现值法评估旧机动车

收益现值法是将被评估的车辆在剩余寿命期内的预期收益用适当的折现率折现为评估基准日的现值,并以此确定评估价格的一种方法。收益现值法是根据"将利求本"的思路,采用本金化和折现的思路及其方法来判断和估算旧机动车交易价值的评估技术过程。理论上讲,收益现值法基于如下假设,即任何一个理智的投资者在购置或投资于某一资产时,他所愿意支付或投资的货币数额不会高于他所购置或投资的资产在未来能给他带来的回报,即收益额。收益现值法正是利用投资回报和收益折现等技术手段,把评估对象的预期产出能力和获利能力作为评估标准来估测评估对象的价值。一般情况下,旧机动车的价格评估一般很少采用收益现值法,但对一些特定目的的有特许经营权的旧机动车,人们购买的目的往往不是在于车辆本身,而是车辆获利的能力。因此,对于营运车辆的评估采用收益现值法比较合适。

1.收益现值法的基本原理

收益现值法是基于这样的假设,即人们之所以购买某辆车,主要是考虑这辆车能为自己带来一定的收益。采用收益现值法对旧机动车辆进行评估所确定的价值是指为获得该机动车辆以取得预期收益的权利所支付的货币总额,它是以车辆投入使用后连续获利为基础的。如果某车辆的预期收益小,车辆的价格就不可能高,反之车辆的价格肯定就高。

2.收益现值法的应用前提

收益现值法是依据旧机动车未来预期收益经折现或本金化处理来估测旧机动车价值的,它涉及三个基本要素:一是被评估旧机动车的预期收益;二是折现率或资本化率;三是被评估资产取得预期收益的持续时间。因此,能否清晰地把握上述三要素就成为能否恰当运用收益途径及其方法的基本前提。从这个意义上讲,应用收益途径必须具备如下前提条件。

(1)被评估资产的未来预期收益可以预测并可以用货币衡量,即被评估的旧机动车必须是经营性车辆,且具有继续经营和获利的能力,非营利的旧机动车不能用收益法评估,继续经营的收益能够而且必须能够用货币金额来表示。

(2)资产拥有者获得预期收益所承担的风险也可以预测并可以用货币衡量,这要求交易后车辆经营过程中的风险因素能够转化为数据加以计算并体现在折现率和资本化率中。

(3)被评估资产预期获利年限可以预测。上述前提条件表明,首先,评估对象的预期收益必须能被较为合理地估测,这就要求被评估的旧机动车未来的盈利模式较为明确。同时,影响其预期收益的主要因素(主观因素和客观因素)也应是比较明确的,评估人员可以据此分析和测算出被评估旧机动车的预期收益。其次,被评估对象所具有的行业风险、地区风险及企业风险是可以比较和测算的,这是测算折现率或资本化率的基本参数之一。评估对象所处的行业不同、地区不同和企业差别都会不同程度地体现在资产拥有者的获利风险上。对于投资者来说,风险大的投资,要求的回报率就高;投资风险小,其回报率也可以相应降低。再次,评估对象获利期限的长短,即评估旧机动车的剩余使用寿命,也是影响其价值和评估值的重要因素之一。

3.收益现值法评估值的计算

收益现值法评估值的计算实际上就是对被评估车辆未来预期收益进行折现的过程。被评估旧机动车的评估值等于剩余寿命期内各收益期的收益折现值之后。其计算公式：

$$P = \sum_{t=1}^{n} \frac{A_t}{(1+i)^t} = \frac{A_1}{(1+i)^1} + \frac{A_2}{(1+i)^2} + \cdots + \frac{A_n}{(1+i)^n} \tag{3-16}$$

式中：P——旧机动车的评估值，元；

A_t——未来第 t 个收益值的预期收益额，元；

n——收益年期（即旧机动车剩余使用寿命的年限）；

i——折现率，在经济分析中如果不作其他说明，一般指年利率或收益率；

t——收益期，一般以年计。

当 $A_1 = A_2 = \cdots = A_n = A$ 时，即 t 从 $1 \sim n$ 年未来收益都相同为 A 时，则有：

$$P = A \times \left[\frac{1}{1+i} + \frac{1}{(1+i)^2} + \frac{1}{(1+i)^3} + \cdots + \frac{1}{(1+i)^n} \right] = A \frac{(1+i)^n - 1}{i(1+i)^n} \tag{3-17}$$

当未来预期收益不等时，应用式（3-16）；当未来预期收益等值时，应用式（3-17）。其中 $1/(1+i)^t$ 称为现值系数；$(1+i)^n - 1/i(1+i)^n$ 称为年金现值系数。

4.收益现值法中各评估参数的确定

1）剩余经济寿命期的确定

剩余经济寿命期指从评估基准日到车辆到达报废年限所剩余的使用寿命。各类汽车剩余经济寿命期的确定，可参考《机动车强制报废标准规定》；对于经营资格需要由有关部门按一定时限核定的营运车辆，还应考虑营运资格年限等问题。

2）预期收益额的确定

收益现值法在运用中，收益额的确定是关键。收益额是指根据投资回报的原理，旧机动车在正常情况下所能得到的归其产权主体的所得额。对于收益额的确定应把握两点：第一，收益额指的是车辆使用带来的未来收益期望值，而不是历史收益额或现实收益额，是通过预测分析获得的。对其收益的判断，不仅仅是看现在的收益能力，更重要的是预测未来的收益能力。第二，收益额的构成，以企业为例，目前有几种观点，有观点认为应取企业所得税后利润；另有观点认为应取企业所得税后利润与提取折旧额之和扣除投资额；还有人认为应取利润总额。关于选择哪一种作为收益额，应针对旧机动车的评估特点与评估目的具体分析，一般为估算方便，推荐选择第一种观点，目的是准确反映预期收益额。

3）折现率的确定

确定折现率，应该明确折现的内涵。从本质上讲，折现率是一种期望投资报酬率，是投资者在投资风险一定的情况下，对投资所期望的回报率。就其构成而言，它是由无风险利率、风险报酬率和通货膨胀率组成的。无风险利率是指资产在一般无风险经营条件下的获利水平，一般是指同期国库券利率。风险报酬率则指承担投资风险的投资所获得的超过无风险报酬率以上的部分的投资回报率,一般随投资风险递增而加大。风险收益能够计算,而为承担风险所付出的代价却不好确定,因此,风险收益率不容易计算出来,只要求选择的收益率中包含这一因素即可。每个行业、企业都有具体的资金收益率。因此,在利用收益法对机动车评估选择折现率时,应该进行本企业、本行业历年收益率指标的对比分析,但最后选择的折现率应该不低于国家债券或银行存款的利率。作为一个时间优先的概念,认为将来的收益或利益低于现在的同样收益或利益,并且,随着收益时间向将来推迟的程度而有系统地降低价值,即投资具有机会成本。同时,折现作为一个算术过程,是把一个特定比率应用于一个预期的将来收益流,从而得出当前的价值。从折现率本身来说,是将未来有限期的预期收益折算成现值的比率,用于有限期收益还原。它是一种特定条件下的收益率,说明车辆取得该项收益的收益率水平。收益率越高,车辆评估值越低。因为在收益一定的情况下,收益率越高,意味着单位资产增值率高,所有者拥有资产价值越低。折现率的确定是运用收益现值法评估车辆时比较棘手的问题。折现率必须谨慎确定,折现率的微小差异,会带来评估值很大的差异。此外还应注意,在使用资金收益率这一指标时,要充分考虑年收益率的计算口径与资金收益率的口径是否一致。若不一致,将会影响评估值的正确性。

5. 收益现值法评估的程序

采用收益现值法进行评估,其基本程序如下:

(1)收集并验证与评估对象未来预期收益有关的数据资料,包括营运车辆的经营行情、经营前景、营运车辆的消费结构以及经营风险等。

(2)充分了解被评估车辆的技术状况。

(3)确定预测预期收益、折现率等评估参数。

(4)将预期收益折现处理,确定旧机动车评估值。

(5)分析确定评估结果。

6. 收益现值法的特点

收益现值法与投资决策相结合,能真实和较准确地反映车辆投资的未来收益的本金化价格,易于被交易双方接受;但预期收益额的预测难度大。

(五)清算价格法评估旧机动车

清算价格法是以清算价格为标准,对旧机动车辆进行的价格评估。所谓清算价格,是指企业由于破产或其他原因,要求在一定的期限内将车辆变现,在企业清算之日预期出卖车辆可收回的快速变现价格。具体来说,主要根据旧机动车技术状况,运用现行市价法估算其正常价值,再根据处置情况和变现要求,乘以一个折扣率或以竞拍的方式,最后确定评估价格。

1. 清算价格法的适用范围

清算价格法适用于企业破产、抵押、停业清理时要售出的车辆。

1)破产

企业破产是指当企业或个人因经营不善造成严重亏损,不能清偿到期债务时,企业应依法宣告破产,法院以其全部财产依法清偿其所欠的债务,不足部分不再清偿。在这种条件下,企业通常全部或部分地丧失对其资产的处置权。

2)抵押

抵押是指企业或个人为了进行融资,用自己特定的财产为担保向对方保证履行合同义务的担保形式。提供财产的一方为抵押人,接受抵押财产的一方为抵押权人。抵押人不履行合同时,抵押权人有权利将抵押财产在法律允许的范围内变卖,从变卖抵押物价款中优先获得赔偿。与破产情况不同的是,在这种条件下,并不是真正要将资产短期变现,而是为了保证将来一旦抵押人无力偿还相应债务时,资产能够迅速出售套现以补偿抵押权人的合法权益。

3)清理

清理是指企业由于经营不善导致严重亏损,已临近破产的边缘或因其他原因将无法继续经营下去,为弄清企业财物现状,对全部财产进行清点、整理和查核,为经营决策(破产清算或继续经营)提供依据,以及因资产损毁、报废而进行清理、拆除等的经济行为。

在上述三种经济行为中若有机动车辆进行评估,则可用清算价格作为标准,但在评估时要注意评估车辆必须具有法律效力的破产处理文件或抵押合同及其他有效文件为依据;车辆在市场上可以快速出售变现,车辆出售的收入足以补偿因出售车辆的附加支出总额。

2. 影响清算价格的主要因素

在旧机动车评估中,决定清算价格的有以下五项主要因素。

1)破产形式

如果车辆原所有者完全丧失对车辆的处置权,则价格主要由买方出价决定。若车辆原所有者未完全丧失对车辆的处置权,尽管处于相对弱势的市场地位,但仍有一定的议价空间,一般而言,价格相对来说会高于前一种情况。

2)债权人处置车辆的方式

如果债权人以拍卖的方式处理车辆,价格取决于拍卖市场中的价格,若债权人在抵押合同中规定车辆收归己有,则车辆的实现价值等于抵押合同签订时的评估价格。

3)拍卖时限

一般来说,时限长,卖方能有相对充裕的时间寻找买主,售价通常会高一些;时限短,售价则会低一些。

4)公平市价

指车辆交易双方都满意的价格,在破产清算的条件下,由于双方市场地位不平等,卖方满意的价格一般难以实现。

5)参照物价格

市场上出售的相同或类似车辆的价格,是待评估车辆变现的最直接参考。市场参照物价格高,车辆出售的价格就会高;参照物价格低,车辆出售的价格就会低。

3. 清算价格的评估方法

旧机动车清算价格的评估方法主要有以下三种。

1）现行市价折扣法

指对清理车辆，首先应用现行市价法确定评估车辆的评估价格，然后根据快速变现原则估定一个折扣率并据以确定其清算价格，折扣率一般取80%～85%。例如，一辆2022年上牌的红旗 H92022 款 2.0T 智联旗享版，按照现行市价法估价，评估价格为26万元，考虑到快速变现的需要，折价20%，则该车的清算价格为 26×（1－20%）＝20.8万元。

2）模拟拍卖法（意向询价法）

这种方法是根据向被评估车辆的潜在购买者询价的办法取得市场信息，最后经评估人员分析确定其清算价格的一种方法。用这种方法确定的清算价格受供求关系影响很大，要充分考虑其影响的程度。例如：一辆帕萨特轿车拟评估其清算价格，评估人员分别向两个旧机动车销售公司经理、两个旧机动车销售业务员和3个普通消费者询价，他们分别出价为：10.3万元、9.8万元、10.8万元、10.4万元、8万元、7.8万元、9.5万元。综合考虑他们不同的经验，以及市场交易条件等因素，确定评估价格为9万元。

3）竞价法

是由法院按照法定程序（破产清算）或由卖方根据评估结果提出一个拍卖的底价，在公开市场上由买方竞争出价，谁出的价格高就卖给谁。我国现在许多地方对国有资产中汽车的处理常用此法进行。

二、任务实施

（一）旧机动车鉴定估价方法的比较

1. 旧机动车鉴定估价方法的选择

旧机动车鉴定估价的四种基本方法有现行市价法、收益现值法、清算价格法和重置成本法。

1）鉴定估价方法的选择应考虑的因素

（1）旧机动车评估方法的选择必须严格与机动车评估的计价标准相适应。

（2）旧机动车评估方法的选择还要受数据收集和信息资料的制约。

（3）在选择旧机动车评估方法时，要充分考虑旧机动车鉴定估价工作的效率，选择简单易行的方法。

2）评估方法比较

现行市价法：由于我国旧机动车交易市场发育尚不健全，较难寻找与被评估车辆相同的车辆类型、相同的使用时间、相同的使用强度和相同的使用条件的参照物。

收益现值法：投资者对预期收益额预测难度较大，且受较强的主观判断和未来不可预见因素的影响等。

清算价格法：因受其适用条件的局限，主要适用于破产、抵押、停业清理的车辆。

重置成本法：具有收集资料信息便捷、操作简单易行、评估理论贴近旧机动车的实际等特点，而被最常采用。

具体的比较内容见表3-8。

评估方法的比较   表 3-8

估价方法	收益现值	清算价格法	现行市价法	重置成本法
适用范围	有收益或潜在收益的评估	因受其适用条件的局限,主要适用于破产、抵押、停业清理的车辆	如果有条件,是使用最简单、快捷、方便的评估方法	评估理论贴近旧机动车的实际等特点,是最常用的旧机动车评估方法
优点	结果较准确	简单、工作量小	结果较准确,反映资产的现实价值;计算简单	实用性强、应用广泛;考虑因素比较全面
缺点	范围有限;收益率、贴现率和资本化率难确定;且受较强的主观判断和未来不可预见因素的影响等	准确性难以把握	参照物难寻找;取决于旧机动车市场的发展	工作量大;成新率不是很准确
评估公式	式(3-16) 式(3-17)	评估价 = 现行市价 – 清算费用 评估价 = 拍卖价格 – 清算费用	式(3-1) 式(3-2)	式(3-3) 式(3-4)

2. 重置成本法计算公式的选用

重置成本法就是指以评估基准日的当前条件下重新购置一辆全新状态的被评估车辆所需的全部成本,即完全重置成本,简称重置全价,减去该被评估车辆的各种陈旧性贬值后的差额作为被评估车辆评估价格的一种评估方法。

1)重置成本法的理论依据与计算公式

被评估车辆的评估值 P = 重置成本 R_c – 实体性贬值 Z_s – 功能性贬值 Z_g – 经济性贬值 Z_j

或:

$$被评估车辆评估值 P = 重置成本 R_c \times 成新率 C$$

2)重置成本法计算

(1)市场上有与待评估车品牌、型号和配置完全相同的新车出售,利用下列公式进行计算:

$$重置成本 R_c = 新车售价 S + 车辆购置税 T$$

$$车辆购置税 T = 计税价 P_J \times 10\% = [新车售价 S \div (1 + 17\%)] \times 10\%$$

车辆购置税应纳税额 = 计税价格 × 10%。

计税价格根据不同情况,按照下列情况确定:

①纳税人购买自用应税车辆的计税价格,为纳税人购买应税车辆而支付给销售者的全部价款和价外费用,不包括增值税税款。也就是说,按您取得的机动车销售统一发票上开具的价费合计金额除以(1 + 17%)作为计税依据,乘以 10% 即为应缴纳的车购税。

②纳税人进口自用车辆的应税车辆的计税价格计算公式为:

$$计税价格 = 关税完税价格 + 关税 + 消费税$$

(2)待评估车已经停产,市场上有类似车辆出售,利用下列公式进行计算:

$$重置成本 R_c = 新车售价 S – 单车成本变动值 K + 车辆购置税 T$$

(3)市面上完全找不到与待评估车辆类似的车辆,利用下列公式进行计算:

重置成本 R_c = 待评估车辆历史成本 × (1 + 物价变动指数)

3）旧机动车成新率的确定

旧机动车成新率是表示旧机动车的当前功能或使用价值与全新机动车的功能或使用价值相比所占的比率，也可以理解为旧机动车的现时状态与机动车全新状态的比率，是反映旧机动车新旧程度的指标。

（1）使用年限法。使用年限法是建立在以下两个假设之上：首先，旧机动车在整个使用寿命期间，实体性损耗是随时间的递增呈线性递增的；其次，旧机动车价值的降低与其损耗的大小成正比。使用年限法确定旧机动车成新率的数学表达式为：

$$成新率 = 1 - 各年折旧率之和 = 1 - 总折旧率$$

$$成新率 = \left(1 - \frac{已使用年限}{规定使用年限}\right) \times 100\%$$

$$T_折 = \frac{L_总}{L_{年均}}$$

（2）技术鉴定法。技术鉴定法是指评估人员在对旧机动车辆进行技术观察和技术检测的基础上，判定旧机动车的技术状况，再以评分的方法或分等级的方法来确定成新率的方法。

①部件鉴定法，查表3-3确定权重 K。

$$C = \sum_{i=1}^{n} C_p i$$

$$C_p i = 部件成新率 C_i \times 部件权重 K_i$$

部件鉴定法特点：费时费力，但可信度高。

②整车观测分析法，见表3-4。

（3）综合分析法。为了使评估结果更加准确、客观，综合分析法以使用年限法为基础，再综合考虑对旧机动车价值影响的多种因素，以系数调整来确定成新率。

$$成新率 = \left(1 - \frac{已使用年限}{规定使用年限}\right) \times 调整系数 \times 100\%$$

调整系数见表3-5。

（4）综合成新率。是考虑车辆的各种有形和无形的影响车辆价值的损耗，剔除车辆的各种损耗后得到一种综合评价，其由年限成新率与技术鉴定成新率计算获得，计算公式见式3-14。

对于纯电动汽车，α、β 由评估人员根据市场行情、电池的剩余质保、是否可以更换电池等因素确定。

车辆使用年限一般按15年计算，车辆实际使用年限已超过15年的，按照实际使用年限计算。技术鉴定成新率中技术鉴定总分依据表3-6和表3-7的项目一一鉴定评分累计得到。

(二)旧机动车鉴定评估报告书的撰写

1. 报告书撰写的基本要求和内容

旧机动车鉴定估价报告书是在旧机动车交易市场完成某一鉴定估价工作后，向委托方提供说明鉴定估价的依据、范围、目的、基准时间、评估方法、评估前提和评估结论等基本情况的公正性的工作报告,旧机动车交易市场履行评估委托协议的总结。报告不仅反映出旧机动车交易市场对被评估车辆作价的意见,而且也确认了旧机动车交易市场对所鉴定估价的结果应负的法律责任。

1)撰写鉴定估价报告的基本要求

(1)鉴定估价报告必须依照客观、公正、实事求是的原则,由旧机动车交易市场独立撰写,如实反映鉴定估价的工作情况。

(2)鉴定估价报告应有委托单位(或个人)的名称、旧机动车交易市场的名称和印章,旧机动车交易市场法人代表或其委托人和旧机动车鉴定估价师的签字,以及提供报告的日期。

(3)鉴定估价报告要写明评估基准日,并且不得随意更改。所有在估价中采用的税率、费率、利率和其他价格标准,均应采用基准日的标准。

(4)鉴定估价报告中应写明估价的目的、范围、旧机动车的状态和产权归属。

(5)鉴定估价报告应说明估价工作遵循的原则和依据的法律法规,简述鉴定估价过程,写明评估的方法。

(6)鉴定估价报告应有明确的鉴定估算价值的结果,鉴定结果应有旧机动车的成新率。估价结果应有旧机动车原值、重置价值、评估价值等。

(7)鉴定估价报告还应有齐全的附件。

2)旧机动车鉴定估价报告正文的基本内容和编写步骤

(1)估价的依据。

①国务院1991年发布的《国有资产评估管理办法》。

②国家国有资产管理局发布的《国有资产评估管理办法施行细则》。

③评估立项批文。

④《机动车强制报废标准规定》《机动车运行安全技术条件》(GB 7258—2017)《中华人民共和国道路交通安全法》《中华人民共和国大气污染防治法》《大气污染防治行动计划》等国家相关标准和法规。

⑤客户提供的原始购车发票,有关合同、协议,人民法院出具的发生法律效力的判决书、裁定书、调解书。

⑥产权证明材料。

⑦当地政府的有关规定。

(2)鉴定估价的目的。对鉴定估价目的的相关内容有一定叙述。

(3)评估范围和评估基准时间。对评估范围的描述主要是明确评估了哪些类型的旧机动车辆,是汽车,或是拖拉机,还是叉车,而评估基准时间是表明评估结论相对于哪一天发表的价值意见。由于车辆是在不断运动的,其价值随自身的运动和外部环境而发生变化,因而鉴定估价的结论也只是反映某天的静态价值意见。

(4)评估前提。主要说明前提性条件,如采用的评估标准、评估方法等。

(5)鉴定估价结论。一般应说明在完成了哪些鉴定估价程序后发表鉴定估价的结论意见。

2.旧机动车鉴定报告书示范文本

旧机动车鉴定评估报告
（示范文本）
_____鉴定评估机构评报字(20   年)第____号

一、绪言

_____(鉴定评估机构)接受_____的委托,根据国家有关评估及《旧机动车流通管理办法》和《旧机动车鉴定评估技术规范》的规定,本着客观、独立、公正、科学的原则,按照公认的评估方法,对牌号为_____车辆进行了鉴定。本机构鉴定评估人员按照必要的程序,对委托鉴定评估的车辆进行了实地查勘与市场调查,并对其在_____年____月____日所表现的市场价值作出了公允反映。现将该车辆鉴定评估结果报告如下:

二、委托方信息

委托方:_____   委托方联系人:_____

联系电话:_____车主姓名/名称:(填写机动车登记证书所示的名称)

三、鉴定评估基准日_____年____月____日

四、鉴定评估车辆信息

厂牌型号:_____   牌照号码:_____

发动机号:_____   车辆 VIN 码:_____

车身颜色:_____ 表征里程:_____ 初次登记日期:_____

年审检验合格至:_____年____月   交强险截止日期:_____年____月

车船税截止日期:_____年____月

是否查封、抵押车辆: □是 □否   车辆购置税(费)证:□有 □无

机动车登记证书: □有 □无   机动车行驶证: □有 □无

未接受处理的交通违法记录:□有 □无

使用性质:□公务用车 □家庭用车 □营运用车 □出租车 □其他:_____

五、技术鉴定结果

技术状况缺陷描述:_____

_____

重要配置及参数信息:_____

技术状况鉴定等级:_____   等级描述:_____

六、价值评估

价值估算方法:□现行市价法　□重置成本法　□其他

价值估算结果:车辆鉴定评估价值为人民币_____元,金额大写:_____

七、特别事项说明[1]

八、鉴定评估报告法律效力

本鉴定评估结果可以作为作价参考依据。本项鉴定评估结论有效期为90天,自鉴定

评估基准日至_____年____月____日止。

九、声明：

（1）本鉴定评估机构对该鉴定评估报告承担法律责任。

（2）本报告所提供的车辆评估价值为评估基准日的价值。

（3）该鉴定评估报告的使用权归委托方所有，其鉴定评估结论仅供委托方为本项目鉴定评估目的使用和送交旧机动车鉴定评估主管机关审查使用，不适用于其他目的，否则本鉴定评估机构不承担相应法律责任；因使用本报告不当而产生的任何后果与签署本报告书的鉴定评估人员无关。

（4）本鉴定评估机构承诺，未经委托方许可，不将本报告的内容向他人提供或公开，否则本鉴定评估机构将承担相应法律责任。

附件：

一、旧机动车鉴定评估委托书（附件一）

二、旧机动车技术状况表（附件二）

三、车辆行驶证、机动车登记证书证复印件

四、被鉴定评估旧机动车照片（要求外观清晰，车辆牌照能够辨认）

旧机动车鉴定评估师（签字、盖章）　　　　　　　　　　　　复核人[2]（签字、盖章）

　　　　年　　月　　日　　　　　　　　　　　（旧机动车鉴定评估机构盖章）

　　　　　　　　　　　　　　　　　　　　　　　　年　　月　　日

注：[1]特别事项是指在已确定鉴定评估结果的前提下，鉴定评估人员认为需要说明在鉴定过程中已发现可能影响鉴定评估结论，但非鉴定评估人员执业水平和能力所能鉴定评定估算的有关事项以及其他问题。

　　[2]复核人是指具有高级旧机动车鉴定评估师资格的人员。

备注：1.本报告书和作业表一式三份，委托方二份，受托方一份。

　　2.鉴定评估基准日即为《旧机动车鉴定评估委托书》签订的日期。

附件一

旧机动车鉴定评估委托书(示范文本)

委托书编号：＿＿＿＿＿＿＿＿

委托方名称(姓名)：　　　　　　　　法人代码证(身份证)号：

鉴定评估机构名称：　　　　　　　　法人代码证：

委托方地址：　　　　　　　　　　　鉴定评估机构地址：

联系人：　　　　　　　　　　　　　电话：

因　□交易　□典当　□拍卖　□置换　□抵押　□担保　□咨询　□司法裁决需要,委托人与受托人达成委托关系,号牌号码为＿＿＿＿＿＿＿＿＿＿＿＿,车辆类型为＿＿＿＿＿＿＿＿＿＿＿＿＿,车架号(VIN 码)为＿＿＿＿＿＿＿＿＿＿的车辆进行技术状况鉴定并出具评估报告书,＿＿＿年＿＿＿月＿＿＿日前完成。

委托评估车辆基本信息

				营运　□
	厂牌型号		使用用途	非营运　□
车辆情况	总质量/座位/排量		燃料种类	
	初次登记日期	年　月　日	车身颜色	
	已使用年限	年　个月	累计行驶里程(万 km)	
	大修次数	发动机(次)	整车(次)	
	维修情况			
	事故情况			
价值反映	购置日期	年　月　日	原始价格(元)	
备注：				

委托方：(签字、盖章)　　　　　　　受托方：(签字、盖章)

(旧机动车鉴定评估机构盖章)

　年　　月　　日　　　　　　　　　　　　年　　月　　日

备注:1.委托方保证所提供的资料客观真实,并负法律责任。

　　2.仅对车辆进行鉴定评估。

　　3.评估依据:《机动车运行安全技术条件》《旧机动车鉴定评估技术规范》等。

　　4.评估结论仅对本次委托有效,不做它用。

　　5.鉴定评估人员与有关当事人没有利害关系。

　　6.委托方如对评估结论有异议,可于收到《旧机动车鉴定评估报告》之日起10日内向受托方提出,受托方应给予解释。

附件二

旧机动车技术状况表（示范文本）

<table>
<tr><td rowspan="10">车辆基本信息</td><td>厂牌型号</td><td colspan="3"></td><td>牌照号码</td><td colspan="3"></td></tr>
<tr><td>发动机号</td><td colspan="3"></td><td>VIN 码</td><td colspan="3"></td></tr>
<tr><td>初次登记日期</td><td colspan="3">年　月　日</td><td>表征里程</td><td colspan="3">万 km</td></tr>
<tr><td>品牌名称</td><td></td><td>□国产　□进口</td><td></td><td>车身颜色</td><td colspan="3"></td></tr>
<tr><td>年检证明</td><td colspan="3">□有（至____年____月）　□无</td><td>购置税证书</td><td colspan="3">□有　□无</td></tr>
<tr><td>车船税证明</td><td colspan="3">□有（至____年____月）　□无</td><td>交强险</td><td colspan="3">□有（至____年____月）　□无</td></tr>
<tr><td>使用性质</td><td colspan="6">□营运用车　□出租车　□公务用车　□家庭用车　□其他</td></tr>
<tr><td>其他法定凭证、证明</td><td colspan="6">□机动车号牌　□机动车行驶证　□机动车登记证书　□第三者强制保险单　□其他</td></tr>
<tr><td>车主名称/姓名</td><td colspan="3"></td><td>企业法人证书代码/身份证号码</td><td colspan="3"></td></tr>
<tr><td rowspan="5">重要配置</td><td>燃料标号</td><td colspan="2"></td><td>排量</td><td></td><td>缸数</td><td colspan="2"></td></tr>
<tr><td>发动机功率</td><td colspan="2"></td><td>排放标准</td><td></td><td>变速器形式</td><td colspan="2"></td></tr>
<tr><td>气囊</td><td colspan="2"></td><td>驱动方式</td><td></td><td>ABS</td><td colspan="2">□有　□无</td></tr>
<tr><td>其他重要配置</td><td colspan="6"></td></tr>
</table>

<table>
<tr><td rowspan="2">是否为事故车</td><td rowspan="2">□是　□否</td><td colspan="2">损伤位置及损伤状况</td></tr>
<tr><td colspan="2"></td></tr>
<tr><td rowspan="2">鉴定结果</td><td>分值</td><td>技术状况等级</td><td></td></tr>
<tr><td></td><td></td><td></td></tr>
<tr><td rowspan="7">车辆技术状况鉴定缺陷描述</td><td>鉴定科目</td><td>鉴定结果（得分）</td><td>缺陷描述</td></tr>
<tr><td>车身检查</td><td></td><td></td></tr>
<tr><td>发动机检查</td><td></td><td></td></tr>
<tr><td>车内检查</td><td></td><td></td></tr>
<tr><td>起动检查</td><td></td><td></td></tr>
<tr><td>路试检查</td><td></td><td></td></tr>
<tr><td>底盘检查</td><td></td><td></td></tr>
</table>

旧机动车鉴定评估师：_____　　　鉴定单位：（盖章）_____

鉴定日期：_____年____月____日

声明：

本旧机动车技术状况表所体现的鉴定结果仅为鉴定日期当日被鉴定车辆的技术状况表现与描述，若在当日内被鉴定车辆的市场价值或因交通事故等原因导致车辆的价值发生变化，对车辆鉴定结果产生明显影响时，本技术状况鉴定说明书不作为参考依据。

说明：

本旧机动车技术状况表由旧机动车经销企业、拍卖企业、经纪企业使用，作为旧机动车交易合同的附件。车辆展卖期间，放置在驾驶室前风窗玻璃左下方，供消费者参阅。

(三)实训:撰写旧机动车鉴定评估报告书

1.训练目标与要求

(1)掌握鉴定估价的依据、范围、目的、基准时间、评估方法、评估前提和评估结论等信息;

(2)掌握旧机动车鉴定估价报告正文的基本内容和编写步骤;

(3)会利用旧机动车鉴定评估报告示范文本,撰写评估报告书。

2.训练设备

(1)汽车4辆(燃油汽车2辆,纯电动汽车1辆,混合动力电动汽车1辆);

(2)强光手电筒、轮胎气压表、轮胎花纹深度尺和举升设备;

(3)电脑与平板若干。

3.训练步骤

(1)依据提供的车辆与条件确定估价的依据、目的、评估范围和评估基准时间(评估日期);

(2)对提供车辆进行静态检测,确定评估车辆合法性和基本信息;

(3)对提供车辆进行动态检测,进行技术状况鉴定,有缺陷需要描述,确定技术状况等级;

(4)利用相应的评估方法对车辆进行价值评估,确定其价值,一定要有大写金额;

注:人民币大写:壹、贰、叁、肆、伍、陆、柒、捌、玖、拾、佰、仟、万、亿、元、角、分、零。

(5)标明评估报告有效期,对评估报告进行复核签字,最终完成评估报告文本。

三、评价反馈

1.自我评价

(1)通过本学习任务的学习,你是否已经掌握以下问题:

①知道旧机动车有形损耗,无形损耗及其贬值(折旧)。

_____

_____

②会计算各种旧机动车成新率。

_____

_____

③知道旧机动车的4种评估方法和计算公式。

_____

_____

④鉴定估价方法的选择主要应考虑的因素。

_____

_____

_____

(2)利用使用年限法、综合分析法、技术鉴定法(整车观测法、部件鉴定法)综合成新率确定成新率。

_____

_____

_____

(3)知晓评估报告撰写的要求和内容,培养正确的质量强国意识。

_____

_____

_____

(4)养成工作中良好的着装习惯,展示中国工匠可信的形象,检查工作着装的规范程度。

_____

_____

_____

(5)能否积极主动参与工作现场的清洁和整理工作?

_____

_____

_____

(6)在完成本学习任务的过程中,你是否主动帮助过其他同学? 是否和其他同学探讨旧机动车的评估方法和适用条件? 如何评估?

_____

_____

_____

(7)通过本任务学习,养成共同协作的好习惯,培养在学习中敢担当、能吃苦的好品质。你认为自己在哪些方面还有待进一步改善?

_____

_____

_____

签名:_____　　　_____年_____月_____日

2.资讯与实施

1)资讯

(1)二手车的成新率就是二手车的_____与机动车全新状态的比率。

(2)现行市价折扣法是指对清理车辆,首先应用_____确定评估车辆的评估价格,然后根据快速变现原则估定一个折扣率并据以确定其清算价格。

(3)收益现值法只能用于未来将进行营运车辆进行价格评估。　　　　　　　(　　)

（4）运用现行市价法评估二手车通常采用直接市价法和_____。

（5）评估即_____、估算，指对某一事物或物质进行评判和预估。

（6）二手车理论成新率包括_____和行驶里程法计算的成新率。

（7）旧机动车评估的程序是按照接受委托，验证，现场查勘，评定估算的顺序进行。

（　　）

（8）现行市价法与清算价格法的联系主要表现在，两者均是_____。

（9）清算价格法主要有评估价格折扣法、_____、竞价法。

（10）被评估的车辆的技术状况主要有：车身外观、_____、发动机工作状况、底盘工作状况、电器系统状况。

2）实施

（1）旧机动车鉴定估价有四种基本方法，最常采用的是（　　）方法。

  A.现行市价、清算价格　　　　　　　　B.重置成本、现行市价

  C.重置成本、快速折旧　　　　　　　　D.收益现值、清算价格

（2）采用现行市价法估价时，参照车辆与被估车辆类别、主要参数、结构性能都相同，但生产序号不同，并有局部改动，则我们认为参照车辆与被评估车辆是（　　）的车辆。

  A.完全相同　　　　B.完全不同　　　　C.看作相同　　　　D.看作不同

（3）一私家车已使用了3年9个月，采用使用年限法计算的成新率是（　　）。

  A.25%　　　　B.75%　　　　C.53.1%　　　　D.62.5%

（4）一网约车已使用了3年，采用使用年限法计算的实体性贬值率是（　　）。

  A.37.5%　　　　B.70%　　　　C.30%　　　　D.62.5%

（5）在成新率确定的部件鉴定法中，对于轿车总成与部件，（　　）的权重值最高。

  A.车身总成　　　　　　　　　　　　B.制动系统

  C.发动机与离合器总成　　　　　　　D.电器仪表系统

（6）决定二手车现行市价的基本因素有（　　）。

  A.质量因素、基础价格　　　　　　　B.供求关系、物价指数

  C.使用因素、供求关系　　　　　　　D.成本价格、技术状况

（7）实体性贬值可采用（　　）方法进行估算。

  A.价格指数法、折现法　　　　　　　B.观察法、使用年限法

  C.使用年限法、观察法　　　　　　　D.折现法、修复费用法

（8）继续使用假设有在用续用、（　　）三种，从而可以考察它在未来时间能为其持有人带来的经济收益。

  A.原地继用、移地续用　　　　　　　B.转用续用、原地续用

  B.转用续用、移地续用　　　　　　　D.改作他用、移地他用

（9）利用收益现值法评估二手车时，只能用于（　　）。

  A.通勤车辆　　　　　　　　　　　　B.营运车辆

  C.私人车辆　　　　　　　　　　　　D.公务车辆

（10）利用现行市价法的程序是①收集资料②选定二手车市场上相同或相似的参照物

③(　　)④计算被评估对象的评估值。

　　　　A.评定、估算　　　B.鉴定、评估　　　C.选定、判断　　　D.类比、调整

3.小组评价

小组评价表见表3-9。

小组评价表 表3-9

序号	评价项目	评价情况
1	学习态度是否积极主动	
2	是否服从教学安排	
3	是否达到全勤	
4	着装是否符合要求	
5	是否合理规范地使用仪器和设备	
6	是否按照安全和规范的规程操作	
7	是否遵守学习、实训场地的规章制度	
8	是否积极主动地与他人合作、探讨问题	
9	是否能保持学习、实训场地整洁	
10	团结协作情况	

参与评价的同学签名：_____　　_____年___月___日

4.教师评价

_____

教师签名：_____　　_____年___月___日

学习任务4
旧机动车的评估 >>>

学习目标

知识目标

1. 了解旧机动车的保值率与旧机动车交易行情;
2. 掌握现行市价法的运用条件和具体运用;
3. 掌握重置成本法的运用条件和具体运用。

技能目标

1. 能够完成国产旧机动车的鉴定与评估;
2. 能够完成进口旧机动车(价格较高)的鉴定与评估;
3. 能够完成新能源旧机动车进行鉴定与估价。

素养目标

1. 能按照5S要求,对工具、场地进行整理;
2. 选择和使用工具合理规范,要有环保意识;
3. 培养正确的劳动态度,弘扬劳动精神、奋斗精神、奉献精神;
4. 培养正确的质量强国意识;展示中国工匠可信的形象;
5. 培养爱党报国、敬业奉献、服务人民的意识,理解"客户第一"的服务理念;
6. 养成共同协作的好习惯,培养在学习中敢担当、能吃苦的好品质;
7. 安全文明生产,保证工具、设备和自身安全。

任务描述

目前,旧机动车最常用的评估方法就是重置成本法、现行市价法。旧机动车评估人员需利用这些评估方法和步骤,从而完成国产或进口旧机动车的评估。要切记树立维护客户利益的观念,依法维护客户的切身利益。

学习引导

本学习任务沿着以下脉络进行学习:

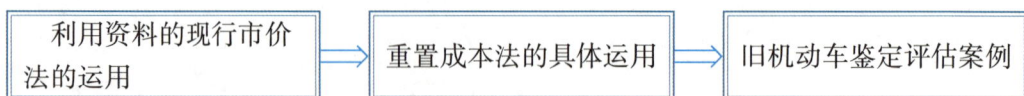

利用资料的现行市价法的运用	→	重置成本法的具体运用	→	旧机动车鉴定评估案例

一、相关知识

(一)现行市价法的运用

1. 常见汽车厂家不同年代的车辆参考价格与保值率

目前许多旧机动车网站、手机 App 均可以进行车辆价格查询或者进行评估价格。如二手车之家 App 和第一车网查询蓝本价(图 4-1)。

图 4-1　第一车网蓝本价查询界面

中国汽车流通协会和精真估信息技术有限公司联合发布了《2023 年度中国汽车保值率研究报告》,其中车型保值率排行见表 4-1。研究汽车保值率的变化趋势,具有以下特点。

车型保值率排行榜　　　　　　　　　　　　　　　　　　　表 4-1

排名	自主品牌保值率		合资厂商保值率	
	品牌	保值率(%)	品牌	保值率(%)
1	广汽传祺	64.28	一汽丰田	69.37
2	五菱汽车	62.21	北京奔驰	68.22
3	领克	60.56	广汽本田	68.09
4	长安	60.12	广汽丰田	67.00
5	理想汽车	58.61	东风本田	66.51
6	哈弗	58.06	华晨宝马	64.38
7	名爵	57.44	长安林肯	62.96
8	荣威	56.96	一汽奥迪	61.13

续上表

排名	自主品牌保值率		合资厂商保值率	
	品牌	保值率(%)	品牌	保值率(%)
9	比亚迪	56.73	一汽大众	61.12
10	吉利汽车	56.37	长安马自达	60.57

排名	小型车保值率		紧凑型车保值率	
	品牌	保值率(%)	品牌	保值率(%)
1	MINI	71.71	大众甲壳虫	76.52
2	MINI JCW	70.73	本田杰德	69.18
3	MINIMINI CLUBMAN	70.35	奔驰 CLA 级	68.84
4	飞度	68.91	本田思域	67.46
5	现代瑞纳	68.08	雷克萨斯 CT	66.24
6	丰田 YARiSL 致炫	67.59	宝马 2 系	65.08
7	MINIMINI JCW CLUBMAN	66.08	吉利星瑞	63.42
8	本田 LIFE	63.83	大众高尔夫	63.17
9	起亚焕驰	63.53	捷达 VA3	62.92
10	丰田威驰	63.05	丰田卡罗拉	62.35

排名	中型车保值率		中大型车保值率	
	品牌	保值率(%)	品牌	保值率(%)
1	奥迪 RS4	74.11	雷克萨斯 ES	72.62
2	奥迪 S4	73.66	奔驰 E 级	71.15
3	本田雅阁	70.53	奥迪 A6(进口)	69.51
4	奔驰 C 级(进口)	69.70	宝马 5 系	68.01
5	宝马 3 系	68.96	奥迪 A7	67.16
6	丰田凯美瑞	68.71	宝马 5 系(进口)	66.77
7	宝马 4 系	66.85	奔驰 E 级(进口)	65.95
8	丰田亚洲龙	66.52	奔驰 CLS	65.14
9	奥迪 A5	66.34	奥迪 A6L	65.02
10	本田英仕派	65.89	宝马 6 系 GT	62.41

排名	小型 SUV 保值率		紧凑型 SUV 保值率	
	品牌	保值率(%)	品牌	保值率(%)
1	悦达起亚奕跑	67.05	长城坦克 300	77.58
2	现代 ix25	64.36	丰田 RAV4 荣放	70.94
3	宝骏 510	64.04	长城哈弗 M6	69.16
4	奇瑞瑞虎 3X	63.40	丰田威兰达	68.68

续上表

排名	小型 SUV 保值率		紧凑型 SUV 保值率	
	品牌	保值率（%）	品牌	保值率（%）
5	长安 CS35 PLUS	63.03	本田 CR-V	68.36
6	长安 CS15	62.33	MINIMINI COUNTRYMAN	67.89
7	起亚 KX3 傲跑	62.01	本田皓影	67.33
8	本田 XR-V	61.51	哈弗大狗	64.35
9	本田缤智	61.28	起亚智跑	63.85
10	吉利汽车远景 X3	60.13	长安 CS75 PLUS	63.66

排名	中型 SUV 保值率		中大型 SUV 保值率	
	品牌	保值率（%）	品牌	保值率（%）
1	保时捷 Macan	78.77	奔驰 G 级	99.77
2	Jeep 牧马人	76.94	丰田普拉多	94.57
3	丰田汉兰达	75.68	保时捷 Cayenne	83.61
4	奔驰 GLC	70.02	奔驰 GLE	76.89
5	奔驰 GLC 轿跑	68.42	路虎卫士	75.82
6	本田冠道	67.44	路虎揽胜	72.77
7	宝马 X4	64.78	宝马 X5(进口)	72.52
8	本田 UR-V	64.29	雷克萨斯 RX	71.34
9	日产途达	64.24	三菱帕杰罗(进口)	65.22
10	宝马 X3	63.08	哈弗 H9	65.16

排名	MPV 保值率		排名	MPV 保值率	
	品牌	保值率（%）		品牌	保值率（%）
1	凌志雷克萨斯 LM	95.10	6	奔驰威霆	73.16
2	丰田埃尔法	93.75	7	大众迈特威	72.88
3	丰田威尔法	85.05	8	本田艾力绅	71.49
4	大众凯路威	74.68	9	本田奥德赛	71.30
5	通用别克 GL8	73.73	10	广汽传祺 M8	69.26

排名	纯电动汽车保值率		插电式混合动力电动汽车保值率	
	品牌	保值率（%）	品牌	保值率（%）
1	保时捷 Taycan	80.66	保时捷 Panamera E-Hybrid	88.48
2	比亚迪海豚	79.78	保时捷 Cayenne E-Hybrid	83.96
3	荣威科莱威 CLEVER	79.52	理想 L9	82.25
4	五菱宏光 MINIEV	78.91	腾势 D9	80.25
5	腾势 D9	78.57	比亚迪 宋 Pro DM-i	79.57

续上表

排名	纯电动汽车保值率		插电式混合动力电动汽车保值率	
	品牌	保值率(%)	品牌	保值率(%)
6	特斯拉 Model 3	77.93	路虎 揽胜插电混动	78.68
7	Smart 精灵#1	77.60	比亚迪 宋 PLUS DM-i	78.27
8	极氪001	76.89	比亚迪 唐 DM-i	77.35
9	长安奔奔 E-Stat	76.11	Jeep 牧马人 4xe	76.69
10	比亚迪宋 PLUS EV	75.64	比亚迪 汉 DM-i	75.78
11	奇瑞新能源小蚂蚁	75.52	荣威 e RX5	74.64
12	特斯拉 Model Y	74.92	领克 09 PHEV	74.51
13	比亚迪元 PLUS	74.73	路虎揽胜运动版 插电混动	74.22
14	比亚迪汉 EV	74.57	比亚迪 宋 MAX DM-i	73.98
15	哪吒汽车哪吒 V	74.29	比亚迪驱逐舰05	73.78

注:1. 保值率计算公式 = 二手车销售价/新车销售指导价。

　2. 燃油汽车保值率为3年,新能源车保值率为1年。

入门车型贬值较快。入门级车型尽管定价较低,但产品面对的人群不同,二手价格难以维持。随着厂商主动地调整产品供应,预计小型车将加速退出市场(尤其是燃油车)。中大型 SUV、多用途汽车(Multi-Purpose Vehicle,MPV)价格涨幅最大,反映出高端产品对于用户的需求价值更高。

豪华品牌价格回升。豪华车市场维持了稳定,部分传统豪华品牌由于难以维持溢价,已经进行了重组。由于消费者感知暂不明显,因此,二手车仍有暂时的盈利空间。

合资品牌保值率下降。合资品牌车型的保有量较大,最新的汽车行业稳步增长工作方案提到要稳定燃油车消费,对传统厂商是重要利好。美系、法系品牌保值率回升,反映出传统品牌仍有较高的市场认知基础,二手车流通较为顺畅。

自主品牌发展如大象奔跑。自主乘用车品牌归纳为传统汽车企业和造车新势力两大类。传统车企推出的新兴品牌,主打高端化和新能源;其中以长城、吉利、奇瑞、比亚迪为代表的自主品牌企业已推出 WEY(魏派)、LYNK&CO(领克)、EXEED(星途)、王朝系列多个高端子品牌;而新能源汽车市场也涌现出长城欧拉、北汽(极狐 ARCFOX)以及吉利几何等一系列全新品牌。造车新势力企业以蔚来、理想和小鹏汽车为代表,则"主攻"新能源汽车。

新能源汽车保值率降幅趋缓。结合考虑新能源汽车的推广目标,新车产品降价的趋势不可逆转,新能源汽车市场尚未实现有效的细分,价格战预计仍将继续。特斯拉新款 Model 3 的定价为国内市场树立了一个参考,国产新车和二手车价格都有了锚定的目标。新能源汽车逐步向下沉市场发展,以及新能源在智能、科技、生态上的亮眼表现,新能源开始向纵深处拓展。但是,新能源二手车市场规模仍然较小,车主卖车意愿较低。

综上的趋势,保值率研究旨在反映该品牌的产品力、认知度、美誉度等综合实力,对未来开展回购、置换、租赁、金融、新车定价、二手车销售等相关业务提供重要数据参考,从而降低业务风险,提升经营效率。

2. 现行市价法的基本程序

1）现行市价法的特点

（1）现行市价法的基本数据都来源于旧机动车市场,能客观地反映旧机动车市场目前的情况。其评估的参数、指标直接从旧机动车市场获得,所以能较客观地反映旧机动车市场的价值,并能充分反映旧机动车的各种贬值,评估结果易于被各方理解和接受。当被评估车辆的销售市场很活跃,并能提供参照物市场交易价格的可靠资料时,现行市价法是最有效的评估方法之一。

（2）现行市价法需要有公开及活跃的旧机动车市场作基础,但我国目前旧机动车市场除少数大城市外,广大的中、小城市旧机动车市场并不活跃,也很不完善,要寻找到参照物有一定的困难。

（3）当被评估车辆与参照物之间可比较因素较多时,比较起来也较复杂。即使是同一厂家生产的同一型号的车辆,且同一天注册登记,由于不同的车主使用,其使用条件、使用强度、维护的水平等不同也不可能完全一样,其实体差异都不会相同,比较起来很繁杂,难以掌握。

现行市价法的三种方法中,最简单、最直接的是直接比较法,它能够最客观、精确地反映旧机动车市场价值,也是在评估中首选的方法。

2）现行市价的基本程序

采用现行市价法评估旧机动车价值时,一般可按如下程序进行。

（1）收集资料。收集被评估对象的资料,包括车辆的类别、型号、性能、生产厂家;了解车辆的使用情况、已使用年限,鉴定车辆现在的技术状况等。

（2）选定旧机动车市场上相同或相似的参照物。所选的参照物必须具有可比性。参照物与被评估对象完全相同的很难找,一般都存在一些差异,只要存在差异,就应进行调整。

（3）分析、比较。将参照物与被评估对象进行比较,分析它们之间存在的差异,确定其差异程度,并进行调整。调整是针对参照物进行的,而不能对被评估对象进行调整,因为参照物已有了市场交易价格。主要是针对其价格进行调整,确定需调整的比较因素及其调整系数。

（4）计算被评估对象的评估值。在分析比较的基础上,确定比较因素,并将各因素的调整系数确定后,代入有关计算式进行评估值的计算,最终获得评估结论。

3. 运用举例

1）奥迪 A4L 2019 款 40TFSI 时尚型旧机动车评估（表4-2）

奥迪 A4L 2019 款 40 TFSI 时尚型信息　　　　　　　　表4-2

车辆基本信息			
品牌	奥迪 A4L	型号	2019 款 40 TFSI 时尚型国 V
车辆类型	中型车	国产/进口	国产
制造厂名称	一汽奥迪	VIN 号	LFV3A28W9J38＊＊＊＊＊

续上表

车辆基本信息			
发动机号	—	发动机型号	EA888（CWN）
车身颜色	白色	燃油种类	汽油
排量/功率	2.0L	上牌日期	2019 年 6 月
评估日期	2022 年 9 月		
手续、规费情况			
年检到期时间	2024 年 6 月	商业险到期时间	2024 年 6 月
交强险到期时间	2024 年 6 月	过户次数	0 次

机动车行驶证、机动车登记证、购置费保险等手续齐全。

（1）原厂配置。

发动机采用涡轮增压技术，使用可变配气相位混合喷的射技术；配置 7 挡双离合变速器；采用电动随速助力转向系统；前后采用五连杆独立悬架配置有 ABS、EBD、ASR、EBA、ESP 等系统；安装电子驻车制动器，具有自动驻车、上坡辅助功能；具有胎压报警功能，定速巡航系统；具有倒车影像，可语音控制多媒体系统、导航、电话等；配有主副驾驶座安全气囊、前排侧气囊和前后排后气帘；采用遥控钥匙和发动机电子防盗；座椅电动调节，后视镜电动调节与加热；配有自动空调。

（2）静态检查。

车辆有多处轻微的划痕，尤其是左前车门车把手位置比较明显；车架连接部分检查没有异常情况；车辆内饰整齐，由于国产组装部件比较多，做工明显不如 2003 年之前的原装车型，但是使用的整体状况良好，各个部件操作正常；发动机舱内线路正常，发动机和变速器等重点部分没有渗漏痕迹，各个管线接口正常没有老化痕迹；底盘系统完整，两侧边有轻微的石子划痕，变速器和发动机护板完整，制动盘片磨损正常，轮胎磨损正常。

（3）动态检查。

车辆起动后发动机抖动不明显，噪声略高，怠速状况下，车辆转速稳定性较好，换挡行驶中车辆的变速器结合动力正常，但是在 2 挡 3 挡变换中有轻微闯动迹象，半制动后加速状况，转速有突然上升的迹象，变速器节流阀体或变速器油需要检查。

（4）综合评定。

车辆总体状况良好，使用磨损不是很明显，相对来说 2.0L 发动机的后期维护费用，尤其是增压器问题将影响车辆的最后成交价格。

2004 年之前对于奥迪 A4 这类车型来说，没有明显的竞争对手，良好的运动气质和奥迪 A6 所带来的奥迪品牌的"官派"成为了主要卖点。但是现阶段宝马新 3 系列、奔驰 C 系列、雷克萨斯 IS 系列等竞争对手层出不穷，不论是价格还是品牌都给 A4 带来了不小的压力，根据市场行情分析，这款车的最终成交价格应该在 19 万元左右比较合理。

奥迪系列在市场内的主要车型还是 A6 和 A6L，相对来说 A4 系列性价比一般。一些个性化用户尤其是旧机动车用户往往更愿意选择比较有"自由气质"的车型，比如宝马 3 系列、斯巴鲁翼豹、雷克萨斯 IS 等车型,这些车辆的性价比并不比奥迪 A4L 差很多,所以市场总体的竞争优势并不明显。另外,由于新款不断推出,新车价格不断下降最终造成成交价格下降,根据市场近期行情,利用现行市价法直接比较,建议成交价格在 18.98 万元左右比较合理。

2)宝马 7 系 2013 款 740Li xDrive 型旧机动车评估(表 4-3)

宝马 7 系 2013 款 740Li xDrive 信息　　　　　　　　表 4-3

车辆基本信息			
品牌	宝马	型号	740Li
车辆类型	大型车	国产/进口	进口
制造厂名称	德国宝马	VIN 号	WBAYF4109EDZ＊＊＊＊＊
发动机号	N55B30＊＊＊＊	发动机型号	N55B30A
车身颜色	黑色	燃油种类	汽油
排量/功率	3.0L	上牌日期	2015 年 3 月
评估日期	2023 年 3 月		
手续、规费情况			
年检到期时间	2024 年 1 月	商业险到期时间	无
交强险到期时间	2024 年 1 月	过户次数	0 次

机动车行驶证、机动车登记证、保险手续齐全,车辆可随时过户。

(1)原厂配置。

配有双涡轮增压发动机、发动机爆震控制系统、采用宝马的可变配气正时系统、铝合金发动机缸体;采用 8 挡手自一体变速器、液压机械助力转向;底盘配有 ABS、制动力分配系统、制动辅助、牵引力控制、DSC 动态稳定控制系统;胎压报警指示灯、雨量探测器、自动前照灯控制系统、自动空调、车载电脑、车载冰箱等。

(2)静态检查。

从外观上看,该车线条紧凑,漆面均匀而且有光泽,发动机舱盖与前照灯、进气格栅之间的衔接非常细密,发动机线路整齐,防尘、隔音保持得很好。虽然已经使用将近八年,但内饰依然显得气派豪华,真皮座椅、仪表盘保养的也到位。底盘有部分位置发现一些细微的划痕,不过属于正常范围。检视轮胎后,并没有发现啃胎痕迹,铝合金轮毂保持完好。

(3)动态检查。

起动发动机后,感觉噪声非常小,6 速手自一体变速器配合相当默契,换挡过程异常平顺。车辆行驶循迹性非常出色,其余各部件动态表现正常。

(4)综合评定。

参照当时的市场行情,此车使用年龄 8 年左右,车辆各种状况基本保持完好,属于品质较好的二手车,综合鉴定评估价格为 25.8 万元左右。

3) 哈弗 H6 2018 款红标运动版 1.5T 自动两驱精英型旧机动车评估（表4-4）

哈弗 H6 2018 款红标运动版 1.5T 自动两驱精英型信息 表 4-4

车辆基本信息			
品牌	哈弗 H6	型号	红标运动版 1.5T 自动两驱精英型
车辆类型	紧凑型 SUV	国产/进口	国产
制造厂名称	长城汽车	VIN 号	LGWEF4A5XJF4＊＊＊＊＊
发动机号	—	发动机型号	GW4G15B
车身颜色	白色	燃油种类	汽油
排量/功率	1.5L	上牌日期	2018 年 7 月
评估日期	2020 年 9 月		
手续、规费情况			
年检到期时间	2024 年 6 月	商业险到期时间	2024 年 6 月
交强险到期时间	2024 年 6 月	过户次数	0 次

机动车行驶证、机动车登记证、保险手续齐全，车辆可随时过户，购置附加税证及收据、原始购车发票、车船使用税已与交强险一起交付。

（1）原车配置。

采用前置前驱的涡轮增压发动机，配有 7 挡双离合器，采用液压机械助力转向系统；胎压监测装置，配置有防抱死制动系统，电子制动力分配系统，牵引力控制，车身稳定控制，定速巡航，采用电子驻车制动器，具有自动驻车，上坡辅助，陡坡缓降；遥控钥匙，无钥匙起动系统，无钥匙进入系统，倒车影像系统，车载雷达，GPS 导航系统，电动天窗，前电动车窗，电动折叠后视镜，车载电话，中控台彩色大屏。

（2）静态检查。

车况优秀，性能部件正常使用，经检测，外观及车身结构无重大撞击；车内部件功能正常使用，内饰、座椅磨损程度正常，座椅底部、安全带根部等无水泡痕迹；发动机底盘的油液位及品质正常，油封不泄漏，线路、管路无剥落现象；经检测，该车局部喷漆，车主更换了右前轮胎。前保险杠、左前翼子板、左前照灯更换，外观多处有瑕疵。内饰整洁无磨损，电子系统正常。车主使用仔细；四条原车轮胎可继续使用；维护正常。

（3）动态检查。

经短途试驾体验，发动机起动正常，动力输出平稳舒适，怠速平稳无抖动，变速器换挡平顺，转向灵活，车加速、减速、制动均无问题。

（4）综合评定。

哈弗 H6 外观大气、时尚、具有运动感，整体设计偏年轻，价格在 SUV 车型中较为便宜。前脸大嘴式进气格栅尺寸较前款有所加大，同时前包围造型更加硬朗，视觉效果彰显硬派。

内饰真皮座椅乘坐非常舒服,配置比较丰富,安全方面配置很合理,更多的是偏向于人性化设置,符合大多数人的审美。SUV 车型前排空间宽敞,1.5T 涡轮增压动力够用,操控性也不错的。空间比较大,舒适性较好,隔音也好,行驶过程中的舒适性也是很不错的呢。整体上性价比比较高,在 SUV 车市,最受关注的当然是长城哈弗 H6。H6 的热销几乎可以追溯到上市之初,在历经几次改款和新车型,尤其换发动机之后的油耗更低,工信部综合油耗在 7L 左右。H6 在单一市场可谓绝对的销量王者,热销所带来的技术、市场是其 SUV 高端化的基础与保障。参照目前市场行情,此车使用年龄 2 年多,行驶 4.5 万 km,车辆各种状况基本与新车差别不大,属于优质二手车,综合鉴定评估价格为 5.28 万元左右。

4)大众途观 2016 款 300TSI 自动两驱豪华版旧机动车评估(表 4-5)

大众途观 2016 款 300TSI 自动两驱豪华版信息　　　　　　　表 4-5

车辆基本信息			
品牌	大众途观	型号	2016 款 300TSI 自动两驱豪华版
车辆类型	中型 SUV	国产/进口	国产
制造厂名称	上汽大众	VIN 号	LSVXZ65N5G21 * * * * *
发动机号	—	发动机型号	EA888-CEA
车身颜色	黑色	燃油种类	汽油
排量/功率	1.8L	上牌日期	2016 年 4 月
评估日期	2022 年 07 月		
手续、规费情况			
年检到期时间	2024 年 04 月	商业险到期时间	已经过期
交强险到期时间	2024 年 04 月	过户次数	0 次

机动车行驶证、机动车登记证、保险手续齐全,车辆可随时过户,购置附加税证及收据、原始购车发票、车船使用税已与交强险一起交付。

(1)原厂配置。

采用涡轮增压发动机,配有 6 挡手自一体变速器、电动助力转向系统;配置有防抱死制动系统、电子制动力分配系统、牵引力控制系统、车身稳定系统、胎压监测装置、定速巡航;配有电子驻车制动器;电动车窗,电动调节后视镜,真皮座椅,前排座椅电动调节,前排座椅加热,遥控钥匙,多功能转向盘,前照灯高度可调,自动空调,全景天窗;行车电脑显示屏和中控台彩色大屏。

(2)静态检查。

从 45°角看起来车身时尚、动感,外观感觉还是不错的,前后保险杠有刮擦喷漆的痕迹。前机盖,左前翼子板,左后翼子板,车门和行李舱盖都没有喷漆。打开车门看一下内饰,能看到内饰还是很新的,内饰的磨损并不严重,座椅下的转向管柱没有生锈的痕迹,没有泥沙沉积的痕迹,制动踏板和加速踏板的磨损也符合公里数,安全带没有拆卸更换的痕迹,也没有水泡和泥沙,能够正常弹回。座椅下方没有锈蚀的痕迹,座椅的固定螺栓也没有拆卸的痕迹。中控的按键都能够正常的使用。

打开发动机舱,先检查机舱盖的螺栓,没有发现拆卸的痕迹,前照灯的生产日期与车辆的出厂日期相符,没有更换过。补偿水桶框架的出厂日期也没有问题,并且没有拆卸修复的痕迹。简单的测试了一下,发动机运转正常,变速器换挡平顺,没有顿挫感。这款车的悬挂没有拆卸、变形、老化、漏油的现象,前后纵梁没有褶皱修复的痕迹,前后防撞钢梁也是没有变形修复的痕迹,发动机下部有轻微的渗油现象,但并不是很严重,发动机没有拆卸过,变速器等没有发现渗油的痕迹。经检测,该车骨架完好,排除事故、火烧、泡水车。内饰干净整洁,车内电器功能良好,基本功能均正常。

(3)动态检查。

该车机械部件工作正常,油液液面正常,仪表显示正常,安全系统、制动系统无故障。发动机运转平稳,变速器换挡平顺,转向灵活。

(4)综合评定。

"途观之后再无途观",目前这句话已经成为汽车圈内的口头禅。途观汽车一直是合资SUV羡慕的对象,没有优惠甚至加价提车,尽管与荣誉并存的还有漏机油和自燃等不佳案例,但依旧浇灭不了消费者购买的热情。参照目前市场行情,此车使用年龄已经6年多,行驶里程3万多km,车辆各种状况基本稳定,属于不错的二手车,综合鉴定评估价格为9.98万元左右。

(二)重置成本法的具体运用

1. 重置成本法的公式选用

重置成本法就是指以评估基准日的当前条件下重新购置一辆全新状态的被评估车辆所需的全部成本(即完全重置成本,简称重置全价),减去该被评估车辆的各种陈旧性贬值后的差额作为被评估车辆评估价格的一种评估方法。

1)重置成本法的理论依据与计算公式

$$被评估车辆的评估值 P = 重置成本 R_c - 实体性贬值 Z_s -$$
$$功能性贬值 Z_g - 经济性贬值 Z_j$$
$$被评估车辆评估值 P = 重置成本 R_c \times 成新率 C$$

2)重置成本法计算

(1)市场上有与待评估车品牌、型号和配置完全相同的新车出售,利用下列公式进行计算:

$$重置成本 R_c = 新车售价 S + 车辆购置税 T$$
$$车辆购置税 T = 计税价 P_J \times 10\% = [新车售价 S \div (1 + 17\%)] \times 10\%$$

(2)待评估车已经停产,市场上有类似车辆出售,利用下列公式进行计算:

$$重置成本 R_c = 新车售价 S - 单车成本变动值 K + 车辆购置税 T$$

(3)市面上完全找不到与待评估车辆类似的车辆,利用下列公式进行计算:

$$重置成本 R_c = 待评估车辆历史成本 \times (1 + 物价变动指数)$$

3）旧机动车成新率的确定

旧机动车成新率是表示旧机动车的当前功能或使用价值与全新机动车的功能或使用价值相比所占的比率，也可以理解为旧机动车的现时状态与机动车全新状态的比率，是反映旧机动车新旧程度的指标。

（1）使用年限法。使用年限法是建立在以下两个假设之上：首先旧机动车在整个使用寿命期间，实体性损耗是随时间的递增呈线性递增的。其次，旧机动车价值的降低与其损耗的大小成正比。由此不难得出使用年限法确定旧机动车成新率的数学表达式为：

$$成新率 = 1 - 各年折旧率之和 = 1 - 总折旧率$$

$$成新率 = \left(1 - \frac{已使用年限}{规定使用年限}\right) \times 100\%$$

$$T_{折} = \frac{L_{总}}{L_{年均}}$$

（2）技术鉴定法。技术鉴定法是指评估人员在对旧机动车辆进行技术观察和技术检测的基础上，判定旧机动车的技术状况，再以评分的方法或分等级的方法来确定成新率的方法。

①部件鉴定法，查表3-3确定权重 K。

$$C = \sum_{i=1}^{n} C_p i = \sum_{i=1}^{n} 部件成新率 C_i \times 部件权重 K_i$$

部件鉴定法特点：费时费力，但可信度高。

②整车观测分析法查表3-4。需要有一定的经验，相对比较粗略。

（3）综合分析法。为了使评估结果更加准确、客观，综合分析法以使用年限法为基础，再综合考虑对旧机动车价值影响的多种因素，以系数调整来确定成新率。

$$成新率 = \left(1 - \frac{已使用年限}{规定使用年限}\right) \times 调整系数 \times 100\%$$

调整系数见表3-5。

车辆技术状况：取值范围为0.6～1.0。

车辆维护状况：取值为0.7～1.0。

车辆制造质量：取值范围为0.8～1.0。

车辆用途：取值为0.7～1.0。

车辆工作条件：车辆长期在国家等级三级以上公路上行驶时，该系数取值为1；在四级公路，好路率在30%～50%的道路上行驶时，该系数取值为0.9；在国家登记外道路，好路率在30%以上道路上行驶时，该系数取值0.8。

（4）综合成新率法。由年限成新率与技术鉴定成新率计算获得，计算公式如下所示。技术鉴定成新率中技术鉴定总分依据燃油车表3-6和纯电动车表3-7的项目逐项鉴定评分累计得到。

$$综合成新率 C = 年限成新率 y \times \alpha + 技术鉴定成新率 t \times \beta$$

2.运用举例

1）大众速腾2014款1.6L自动舒适型旧机动车评估（表4-6）

大众速腾2014款1.6L自动舒适型信息　　　　　表4-6

车辆基本信息			
品牌	大众速腾	型号	2014款1.6L自动舒适型
车辆类型	紧凑型	国产/进口	国产
制造厂名称	一汽大众	VIN号	LFV2A21K4D41＊＊＊＊＊
发动机号	—	发动机型号	EA111
车身颜色	白色	燃油种类	汽油
排量/功率	1.6L	上牌日期	2013年10月
评估日期	2022年9月		
手续、规费情况			
年检到期时间	2024年10月	商业险到期时间	2023年10月
交强险到期时间	2023年10月	过户次数	0次

机动车行驶证、机动车登记证、保险手续齐全，车辆可随时过户。

（1）车辆配置。

大众速腾采用自然吸气1.6L直列4缸直喷发动机，配有6挡手自一体变速器，采用电动随速助力转向系统，前悬架是麦弗逊式独立悬架，后悬架是纵臂扭转梁式半独立悬架，驻车采用机械式驻车制动器，ABS防抱死制动，制动力分配（EBD），制动辅助（EBA/BAS），牵引力控制系统，车身稳定控制，定速巡航系统。

（2）静态检查。

①车外观检查：该车漆面有略微修补和喷漆的现象，打开车门，观察了该车的前后保险杠、翼子板、各块玻璃、A柱、B柱、C柱、后视镜、各个饰条等，都没有出现喷漆和更换修复的现象；门下裙部、各个灯光及灯缝、行李舱盖及缝也是同样如此；总体来说该车外观维护比较完好。打开车门，内饰比较干净整洁。因此，从该车的外观与内饰来看，车辆的成色还不错。而且是个人一手车，平时比较注意维护，没有加装任何配置。

②观察发动机舱：打开发动机舱盖，整个发动机室还算清洁，纵梁、横梁、水箱框架、挡火墙等没有出现变形或重新焊接的问题，以及观察固定螺栓情况，可以证明该车没有发生碰撞；线束及接头线盒布置清楚和整齐；因为是2013年的车，内饰略有老化；发动机、水箱、变速器都没有出现漏油漏水情况。

③车厢内部检查：观察该车的内部车厢，发现该车的转向盘、仪表台、座椅、头枕、扶手箱、门边饰板、顶篷、底板等都是比较干净，可以看出，车主在维护方面是比较用心，比较爱护车，整体维护都比较好。

（3）动态检查。

起动发动机，发动机发出的声音正常。在开车前，检查了排烟情况，排气味道无异臭，也无冒黑烟现象。在行驶中,该车的噪声比较小,总体的隔音效果在同类价位的车型中也是比较好的。打开空调,起动良好,冷暖效果都不错。检查各个仪表灯和仪器,都运作正常,效果良好,行车制动和驻车制动都良好。在加速时,该车的操纵性能、平稳性能、平顺性能及舒适性都比较良好,怠速也比较正常,加速也有力,动力不错。但是此车年限比较长,所以发动机内部部分零件有点老化,总体性能不错。也没有发现事故车、火烧车、水淹车的迹象。

(4)评估计算过程。

由于车辆比较老旧,直接利用年限法计算评估价格。使用年限 = $9 \times 12 = 108$ 个月;当年大众速腾 2014 款 1.6L 自动舒适型售价 150800 元。

$$车辆购置税\ T = 计税价\ P_J \times 10\% = [\text{新车售价}\ S \div (1 + 17\%)] \times 10\%$$

$$= \frac{150800}{1 + 17\%} \times 10 = 12888.9 \approx 12900(元)$$

$$重置成本\ R_C = 新车价格\ S + 车辆购置税\ T = 150800 + 12900 = 163700(元)$$

$$成新率 = \left(1 - \frac{已使用年限}{规定使用年限}\right) \times 100\% = \left(1 - \frac{108}{180}\right) \times 100\% = 0.4$$

$$被评估车辆估值\ P = 重置成本\ R_C \times 成新率\ C = 163700 \times 0.4 = 65480 \approx 65500(元)$$

(5)综合评定。

该车属于私家一手车,内饰干净整洁,空间宽敞,底盘扎实,好开省油,四条新胎,空调效果好,无事故,无泡水,无火烧,电子系统正常,发动机和变速器处于巅峰状态。市场的认可度、市场占有率和市场保值率也比较高。因此,给该车的评估价在 6.55 万元左右。

2)丰田锐志 2013 款 2.5V 商锐导航版旧机动车评估(表 4-7)

丰田锐志 2013 款 2.5V 商锐导航版信息 　　　　表 4-7

车辆基本信息			
品牌	一汽丰田	型号	2013 款 2.5V 商锐导航版
车辆类型	—	国产/进口	国产
制造厂名称	天津一汽丰田	VIN 号	LFMBE20D980＊＊＊＊＊＊
发动机号	C28＊＊	发动机型号	5GR-FE
车身颜色	黑色	燃油种类	汽油
排量/功率	2.5L	上牌日期	2016 年 8 月
评估日期	2017 年 2 月		
手续、规费情况			
年检到期时间	2020 年 8 月	商业险到期时间	无
交强险到期时间	2019 年 8 月	过户次数	1 次

机动车行驶证、机动车登记证、保险手续齐全,车辆可随时过户。

(1)车辆配置。

动力方面,锐志搭载 2.5L V 型 6 缸顶置双凸轮轴自然吸气电喷 24 气门 VVT-i 发动机和技术先进的 6 挡手自一体变速器。此车为前置后驱车辆,动力输出平顺而澎湃,加速踏板响应迅速而灵敏,操作起来也比较简捷。最高速度可达 220km/h 以上。装备、安全配置方面,锐志的配置都比较齐全,世界顶级水平的安全设计(Global Outstanding Assessment,GOA)安全车身,装备了正副安全气囊、智能钥匙及一键起动系统、遥控钥匙、电子防盗和车内中控锁等。此外,锐志还装备了膝部气囊,为保护乘客腿部安全提供了保证。悬架(前/后):双叉杆式悬架/多连杆式悬架,制动装置形式(前/后):通风盘式/实体盘式,其他配置有 VSC + TRC(车身稳定性控制系统 + 牵引力控制系统)、制动辅助系统(BA)、ABS(带 EBD)、前扰流板扰流尾翼、全车防紫外线玻璃、后车窗及后车座车窗浅色隐私玻璃、氙气前照灯(带自动水平调节及前照灯清洗装置)、前排座 8 向电动调节装置(驾驶人带电动腰靠)、左右独立式自动空调(带空气过滤装置)、真皮座椅、六碟连放 CD。

（2）静态检查。

车辆整体外观良好,车身无轻微划痕,无重大事故痕迹,车内干净,内饰成色很新,表显里程数也和实际车况相符,行驶里程:23000km,照明灯光、仪表显示、功能控制件全部正常有效,无明显渗油迹象,底盘无刮痕,制动、悬架系统各零件均正常。锐志的发动机声音轻,无论走到车外还是坐在车内,都不太能感觉到车子已经发动了,内饰很精致,简洁的中控台,豪华的中央扶手区,无不显示出日系车的做工。

（3）动态检查。

锐志的 V6 发动机跟 6AT 变速器配合完美,从起步、加速到高速行驶,感觉不到一点顿挫感。车辆起动后,发动机怠速状态平稳,密封性好,车内噪声感觉很小,起步踩加速踏板提速测试感觉该车爆发力较好。试驾过程发现车辆助力转向较轻松,制动性能表现良好,传动系统和悬架系统等均正常,车辆在低、高速行驶过程中的动力均正常,减振系统不错。

（4）评估计算过程。

由于此车使用 6 个月左右,基本属于新车,质保到期:2019 年 8 月,而且当时的市场价格是 25.18 万元,属于中高价位的车,所以采用部件鉴定法进行评估计算。

解:使用年限 = 6 个月(按照评估日期—登记日期);新车价格取:25.18 万元;

$$车辆购置税\ T = 计税价\ P_J \times 10\% = [\ 新车售价\ S \div (1 + 17\%)\ ] \times 10\%$$
$$= \frac{251800}{1 + 17\%} \times 10\% = 21521.3 \approx 21500\ (元)$$

$$重置成本\ R_C = 新车售价\ S + 车辆购置税\ T = 251800 + 21500 = 273300\ (元)$$

由于使用时间不长,所以各个部件均给较高的成新率,部件权重见表4-8。

乘用车部件鉴定法的权重值   表4-8

车辆各主要 总成、部件名称	价值权重/分数		车辆各主要 总成、部件名称	价值权重/分数	
	乘用车	成新率		乘用车	成新率
发动机及离合器总成	26	90%	车架	0	0
变速器及传动系统总成	11	92%	车身	28	90%
前桥、前悬架及转向系统	10	98%	电器仪表	7	100%
后桥及后悬架总成	8	100%	轮胎	4	95%
制动系统	6	95%			

C_{pi} = 部件成新率 C_i × 部件权重 K_i = 90% × 26% + 92% × 11% + 98% × 10% + 100% × 8% + 95% × 6% + 90% × 28% + 100% × 7% + 95% × 4% = 0.234 + 0.1012 + 0.098 + 0.08 + 0.057 + 0.252 + 0.07 + 0.038 = 0.9302

$$成新率 = \left(1 - \frac{已使用年限}{规定使用年限}\right) \times 100\% = \left(1 - \frac{6}{180}\right) \times 100\% = 0.967$$

值得注意的是,用部件鉴定法计算的成新率应该小于使用年限法计算的成新率。

被评估车辆评估值 P = 重置成本 R_C × 成新率 C = 273300 × 0.9302 ≈ 254000(元)

（5）综合评定。

锐志的驱动类型在中级车中独树一帜,为前置后驱布局形式,这样的布局为锐志造就了理想的车身配重平衡,是同级别车中唯一的一款 FR 轿车,不管是动力性还是操控性都是 FF 轿车无法比拟的,让更多的平民百姓能感受到这种 FR 运动型轿车的驾驶乐趣。此车辆状况较好,只使用了 6 个月,车架、发动机、变速器、底盘状况都是相当不错的。这款锐志汽车是市场上比较热门的车型,根据市场行情分析,这辆车的评估价格应该在 25.4 万元左右。

3）宝马 5 系 2014 款 525Li 领先型旧机动车评估（表 4-9）

宝马 5 系 2014 款 525Li 领先型信息　　　　　　　　表 4-9

车辆基本信息			
品牌	宝马	型号	2014 款 525Li 领先型
车辆类型	中大型车	国产/进口	国产
制造厂名称	华晨宝马	VIN 号	LBVNU57007SA93＊＊＊
发动机号	—	发动机型号	N20B20
车身颜色	香槟色	燃油种类	汽油
排量/功率	2.0L	上牌日期	2014 年 5 月
评估日期	2016 年 7 月		
手续、规费情况			
年检到期时间	2019 年 5 月	商业险到期时间	无
交强险到期时间	2019 年 5 月	过户次数	0 次

机动车行驶证、机动车登记证、保险手续齐全,车辆可随时过户。

（1）车辆配置。

发动机搭乘直列四缸涡轮增压汽油发动机,四气门技术,双凸轮轴可变气门正时控制系统（Double VANOS/Valvetronic）;配有带 Steptronic 八挡手自一体变速器;悬架前后采用双球节控制臂前悬架系统/多连杆独立悬架;前后采用通风盘式制动系统;带有 Servotronic 电子伺服式助力转向的主动转向系统;轮胎类型与规格 225/55 R17。

配有发动机起停技术、自动驻车、上坡辅助技术。其他配置有天窗、雨量传感器、底盘保护、前后座中央扶手、真皮座椅、前排座椅 12 方向调节、后座头枕、前后排座椅加热、定速巡航系统、电动调节多功能转向盘、ABS 防抱死制动系统、驱动防滑系统、电子稳定程序、制动力自动分配、电子差速制动、循迹控制系统、动态稳定控制系统（DSC,带 ABS 和起动辅助）、胎压监测装置、氙气前照灯、高位制动灯、前雾灯、前照灯自动清洗功能、车外灯光关闭延迟、车载电视、6气囊气帘、安全带预收紧功能、后排安全带。

（2）静态检查。

全车外观良好，右尾灯有裂纹，无需维修；车内整洁、干净，真皮座椅有轻微磨损；配置非常丰富，并且各种舒适设备使用均正常。该车只使用了两年多，各项指标完全接近新车标准。为了体现后排空间的优越性，宝马5系国产版轴距开始大幅加长，加长轴距版宝马5系在车内空间上完全超越了奥迪A6L，成为新一代"空间之王"。

（3）动态检查。

发动机无渗油现象，发动机舱内干净，起动轻松，发动机运转正常，怠速由高转低过程平顺，任意转速时都没有异响；空调效果非常好；起步平稳，加速轻盈，反应及时，加速性能非常好，转向系统精确，制动没有侧滑和跑偏，制动良好。综合该车现实状况，鉴定此车为九成新车，宝马品牌口碑好，质量优良，操控精准，该车适合家庭及公司商务用，此车各项税费均有效。

（4）评估计算。

华晨宝马属于中高档的车，当时的市场价格见表4-10。

2014年出厂的华晨宝马5系的指导价格　　　　　　　表4-10

厂商	品牌	型号	新车指导价（万元）
华晨宝马	525Li	2014款 525Li 风尚设计套装	49.96
华晨宝马	525Li	2014款 525Li 领先型	46.66
华晨宝马	525Li	2014款 525Li 豪华设计套装	49.96

取新车价格：46.66万元，出厂日期：2014年5月，评估日期：2016年7月，由于此车属于中高档汽车，采用综合分析法进行评估计算。

使用年限 $= 2 \times 12 + 2 = 26$ 个月；

$$\text{车辆购置税 } T = \text{计税价 } P_J \times 10\% = [\text{新车售价 } S \div (1 + 17\%)] \times 10\%$$

$$= \frac{466600}{1 + 17\%} \times 10\% = 39880（元）$$

重置成本 $R_C = $ 新车售价 $S + $ 车辆购置税 $T = 466600 + 39880 = 506480 \approx 506500（元）$

计算综合调整系数：

由于此车使用两年零几个月，车辆技术状况良好，技术状况 $K_1 = 0.9$；车辆维护良好，使用正常，有些小问题，故维护状态 $K_2 = 0.9$；由于是华晨宝马5系车，各方面质量均不错，故制造质量 $K_3 = 1.0$；由于是私家车，行驶里程不是很多，说明使用强度不高，车辆工作性质系数 $K_4 = 1.0$；显然，此车辆长期在国家等级三级以上公路上行驶，所以车辆工作条件系数 $K_5 = 1.0$。

$$K = \text{影响因素 } K_i \times \text{权重 } Q_i\%$$

$$= K_1 \times 30\% + K_2 \times 25\% + K_3 \times 20\% + K_4 \times 15\% + K_5 \times 10\%$$

$$= 0.9 \times 30\% + 0.9 \times 25\% + 1.0 \times 20\% + 1.0 \times 15\% + 1.0 \times 10\%$$

$$= 0.27 + 0.225 + 0.20 + 0.15 + 0.10 = 0.945$$

$$成新率 = \left(1 - \frac{已使用年限}{规定使用年限}\right) \times 100\% = \left(1 - \frac{26}{180}\right) \times 100\% = 0.856$$

$$被评估车辆评估值 P = 重置成本 R_C \times 成新率 C \times 调整系数 K$$

$$= 506500 \times 0.856 \times 0.945 = 409718 \approx 409700（元）$$

（5）综合评定。

车辆维护情况良好，车况如新，车辆价格稳定，保值率高；维修价格高；车辆档次高，家用商务皆宜。车辆状况良好，现评估价格在人民币 41 万元左右。

4）雷克萨斯 ES2020 款 200 卓越版旧机动车评估（表 4-11）

雷克萨斯 ES 2020 款 200 卓越版信息　　　　　　　　　　　表 4-11

车辆基本信息			
品牌	雷克萨斯	型号	2020 款 200 卓越版
车辆类型	中大型车	国产/进口	进口
制造厂名称	日本丰田	VIN 号	JTHB31B10L20＊＊＊＊＊
发动机号	—	发动机型号	M20A-FKS
车身颜色	宝石蓝	燃油种类	汽油
排量/功率	2.0L	上牌日期	2020 年 12 月
评估日期	2023 年 4 月		
手续、规费情况			
年检到期时间	2024 年 12 月	商业险到期时间	无
交强险到期时间	2024 年 12 月	过户次数	0 次

机动车行驶证、机动车登记证、保险手续齐全，车辆可随时过户。

（1）原厂配置。

采用自然吸气 4.6L V8 VVT-i 可变气门正时发动机、配有 8 挡手自一体变速器；采用电动助力转向系统、前后采用多连杆独立悬架、配有电控主动悬架；制动装置形式采用前通风盘式/后通风盘式、ABS 加 EBD、VSC＋TRC（车身稳定性控制系统＋牵引力控制系统）、制动辅助系统（BA）、定速巡航、上坡辅助系统；采用多功能转向盘、行车电脑显示屏、GPS 导航和中控台显示屏；座椅加热、通风和电动调节；后视镜电动调节与加热、配有感应刮水器。

（2）静态检查。

车辆的感觉非常新，属于准新车类型。车辆外观状况基本良好，全车抛光打蜡之后光泽度良好，有轻微划痕，右后侧保险杠有碰撞痕迹；车门开合良好，行李舱内没有修复痕迹，车架连接正常、焊点清晰，密封良好，做工材料好；驾驶室内的配置丰富，甚至可以说是强大，整体的科技感良好，做工用料好，没有修复和更换的痕迹；发动机舱内线路基本正常，内外侧没有任何修复痕迹，发动机和变速器没有渗漏迹象。

（3）动态检查。

由于制动盘片磨损比较明显，车辆报警灯闪烁。整体的驾驶感觉非常好，虽然车辆尺寸较大，但是行驶过程中并没有传统德系车那种厚重和美系车的那种宽广，感觉比较平和。加速时充分感觉到了 V8 发动机的强劲以及车辆悬架设计的亚洲风格,人机一体化设计比较好,座椅、音响、空调等设计符合中国用户的口味,动态状况良好。

(4)评估计算过程。

依据当时的汽车销售行情,雷克萨斯 ES 2020 款 200 卓越版价格 29 万元。

取新车价格:29 万元,登记日期:2020 年 12 月,评估日期:2023 年 4 月,利用重置成本法中的综合成新率进行评估计算。

使用年限 $= 2 \times 12 + 4 = 28$ 个月;

$$车辆购置税 \ T = 计税价 \ P_J \times 10\% = [新车售价 \ S \div (1 + 17\%)] \times 10\%$$

$$= \frac{290000}{1 + 17\%} \times 10 = 24786.5 \approx 24800(元)$$

重置成本 $R_C = $ 新车价格 $S + $ 车辆购置税 $T = 290000 + 24800 = 314800(元)$

技术成新率由车身外观部位、发动机舱检查、驾驶室检查、起动检查、路试检查、底盘检查、车辆功能性零部件等 7 个项目组成。必须对车辆一项一项具体进行鉴定评分,见表 4-12。

$$技术鉴定成新率 = 车辆技术状况分值/100 = \frac{87}{100} = 0.87$$

$$使用年限 = 2 \times 12 + 4 = 28 \ 个月$$

$$年限成新率 = \left(1 - \frac{已使用年限}{规定使用年限}\right) \times 100\% = \left(1 - \frac{28}{180}\right) \times 100\% = 0.844$$

技术鉴定成新率系数 $\beta = 60\%$,年限成新率 $\alpha = 1 - \beta = 40\%$。

$$综合成新率 \ C = 年限成新率 \times \alpha + 技术鉴定成新率 \times \beta$$

$$= 0.844 \times 40\% + 0.87 \times 60\% = 0.338 + 0.522 = 0.91$$

$$被评估车辆评估值 \ P = 重置成本 \ R_C \times 综合成新率 \ C = 314786 \times 0.91$$

$$= 286455 \approx 286000(元)$$

技术成新率鉴定估算明细表

表 4-12

技术成新率构成项目	项目总分	车辆技术状况分值
车身外观部位	20	17
发动机舱检查项目	20	18
驾驶室检查项目	10	9
起动检查项目	20	16
路试检查项目	15	12
底盘检查项目	15	15
车辆功能性零部件项目	进行描述不计分	0
合计		87

(5)综合评定。

这款车在行业内俗称"准新车",一般来讲购买方是比较占便宜的,但是出售方的损失比较大,像雷克萨斯这个品牌的高端车至少要损失25%以上。因此,我们一般不建议用户这个时候出售。而且10万km和三年内的免费维修维护也存在着一定的优势,但是车主比较坚持换车,车主对于价格预期较高,与实际不是很符合,根据当时市场行情的状况分析,成交价格应该在28.6万元左右。

(三)国产热门车型评估

1. 大众朗逸旧机动车评估

大众朗逸2018款1.5L自动舒适版信息见表4-13。

大众朗逸2018款1.5L自动舒适版信息 表4-13

车辆基本信息			
品牌	朗逸	型号	2018款1.5L自动舒适版
车辆类型	紧凑型车	国产/进口	国产
制造厂名称	上汽大众	VIN号	LSVAB60C0JN0＊＊＊＊＊
发动机号	—	发动机型号	EA211—DLW
车身颜色	谦雅紫	燃油种类	汽油
排量/功率	1.5L	上牌日期	2018年9月
评估日期	2020年9月		
手续、规费情况			
年检到期时间	2024年9月	商业险到期时间	无
交强险到期时间	2023年9月	过户次数	0次

机动车行驶证、机动车登记证、保险手续齐全,车辆可随时过户。

(1)原厂配置。

电动转向助力,前后电动车窗,车窗一键升降功能,全车车窗防夹手功能,防紫外线隔热玻璃,电动天窗,双安全气囊,胎压监测,ABS＋EBD,制动辅助,车身稳定系统,牵引力控制系统,自动驻车,上坡辅助,中控锁,发动机电子防盗,前后倒车雷达,定速巡航,手动空调,电动后视镜具有加热和倒车自动下翻功能,真皮座椅。

(2)静态检查。

车辆室内比较整洁干净,黑色内饰,车辆外部局部有补漆痕迹,属于小碰擦,没有伤及车身上的两梁六柱,不属于大事故车。

(3)动态检查。

通过路面驾驶发现车辆动力性比较好,提速迅猛,发动机和变速器无杂音。减振无异响,通过性能平稳。

(4)综合评定。

"500万车主之选""15年口碑赞誉"已然是朗逸家族身上最显眼的标签。朗逸有着受众面很广的内外设计、宽敞的空间、优良的驾乘感受以及大众的品质口碑。朗逸是上汽大众的"台柱子",一直在销售排名荣誉榜"状元",二手车市场车型保值率比较高,是名副其实的国民家轿。此车是 2018 款 1.5L 自动舒适版,个人一手车,全程 4S 店维护零事故,无火烧车,无泡水。总体评定车辆状况良好,结合当时市场行情,评估价格在 7.58 万元左右。

2. 广本飞度旧机动车评估

本田飞度 2021 款 1.5L CVT 潮享版信息见表 4-14。

本田飞度 2021 款 1.5L CVT 潮享版信息　　　　表 4-14

车辆基本信息			
品牌	飞度	型号	2021 款 1.5L CVT 潮享版
车辆类型	小型车	国产/进口	国产
制造厂名称	广汽本田	VIN 号	LHGGR9841N8＊＊＊＊＊＊
发动机号	—	发动机型号	L15BU
车身颜色	星河白	燃油种类	汽油
排量/功率	1.5L	上牌日期	2022 年 4 月
评估日期	2023 年 6 月		
手续、规费情况			
年检到期时间	2027 年 1 月	商业险到期时间	2023 年 11 月
交强险到期时间	2023 年 11 月	过户次数	0 次

机动车行驶证、机动车登记证、保险手续齐全,车辆可随时过户。

(1)原厂配置。

发动机为水冷直列四缸、16 气门、i-VTEC、SOHC,变速器为 CVT5 挡变速器,前麦弗逊独立悬挂/后扭力梁式非独立悬挂,驱动形式为前置前驱。其他配置:电动车窗、手动空调、AM/FM 收音机、四向可调转向盘、驾驶座高度可调节、有 PM2.5 过滤或花粉过滤装置、地图灯、立体式自发光仪表、ABS、EBD、驾驶座安全气囊、预紧式前座椅三点式安全带、儿童安全锁、安全带未系提醒(驾驶位＋副驾驶席)、ACE 高级兼容性车身结构、发动机防盗锁止控制系统、EPS 电动随速助力转向、DBW 电控油门等。胎压报警,真皮座椅,大屏导航。

(2)静态检查。

整车漆色完整,无任何碰撞、剐蹭迹象;车门、行李舱缝隙线条均匀,无漏水、漏电、漏气现象;车厢内整洁、无腐蚀。

(3)动态检查。

起动机无杂音;发动机无窜油、窜气情况。油温、水温正常;加速灵敏、制动稳定、操控灵活;变速器换挡顺畅。

(4)综合评定。

车辆证件真实有效,现时技术状况判定为无碰撞车辆,维修维护情况良好。此车是 21 款飞度潮享版,2022 年 4 月上牌,行驶 1100km,全车原版原漆,零补漆。结合当时市场行情,采用重置成本法估算价格,评估价为 6.88 万元左右。

3. 一汽丰田 RAV4 荣放旧机动车评估

丰田 RAV4 荣放信息见表 4-15。

丰田 RAV4 荣放信息　　　　　　　　　　　　表 4-15

车辆基本信息			
品牌	丰田荣放	型号	2.0 豪华型
车辆类型	紧凑型 SUV	国产/进口	国产
制造厂名称	一汽丰田	VIN 号	LFMKV30F5M0＊＊＊＊＊＊
发动机号	1A0＊＊＊	发动机型号	M20D-FKS
车身颜色	白色	燃油种类	汽油
排量/功率	2.0L	上牌日期	2022 年 2 月
评估日期	2023 年 9 月		
手续、规费情况			
年检到期时间	2024 年 2 月	商业险到期时间	无
交强险到期时间	2024 年 2 月	过户次数	0 次

机动车行驶证、机动车登记证、保险手续齐全，车辆可随时过户。

（1）原厂配置。

胎压监测装置，车道保持辅助系统，车道偏离预警系统，主动制动/主动安全系统，自动驻车，电动门窗，助力转向，真皮座椅，座椅高低调节，中央门锁，电动后视镜，倒车雷达，自适应远近光，车联网。

（2）静态检查。

漆面维护良好，车身结构无修复、无剐蹭痕迹，无重大事故。内饰成色新，干净整洁。安全指示灯正常，气囊等被动安全装置正常，车辆内电子器件使用良好，车内静态动态设备完善。

（3）动态检查。

仪表工作正常，显示里程 3 万 km。车辆点火、起步、提速、过弯、减速、制动均无问题，加速迅猛，动力输出平稳舒适，无怠速抖动。

（4）综合评定。

该车于 2022 年 2 月登记上牌，表显里程 3 万 km，车况好，车辆手续合法齐全。车体骨架结构无变形扭曲、无火烧泡水痕迹。整体漆面良好，排除大事故车辆。视野宽阔，练手选择，空间宽敞明亮，通风性好，适合家庭代步。结合当时二手车市场行情，评估该车价值为14.58 万元左右。

4. 长城坦克 300 旧机动车评估

坦克 300 2021 款越野版信息见表 4-16。

坦克 300 2021 款越野版者信息　　　　表 4-16

车辆基本信息			
品牌	坦克 300	型号	2021 款越野版 2.0T 征服者
车辆类型	紧凑型 SUV	国产/进口	国产
制造厂名称	长城汽车	VIN 号	LGWFF7A56MJ1＊＊＊＊＊
发动机号	—	发动机型号	E20CB
车身颜色	黑色	燃油种类	汽油
排量/功率	2.0L	上牌日期	2022 年 12 月
评估日期	2023 年 10 月		
手续、规费情况			
年检到期时间	2024 年 12 月	商业险到期时间	2024 年 12 月
交强险到期时间	2024 年 12 月	过户次数	0 次

机动车行驶证、机动车登记证、保险手续齐全,车辆可随时过户。

(1)原厂配置。

2.0T 发动机,8 挡手自一体变速器,适时四驱系统,车道偏离,主动制动,开门预警,后方碰撞预警,3 种越野模式,中央差速器,坦克转弯,蠕行模式,360°全景影像,ACC 自适应,L2 级辅助驾驶,遥控泊车,矩阵式 LED 头灯,电动真皮座椅,冷热风座椅,燕飞利士音响,黑色车身,黑色内饰。

(2)静态检查。

从该车的外观看属于准新车。进行环绕车辆检查,车身表面均为原厂漆,光洁度较高,细小的划痕也很少,没有掉漆和锈蚀痕迹。

(3)动态检查。

仪表盘、各信号灯工作正常,变速器换挡流畅、转向灵活,转向盘指向精确到位。路试时,提速较为敏捷,动力强劲。

(4)综合评定。

坦克作为长城汽车下的硬派越野车,在国产车中比较独树一帜。该车整体车况良好,没有事故,车身虽然有划痕,但是整体外观良好。属于个人一手车,使用相对仔细。表显里程 7000km,根据当时市场行情,评估该车价格为 19 万元左右。

5. 一汽奥迪 A6L 旧机动车评估

奥迪 A6L 信息见表 4-17。

奥迪 A6L 信息　　　　表 4-17

车辆基本信息			
品牌	奥迪	型号	A6 2.0L AT
车辆类型	中大型轿车	国产/进口	国产
制造厂名称	一汽奥迪	VIN 号	LFV3A24K1M30＊＊＊＊＊
发动机号	APS02358	发动机型号	DKW

续上表

车辆基本信息			
车身颜色	黑色	燃油种类	汽油
排量/功率	2.0L	上牌日期	2021 年 6 月
评估日期	2023 年 4 月		
手续、规费情况			
年检到期时间	2023 年 6 月	商业险到期时间	2023 年 6 月
交强险到期时间	2023 年 6 月	过户次数	0 次

机动车行驶证、机动车登记证、保险手续齐全,车辆可随时过户。

(1)原厂配置。

无钥匙起动系统,倒车影像,后倒车雷达,自动变速器,4 轮盘式制动器,铝合金轮毂,真皮座椅,电动门窗,助力转向,车身稳定控制,定速巡航系统,中央门锁,电动后视镜,自动恒温空调,安全气囊,加热座椅。

(2)静态检查。

漆面保持较好,车身结构完好,前脸完好,左右对称性正常,无重大事故。车身内饰干净整洁,座椅几乎无磨损。安全指示灯正常,气囊等被动安全项目正常,车辆内电子器件使用良好,车内静态动态设备完善,车辆成色较新,无重大事故痕迹,无明显金属腐蚀现象,内饰成色较新,维修维护情况好,轮胎成色一般。

(3)动态检查。

发动机运行平顺,动力结合正常,车辆转向、制动性能良好。仪表工作正常,显示里程 4.2 万 km,各项功能均正常。经短途试驾体验,车辆点火、起步、提速、过弯、减速、制动均无问题,加速迅猛,动力输出平稳舒适,怠速无抖动。

(4)综合评定。

整体车况良好,车体骨架结构无变形扭曲、无火烧、泡水痕迹。整体漆面良好,排除大事故车辆。作为热销的高档车型,奥迪 A6L 占有较大的市场份额。该车于 2021 年 6 月登记上牌,表显里程 4.2 万 km,车况较好,车型成熟,质量稳定,该车手续合法齐全,结合当时市场行情,评估该车价值为 31.58 万元左右。

6. 宝马 5 系旧机动车评估

宝马 5 系 2014 款 520Li 典雅型信息见表 4-18。

宝马 5 系 2014 款 520Li 典雅型信息　　　　　　　　　　　　　　　　表 4-18

车辆基本信息			
品牌	宝马 5 系	型号	2014 款 520Li 典雅型
车辆类型	中大型车	国产/进口	国产
制造厂名称	华晨宝马	VIN 号	LBV5S1105ESH＊＊＊＊＊
发动机号	—.	发动机型号	N20B20
车身颜色	雪山白	燃油种类	汽油

续上表

车辆基本信息			
排量/功率	2.0L	上牌日期	2014 年 5 月
评估日期	2022 年 5 月		
手续、规费情况			
年检到期时间	2024 年 5 月	商业险到期时间	无
交强险到期时间	2024 年 5 月	过户次数	0 次

机动车行驶证、机动车登记证、保险手续齐全,车辆可随时过户。

（1）原厂配置。

电动车窗,中央门锁,主副安全气囊,电动随速助力转向,防盗设备,自动空调,真皮座椅,电动后视镜,零胎压继续行驶,智能定速巡航系统,自动防抱死（ABS）,制动力分配（EBD）,制动辅助（EBA）,牵引力控制（ASR）,车身稳定控制（ESP）,自动驻车,上坡辅助,PM2.5 过滤或花粉过滤。

（2）静态检查。

目测观察,整车漆面均匀,无色差,漆面保养良好。打开发动机舱盖查看发动机,内部各部件排列整齐,无整修痕迹;发动机整体维护清洁,机油干净,没有渗漏现象。左右翼子板完好,无碰撞痕迹;打开行李舱,各附加设备完整,没有漏水、腐蚀现象;车身结构完好,无重大事故修复痕迹。内饰干净整洁,安全指示灯正常,气囊等被动安全项正常,车辆内电子器件使用良好。

（3）动态检查。

点火开关起动灵活,起动后怠速运转平稳,无明显抖动;变速器、转向盘、仪表盘、各信号灯工作正常。路试后感觉动力性良好,提速敏捷,在行驶过程中比较稳定,制动灵敏,紧急制动无跑偏现象。

（4）综合评定。

此车维护较好,记录全面,行驶里程 12 万 km,整车车况不错。车辆无泡水,无重大事故。结合当时市场行情,此车评估价为 12.98 万元左右。

7. 奔驰 E 级旧机动车评估

奔驰 E 级 2017 款 E300 运动时尚型信息见表4-19。

奔驰 E 级 2017 款 E300 运动时尚型信息　　　　　表 4-19

车辆基本信息			
品牌	奔驰	型号	2017 款 E300 运动时尚型
车辆类型	中大型车	国产/进口	国产
制造厂名称	北京奔驰	VIN 号	LE4ZG4JB3HL1＊＊＊＊＊
发动机号	—	发动机型号	274920
车身颜色	白色	燃油种类	汽油
排量/功率	2.0L	上牌日期	2017 年 1 月

续上表

车辆基本信息			
评估日期	2020 年 11 月		
手续、规费情况			
年检到期时间	2026 年 1 月	商业险到期时间	2024 年 7 月
交强险到期时间	2024 年 7 月	过户次数	0 次

机动车行驶证、机动车登记证、保险手续齐全,车辆可随时过户。

（1）原厂配置。

涡轮增压缸内直喷铝合金 4 缸发动机,9 挡手自一体变速器,前后多连杆式独立悬挂,智能定速巡航系统,自动防抱死（ABS）,制动力分配（EBD）,制动辅助（EBA）,牵引力控制（ASR）,车身稳定控制（ESP）,主动制动系统,自动驻车,上坡辅助,电动全景天窗,驾驶辅助倒车影像和 360°全景影像,自动泊车系统,电动车窗,中央门锁,主副安全气囊,自动空调,真皮座椅,电动后视镜。

（2）静态检查。

该车为原厂油漆;车身、大梁、发动机舱盖、散热器框架、行李舱等处无钣金维修痕迹;车内整洁干净,内饰无损坏;发动机舱内无漏油现象;四条轮胎胎纹很深,无异常磨损;备胎、随车工具、警示架等设备齐全。

（3）动态检查。

冷车状态下发动机起动迅速;车内各个用电设备无任何异常;行驶过程中动力输出比较强劲;转向盘采用的是电动随速助力转向,手感轻巧,转向精准;前后悬架采用连杆悬架,舒适性和稳定性较好。

（4）综合评定。

翻开国内豪华中大型轿车的销量数据可以看到,奔驰 E 级、宝马 5 系、奥迪 A6L 这三驾马车依靠极强的产品力,不仅牢牢占据市场统治地位,而且三者月销量破万都成为了常态。这些车在二手车市场也依然销售火爆。

该车没有任何的事故,已经使用有 3 年有余,行驶里程 6 万 km,车况属于完好车辆。结合当时的市场行情,评估价为 27.98 万元左右。

8. 别克 GL8 旧机动车评估

别克 GL8 2022 款陆上公务舱 652T 尊贵型信息见表 4-20。

别克 GL8 2022 款陆上公务舱 652T 尊贵型信息　　　　　　表 4-20

车辆基本信息			
品牌	别克	型号	2022 款陆上公务舱 652T 尊贵型
车辆类型	MPV	国产/进口	国产
制造厂名称	上汽通用	VIN 号	LSGUL83L7MA3＊＊＊＊＊
发动机号	—	发动机型号	LXH

续上表

车辆基本信息			
车身颜色	白色	燃油种类	汽油
排量/功率	2.0L	上牌日期	2022 年 5 月
评估日期	2023 年 7 月		
手续、规费情况			
年检到期时间	2024 年 1 月	商业险到期时间	无
交强险到期时间	2024 年 1 月	过户次数	0 次

此车手续齐全不欠费,主要证件有车辆登记证书、行驶证、车辆购置附加费本,车辆手续查询没有抵押和盗抢记录,没有不合法的非正常变更记录。

(1)原厂配置。

涡轮增压缸内直喷铝合金 4 缸 2.0L 排量的发动机,9 挡手自一体变速器,前悬架采用麦弗逊式独立悬架,后悬架采用扭力梁式非独立悬架。电动车窗,中央门锁,主副安全气囊,电动助力转向,防盗设备,自动空调,电动后视镜,胎压监测装置,智能定速巡航系统,ABS,EBD、EBA、ASR、ESP,上坡辅助,并线辅助,360°全景影像,中控台是 12 英寸液晶触摸屏,语音控制多媒体系统、导航和电话,具有车联网。

(2)静态检查。

该车外观良好,整车漆色完整,没有任何喷漆现象,右后门有轻微划痕属于正常,所以可以断定此车没有出过事故。车辆内部整齐,各部件位置正常,功能良好,没有发现改动或翻新的痕迹。发动机舱内线路正常,部件没有改动过的痕迹,发动机和变速器无渗漏等现象。备胎、千斤顶完好,轮胎无磨损,制动片正常。

(3)动态检查。

车辆起动后发动机正常,车内感觉比较舒适,空调起动后发动机运转声音略有提升。变速器结合动力正常,转向准确,轮胎抓地力稳定,各部件工作正常,车辆制动系统工作正常,变速器状态良好。整个行驶过程中,并没有发觉任何侧偏现象。

(4)综合评定。

从家用舒适性来讲,MPV 车型依旧很受欢迎,而要说到销量榜上的龙头,别克 GL8 可以说当之无愧。进入别克 GL8 车内,用料上比较扎实,以软性皮质材料包裹为主,7 座版车型采用 2 + 2 + 3 的布局,座椅软硬适中,乘坐起来有种沙发座椅的感觉,并且坐垫以及靠背位置加入了菱形纹路,看上去不会觉得单调。中控屏幕采用悬浮式设计,尺寸在 12 英寸,手机互联和车联网都没缺席,语音控制识别率不差,通过"你好别克"可以进行唤醒。

别克陆尊在商务车当中是比较常用的车型,深受客户好评,是租赁及办公用车首选市场。此车使用 1 年多,刚刚行驶 1.75 万 km。全车原版原漆,无事故,无泡水,无火烧,属于准新车。根据当时市场行情,这款车的价格应该在 31.98 万元左右比较合理。

9. 小鹏 P7 旧机动车评估

小鹏 P7 2020 款 670E 信息见表 4-21。

小鹏 P7 2020 款 670E 信息　　　　　　　　　　　　　　　表 4-21

车辆基本信息			
品牌	小鹏	型号	P7 2020 款 670E
车辆类型	中型车	国产/进口	国产
制造厂名称	小鹏汽车	VIN 号	L1NSPGHB9MA0＊＊＊＊＊
车身颜色	曜日红	电池种类	三元锂离子动力蓄电池
电动机类型	永磁同步	电池容量	80.9kW·h
续驶里程	670km	上牌日期	2021 年 11 月
评估日期	2022 年 10 月		
手续、规费情况			
年检到期时间	2024 年 1 月	商业险到期时间	无
交强险到期时间	2024 年 1 月	过户次数	0 次

机动车行驶证、机动车登记证、保险手续齐全，车辆可随时过户。

（1）原厂配置。

快充需要 0.52h，充满 80% 的电量，慢充需要 6.5h。采用电动助力转向系统，前悬架采用双叉臂式独立悬架；后悬架采用多连杆式独立悬架，采用电子驻车制动器，前后轮盘式制动器。主副驾驶座安全气囊，前排侧气囊，前后头部气帘；儿童安全座椅固定装置（ISOFIX），胎压显示，防抱死制动系统、制动力分配系统、制动辅助系统、牵引力控制，车身稳定控制，并线辅助，车道偏离预警系统，车道保持辅助系统，道路交通标识识别，主动制动安全系统，自动驻车，上坡辅助，全速自适应巡航；具有车联网，可语音控制多媒体系统、导航、电话、空调等。外后视镜具有电动调节，电动折叠，后视镜加热，后视镜记忆，倒车自动下翻，锁车自动折叠的功能；内后视镜有自动防眩目功能。

（2）静态检查。

整车漆色完整，无任何碰撞、剐蹭迹象；电池包外部完好无擦伤，车门、行李舱平衡，无漏水、漏电现象；车厢内整洁、无腐蚀。机舱内线路布置规整，车架连接处牢固可靠，无渗漏现象；室内座椅、仪表台干净整洁，无损坏；全车附件完好。

（3）动态检查。

起动车辆，各仪表工作正常，电机启动后转速平稳，无异响和抖动；转向盘、仪表盘、各信号灯工作正常。由于是纯电动汽车，对充电系统进行检查：充电功能正常，电池系统外观正常，无破损、无更换、无渗漏；对电机及控制器检查：外观无起火、无腐蚀、无浸水痕迹，电机系统插接件无异常，电机系统高低压线束及防护无破损腐蚀，驱动电机和控制器安全接地检查合格。

（4）综合评定。

小鹏 P7 凭借其独特的设计、出色的驾驶性能、较强的续驶能力、丰富的科技配置风靡一时。该车辆证件真实有效，现时技术状况判定为无碰撞车辆，维修维护情况良好，已经行驶 4.1 万 km，电池组质保 8 年或 16 万 km。根据当时的市场行情分析，这款车的评估价格在

16.58 万元左右。

10. 五菱宏光 MINIEV 旧机动车评估

五菱宏光 MINIEV 2020 款悦享款信息见表4-22。

五菱宏光 MINIEV 2022 款马卡龙臻享款信息　　　　表4-22

车辆基本信息			
品牌	宏光 MINIEV	型号	2022 款马卡龙臻享款
车辆类型	微型车	国产/进口	国产
制造厂名称	上汽通用五菱	VIN 号	LK6ADAE17ME5＊＊＊＊＊
车身颜色	牛油果绿	电池种类	磷酸铁锂动力蓄电池
电动机类型	永磁同步	电池容量	13.9kW·h
续驶里程	170km	上牌日期	2022 年 1 月
评估日期	2023 年 1 月		
手续、规费情况			
年检到期时间	2025 年 2 月	商业险到期时间	2024 年 2 月
交强险到期时间	2024 年 2 月	过户次数	0 次

机动车行驶证、机动车登记证、保险手续齐全,车辆可随时过户。

(1)原厂配置。

电动门窗,ABS,EBD,电子防盗,中控门锁,空调系统,全液晶仪表盘,行车电脑显示屏,后倒车雷达,胎压报警,上坡辅助,遥控钥匙,ISO FIX 儿童座椅接口,使用语音控制,可控制多媒体系统、导航和电话。

(2)静态检查。

车辆外观良好,车架、门框、各铰链处无钣金修复痕迹;车内很干净,前照灯、转向灯、空调、刮水器、仪表等均能正常使用;快速充电口和慢充口完好无损;千斤顶、随车工具齐全完好,行李舱比较整洁,轮胎无异常磨损。

(3)动态检查。

此车辆行驶正常运转稳定,起步、转向、制动均无问题。由于是纯电动汽车,对充电系统进行检查:充电功能正常,电池系统外观正常,无破损、无更换、无渗漏;对电机及控制器检查:外观无起火、无腐蚀、无浸水痕迹,电机系统插接件无异常,电机系统高低压线束及防护无破损腐蚀,驱动电机和控制器安全接地检查合格。

(4)综合评定。

此车主要用于上下班代步,车主非常爱惜,并且定期维护。私家一手车,原版原漆,内饰崭新,表显示里程 1.0 万 km,根据该车的车况、年限、行驶里程以及新车价格,现评估价格在人民币 3.3 万元左右。

11. 比亚迪海豚旧机动车评估

比亚迪海豚 2021 款 401km 骑士版信息见表4-23。

比亚迪海豚 2021 款 401km 骑士版信息　　　　　　　　　　表 4-23

车辆基本信息			
品牌	比亚迪	型号	海豚 2021 款 401km 骑士版
车辆类型	小型车	国产/进口	国产
制造厂名称	比亚迪汽车	VIN 号	LC0CE4CB3N00＊＊＊＊＊
车身颜色	噗噗粉	电池种类	磷酸铁锂动力蓄电池
电动机类型	永磁同步	电池容量	44.9kW·h
续驶里程	401km	上牌日期	2022 年 1 月
评估日期	2023 年 10 月		
手续、规费情况			
年检到期时间	2024 年 2 月	商业险到期时间	2024 年 2 月
交强险到期时间	2024 年 2 月	过户次数	0 次

机动车行驶证、机动车登记证、保险手续齐全，车辆可随时过户。

（1）原厂配置。

胎压报警，ABS、EBD，制动辅助，牵引力控制，车身稳定控制，车道偏离预警系统，车道保持辅助系统，道路交通标识识别，主动制动，自动驻车，上坡辅助，不可开启式全景天窗，驾驶辅助影像，海豚采用了 12.8 英寸触控液晶屏，搭载智能网联系统，一句"你好小迪"便可唤醒控制，可进行包括导航、多媒体、空调等大部分语音操作。

（2）静态检查。

车门顺利、到位，座椅、转向盘可调控、各踏板正常，内饰较好，机舱整洁，各液面正常，行李舱整洁，配件齐全，悬架良好，快慢充口完好无损，电池系统外观正常，无破损。

（3）动态检查。

起动顺利，转向轻盈、到位，电机运转良好，运行平稳，加速感好，制动优良。对于纯电动汽车，对充电系统进行检查：充电功能正常，电池系统无更换、无渗漏；对电机及控制器检查：外观无起火、无腐蚀、无浸水痕迹，运作无噪声，电机系统插件无异常，电机系统高低压线束及防护无破损腐蚀，驱动电机和控制器安全接地检查合格。

（4）综合评定。

比亚迪的海洋系列有动物类海鸥、海豚、海豹；有军事类护卫舰、驱逐舰。海豚属于小型车，颜值高，非常漂亮，外观整体会偏可爱，尤其是前脸，而光滑的流线造型，使其行驶时的风阻系数会比较低，空间大，能耗比较低。此车续驶里程为 401km，日常代步绰绰有余，并且在同级别的车型当中，表现可以说是比较优异的。海豚是基于纯电平台设计的，百公里加速仅需 7.5s，在市区道路上行驶动力非常的充沛。虽然海豚的轴距只有 2700mm，但它的驾乘空间并不会觉得狭隘，加上全景天幕的应用，在车内丝毫不会觉得压抑。

此车使用接近两年，行驶 3 万 km，使用维护得较好，各项性能良好。原车主准备购买其他品牌的电动汽车，所以处理这辆刚刚买的新车。结合当时的市场情况，车辆评估价格为 9.65 万元左右。

12. 大众 ID.4 X 旧机动车评估

大众 ID.4 X 2021 款 Pure 纯净版旧信息见表 4-24。

大众 ID.4 X 2021 款 Pure 纯净版信息　　　　　　表 4-24

车辆基本信息			
品牌	大众	型号	ID.4 X 2021 款 Pure 纯净版
车辆类型	紧凑型 SUV	国产/进口	国产
制造厂名称	上汽大众	VIN 号	LSVUA6E49M20＊＊＊＊＊
车身颜色	银河蓝	电池种类	三元锂离子动力蓄电池
电动机类型	永磁同步	电池容量	57.3kW·h
续驶里程	402km	上牌日期	2021 年 9 月
评估日期	2023 年 9 月		
手续、规费情况			
年检到期时间	2024 年 1 月	商业险到期时间	无
交强险到期时间	2024 年 1 月	过户次数	0 次

机动车行驶证、机动车登记证、保险手续齐全,车辆可随时过户。

(1)原厂配置。

采用胎压报警装置,具有零胎压继续行驶,ABS、EBD、EBA、ASR、ESP,具有道路交通标识识别,主动制动、自动驻车、上坡辅助功能,具有倒车影像和定速巡航,GPS 导航系统,车载信息服务,导航路况信息显示,中控台有 12 英寸触控液晶屏,具有车联网,可语音控制多媒体系统、导航、电话、空调等。

(2)静态检查。

无重大事故,无火烧,无泡水,无加装改装配置。底盘无明显磨损,车身无结构性损伤,内饰干净整洁,漆面无划痕,车辆维护良好。快慢充口完好无损,电池系统外观正常,无破损。

(3)动态检查。

电机起动后转速平稳,无明显抖动,无异响;转向盘、仪表盘、各信号灯工作正常。路试后感觉提速敏捷,反映快速,噪声也不大。车在行驶过程中比较稳定,紧急制动无跑偏现象。行驶途中,车内外无异响,总体感觉此车驾驶感非常好。

(4)综合评定。

进入智能电动时代,上汽大众也保持与时代同频,推出了满足不同消费需求的纯电动车——ID.3、ID.4 CROZZ、ID.4 X、ID.6 CROZZ、ID.6 X、ID.7 VIZZION。ID. 家族上市以来,出色的驾乘表现和深厚的品质基因为其赢得用户口碑,也成为合资纯电动汽车的销冠。ID.4 X 作为年轻家庭电动出行优选,无论是座舱舒适性、灵巧驾控、续驶表现、智能驾驶辅助,还是德系品质,表现均衡无短板,非常适宜日常出行及自驾旅行等多种用车场景。此车车况与使用年限相符,维护较好。结合当时市场行情,此车评估价为 11.98 万元左右。

（四）进口汽车评估

1. 斯巴鲁 XV 旧机动车评估

斯巴鲁 XV 2012 款 2.0i 豪华版信息见表 4-25。

斯巴鲁 XV 2012 款 2.0i 豪华版信息　　　　　表 4-25

车辆基本信息			
品牌	斯巴鲁 XV	型号	2012 款 2.0i 豪华版
车辆类型	轿车	国产/进口	进口
制造厂名称	日本富士	VIN 号	JF1GP26D5CG0＊＊＊＊＊
发动机号	524＊＊＊＊	发动机型号	EJ20
车身颜色	珍珠绸缎白	燃油种类	汽油
排量/功率	2.0L	上牌日期	2012 年 10 月
评估日期	2023 年 8 月		
手续、规费情况			
年检到期时间	2023 年 10 月	商业险到期时间	无
交强险到期时间	2023 年 10 月	过户次数	0 次

机动车行驶证、机动车登记证、保险手续齐全，车辆可随时过户。

（1）原厂配置。

2.0 自动挡，中控门锁，电动门窗，电动后视镜，液压助力，ABS，EBD，助力转向，倒车影像，定速巡航系统，安全带预收紧功能、双气囊，自动空调、真皮座椅。

（2）静态检查。

此车从外表看，车身有几个面做个油漆，车底无漏油、漏水现象，发动机的清洁也不错，各油管接口也无漏油现象，无碰撞痕迹，可见无安全事故问题。车辆内部整齐，各部件位置正常，功能良好，没有发现有改动过或翻新的痕迹。备胎、千斤顶完好，轮胎刚刚换过，制动片正常，维护比较好。

（3）动态检查。

车辆起动后，发动机抖动和噪声状态基本正常，车内感觉比较舒适，空调运转正常。变速器结合动力基本正常，挡位清晰，转向准确，轮胎抓地力稳定，各部件工作基本正常，车辆制动系统工作正常，变速器状态良好。

（4）综合评定。

这是一款个性张扬的汽车，配置也比较高。作为二手车，此车手续齐全，总体车况尚佳，不过此车行驶 14 万 km，使用了 10 年以上，外观几个面补过漆，刚换四条新轮胎，内饰成色好，属于六成新的车。根据当时的行情，这款车的价格应该在 4.98 万元左右。

2. 奥迪 Q5 旧机动车评估

奥迪 Q5 2010 款 3.2FSI 运动版信息见表 4-26。

奥迪 Q5 2010 款 3.2FSI 运动版信息　　　　　　表 4-26

车辆基本信息			
品牌	奥迪	型号	2010 款 3.2FSI 运动版
车辆类型	中型 SUV	国产/进口	进口
制造厂名称	德国奥迪	VIN 号	WAUCKD8R1CA0＊＊＊＊＊
发动机号	—	发动机型号	
车身颜色	鹅卵白	燃油种类	汽油
排量/功率	3.2L	上牌日期	2011 年 12 月
评估日期	2023 年 6 月		
手续、规费情况			
年检到期时间	2023 年 12 月	商业险到期时间	无
交强险到期时间	2024 年 5 月	过户次数	0 次

机动车行驶证、机动车登记证、保险手续齐全,车辆可随时过户。

(1)原厂配置。

发动机采用铝合金缸体,AVS 两级可变正时系统,缸内直喷技术,压缩比 12.5。变速器使用 7 挡湿式双离合。采用全时四驱系统,中央差速器结构使用托森式差速器,ABS 防抱死刹车,制动力分配(EBD),制动辅助(EBA/BAS),牵引力控制系统,车身稳定控制,定速巡航系统,自适应巡航控制,前雷达和后倒车雷达,具有倒车影像。GPS 导航系统,网络互动系统,中控台液晶屏,多媒体控制系统。

(2)静态检查。

车辆整体良好,无腐蚀痕迹,内饰成色新,维修维护情况良好,轮胎成色新。车身有多处明显划痕和轻微修补痕迹;车门开合良好,开度正常,车架连接良好,焊点清晰,橡胶密封基本正常。发动机舱内线路基本正常,发动机没有明显的渗漏痕迹,水箱支架无修复痕迹,车辆常规维护部件有更换痕迹。底盘系统整体良好,悬架系统正常,制动盘片磨损正常,轮胎磨损正常,备胎没有使用过的痕迹。

(3)动态检查。

车辆点火、起步、加速、转弯、减速、制动均无问题,加速迅猛,动力输出平稳舒适,无怠速抖动。

(4)综合评定。

奥迪 Q5 是一款性价比很高的中型豪华 SUV,从上市以来,销量一直都很不错。奥迪 Q5 是一款非常平衡的车,外形很有气势,配置很有诚意,它的动力输出很稳定,通过性也很好,是一款很好的中型豪华 SUV。

该车于 2012 年 6 月登记上牌,评估时已经行驶 11 万 km,车况好,该车手续合法齐全,车辆无事故痕迹。依据当时二手车市场行情,评估该车价值为 7.98 万元左右。

3. 保时捷 Cayenne 旧机动车评估

保时捷 Cayenne 2011 款 Cayenne 3.0T 信息见表 4-27。

保时捷 Cayenne 2011 款 Cayenne 3.0T 表 4-27

车辆基本信息			
品牌	保时捷	型号	Cayenne 3.0T
车辆类型	中大型 SUV	国产/进口	进口
制造厂名称	保时捷 Porsche	VIN 号	WP1AG2923DLA＊＊＊＊＊
发动机号	M48508＊	发动机型号	M4801G
车身颜色	黑色	燃油种类	汽油
排量/功率	3.0L	上牌日期	2012 年 11 月
评估日期	2020 年 4 月		
手续、规费情况			
年检到期时间	2023 年 11 月	商业险到期时间	2023 年 11 月
交强险到期时间	2023 年 11 月	过户次数	0 次

机动车行驶证、机动车登记证、保险手续齐全，车辆可随时过户。

（1）原厂配置。

真皮多功能转向盘、换挡泊车辅助、陡坡缓降、多功能显示屏、氙气前照灯、前雾灯后雾灯、前照灯清洗装置、BOSE 环绕声音响系统、14 个扬声器、车载电话、中控台液晶屏支持MP3 等。

（2）静态检查。

车辆整体外观基本良好，左前侧翼子板有明显的碰撞修复后的痕迹，一些部件经过了更换，喷漆工艺良好，但是依然能够检测出来。整体车架连接部分良好，焊点清晰，没有碰撞修复后的变形和弯曲迹象。驾驶舱内功能部件良好，位置正常，使用方便。发动机舱内线路经过了更换，左前侧悬挂部分有修复的痕迹，左前照灯经过整体更换，发动机和变速箱没有渗漏痕迹。底盘系统中，左前侧悬挂有损伤修复痕迹，更换了新悬挂，轮胎制动车盘片磨损正常。

（3）动态检查。

车钥匙在 OD 挡发动机自行检测中，发动机故障代码显示有问题，起动后仍没有消除，悬挂驱动系统也有报警反映，根据判断估计是车辆碰撞修复后没有进行电脑的故障清除和匹配。变速器结合动力正常，行驶过程中，挡位变换比较正常，悬挂调整需要进行适当处理，在高速过程中前轮有轻微的摆动，松开转向盘的过程中车辆偏向左侧，制动性能良好，轮胎噪声较大。

（4）综合评定。

保时捷卡宴 SUV 在高端 SUV 中属于比较特殊的一款，一方面是保时捷的跑车风格，另外一方面是卡宴的外形比较独特，并没有同档次车辆常用的"宽厚"，而依然是"流线风格"，相比较 Q7、途锐等车型，这款车的价格还算不错，市场供需比较良好。

经过鉴定，这款车属于事故类型的车辆，左前侧的碰撞比较明显，造成了悬挂损伤和电脑系统的故障，修复工艺一般，需要进行适当的匹配和整备，这类车辆比正常的成交车辆价格要低一些，品牌的价值相对来讲影响着高档车的保值率，另外一点就是这款车在市场的占有率和口碑。保时捷卡宴这款车需求量不错,但是供应量不足,这类车辆的质量影响着车辆的价格,尤其是事故的影响非常明显,事故损失比较大,目前已经行驶 13 万 km,使用 10 年以上,根据当时的市场的行情分析和判断,这款车的成交价格应该在 21.8 万元左右。

4. 特斯拉 Model 3 旧机动车评估

特斯拉 Model 3 2019 款长续航后驱版旧机动车信息见表 4-28。

特斯拉 Model 3 2019 款长续航后驱版信息　　　表 4-28

车辆基本信息			
品牌	特斯拉	型号	Model 3 2019 款长续航后驱版
车辆类型	中型 SUV	国产/进口	进口
制造厂名称	特斯拉	VIN 号	5YJ3E7EA4KF3＊＊＊＊＊
车身颜色	黑色	电池种类	三元锂离子蓄电池
电动机类型	后永磁同步	电池容量	75kW·h
续航里程	600km	上牌日期	2019 年 7 月
评估日期	2023 年 7 月		
手续、规费情况			
年检到期时间	2024 年 7 月	商业险到期时间	2024 年 7 月
交强险到期时间	2024 年 7 月	过户次数	0 次

机动车行驶证、机动车登记证、保险手续齐全,车辆可随时过户。

(1)原厂配置。

采用单电机后轮驱动,具有胎压显示,自动防抱死(ABS),制动力分配(EBD/CBC),制动辅助(EBA/BAS/BA),牵引力控制(ASR/TCS/TRC),车身稳定控制(ESP/DSC/VSC),并线辅助,车道偏离预警系统,车道保持辅助系统,主动制动,自动驻车,自动泊车,全速自适应巡航。15 英寸的触控液晶屏,可语音控制多媒体系统、导航、电话、空调等。

(2)静态检查。

从外观上看,该车线条紧凑,漆面均匀而且有光泽,底盘无擦伤;前机舱盖与前照灯、左右翼子板之间的衔接非常细密;打开前机舱盖,内部清洁,无水渍;高低压线路整洁,接头连接完好。充电口没有烧蚀和氧化痕迹。属于无事故车、无泡水、无火烧车。

(3)动态检查。

动力蓄电池性能检查完好,续航显示正常,电池 SOC 显示正常,充电正常;各类电子显示仪表正常,操控屏幕完好。车辆行驶循迹性非常出色,其余各部件动态表现正常;加速过程中动力反应良好,驱动电机无异响;整体操控性良好,转向准确,车辆的制动性能正常。

(4)综合评定。

特斯拉的电动汽车具有出色的加速性能和动力,这主要归功于特斯拉先进的电动发动机技术和电池能量管理系统。随着特斯拉在上海建厂,国产特斯拉的降价,进口特斯拉的优势已经淡出。该车整体车况良好,车体骨架结构无变形扭曲、无火烧泡水痕迹、无事故痕迹。参照当时的二手车市场行情,特斯拉属于畅销电动汽车,表显里程 4.07 万 km,车辆上牌到现在虽然已经 4 年,车辆各种技术状况基本完好。由于此车整车刚过厂家质保期(4 年或 8 万 km),电池组在质保期范围内(8 年或 19 万 km),综合鉴定评估价格为 18 万元左右。

二、任务实施

(一) 现行市价法的运用

现行市价法的运用旨先必须以市场为前提,借助于参照物的市场成交价或变现价运作(该参照物与被评估车辆相同或相似)。现行市价法计算流程图如图 4-2 所示。

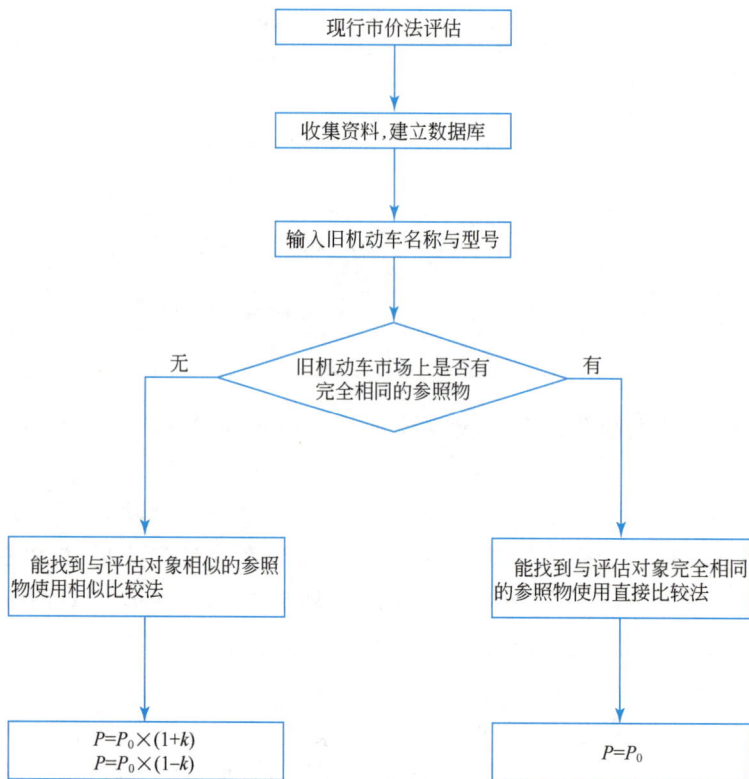

图 4-2   现行市价法计算流程图

(二) 重置成本法的具体运用

重置成本法是汽车评估中一种常用方法,它适用于继续使用的汽车评估。对在用车辆,可直接运用重置成本法进行评估,无须作较大的调整。有时运用现行市价法和收益现值法的客观条件受到一定的制约,而清算价格法仅在特定的条件下才能使用。因此,重置成本法在汽车评估中得到广泛的应用。重置成本不高的老旧车辆,可采用使用年限法估算其成新率;对于重置成本价值中等的车辆,可采用综合分析法;对于重置成本价值较高的车辆,可采用部件鉴定法和综合系数法。重置成本法计算流程图如图 4-3 所示,重置成本法成新率计算流程图如图 4-4 所示。

```
┌──────┐   ┌─────────────────────┐   ┌─────────────────────────────┐
│      │──▶│ 市面上有与待评估车品牌、型号│──▶│ R_C=新车售价S+车辆购置税T      │
│      │   │ 和配置完全相同的新车出售   │   │                             │
│      │   └─────────────────────┘   └─────────────────────────────┘
│重置成本│   ┌─────────────────────┐   ┌─────────────────────────────┐
│R_C   │──▶│ 待评估车已经停产,市场上有类│──▶│ R_C=新车售价S+车辆购置税T−     │
│计算   │   │ 似车辆出售            │   │ 单车变动成本值K               │
│      │   └─────────────────────┘   └─────────────────────────────┘
│      │   ┌─────────────────────┐   ┌─────────────────────────────┐
│      │──▶│ 市面上完全找不到与待评估车辆│──▶│ R_C=待评估车辆历史成本×        │
│      │   │ 类似的车辆            │   │ (1+物价变动系数)             │
└──────┘   └─────────────────────┘   └─────────────────────────────┘
```

$$被评估车的评估值P=重置成本R_C×成新率C \qquad T=\frac{S}{1+17\%}×10\%$$

```
┌──────┐   ┌─────────────────────┐   ┌─────────────────────────────┐   ┌──────────────┐
│      │──▶│ 重置成本不高的老旧车辆,可采用│──▶│ C=(1-已使用年限/规定使用年限)× │──▶│ 规定使用年限见表3-2 │
│      │   │ 使用年限法           │   │ 100%                        │   └──────────────┘
│成新率 │   └─────────────────────┘   └─────────────────────────────┘
│C     │   ┌─────────────────────┐   ┌─────────────────────────────┐   ┌──────────────┐
│计算   │──▶│ 重置成本价值中等的车辆,可采用│──▶│ C=(1-已使用年限/规定使用年限)× │──▶│ 调整系数见表3-6 │
│      │   │ 综合分析法           │   │ 调整系数×100%                │   └──────────────┘
│      │   └─────────────────────┘   └─────────────────────────────┘
│      │   ┌─────────────────────┐   ┌─────────────────────────────┐   ┌──────────────────┐
│      │──▶│ 重置成本价值较高的车辆,可采用│──▶│ C=部件成新率C_i×部件权重K_i    │──▶│ 部件鉴定法总成权值分配见表3-4 │
│      │   │ 技术鉴定法           │   │                             │   └──────────────────┘
└──────┘   └─────────────────────┘   └─────────────────────────────┘
```

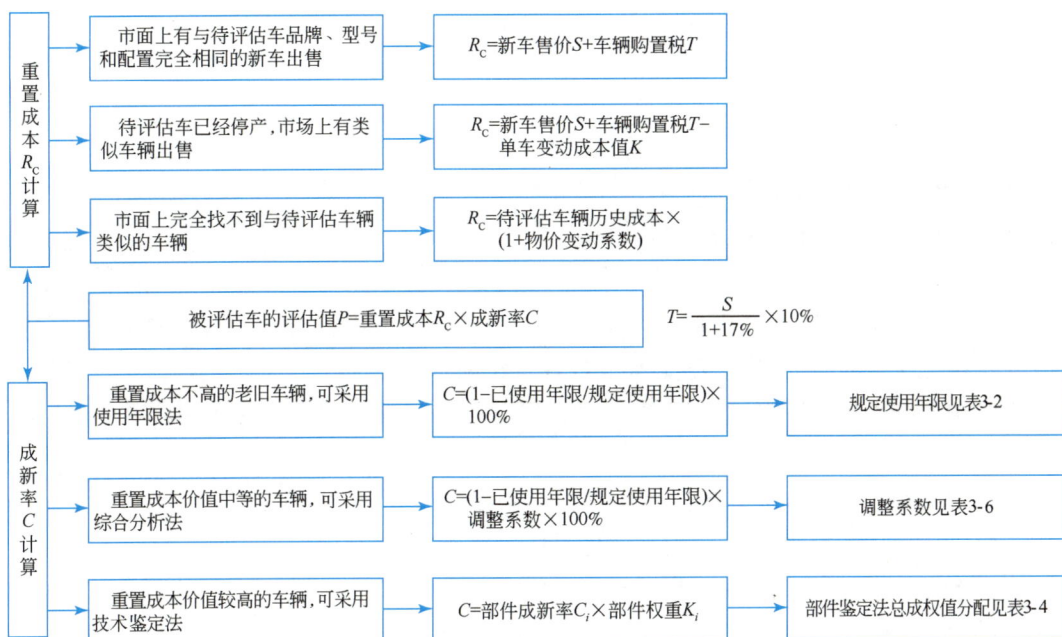

图4-3　重置成本法计算流程图

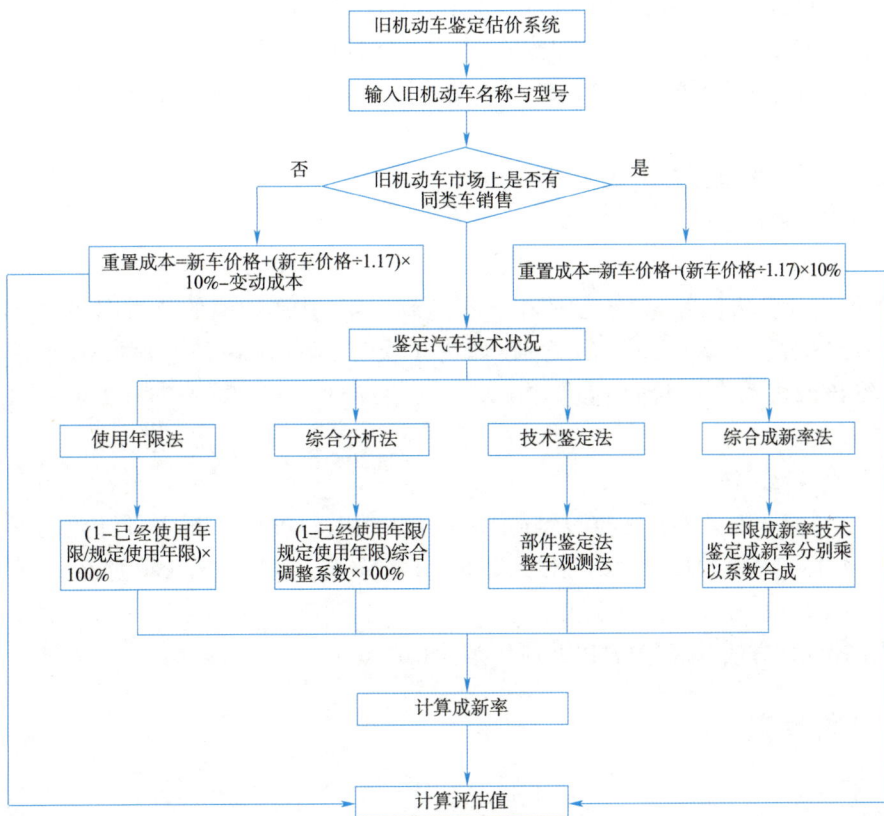

图4-4　重置成本法成新率计算流程图

（三）实训：合理选择评估方法，现场评估旧机动车

1. 训练目标与要求

（1）熟练运用现行市价法评估旧机动车；

（2）准确运用重置成本法评估旧机动车；

（3）能够利用口诀快速评估旧机动车。

2. 训练设备

（1）旧机动车4辆（燃油汽车2辆，纯电动汽车1辆，混合动力电动汽车1辆）；

（2）强光手电筒、轮胎气压表、轮胎花纹深度尺和举升设备；

（3）电脑与平板若干。

3. 训练步骤

（1）利用现行市价法对相关车辆进行评估，确定其价格；

（2）利用合适的重置成本法，对车辆进行评估定价；

（3）利用两种口诀法对车辆进行评估价格。

方法1：

可将新车使用10年报废视为100分，15%作为不折旧的固定部分为残值，其余85%为浮动折旧值。可分三个阶段：3年—4年—3年来折旧，折旧率分别为11%、10%和9%。前三年每年折11%，总折27%。然后加残值，构成了折旧值，计算为：

评估价=市场现行新车售价×［15%（不动残值）+85%（浮动值）×（分阶段折旧率）］+评估值

在实际评估中要掌握两个数据：

①当地市场新车售价；

②使用年限，如一辆目前市场售价为20万元，2000年上牌的车，2005年销售时的旧机动车价格计算方法为：该车已使用5年还剩5年，其浮动值的总折旧率，11%×3+10%×2=53%；加上现场评估出类别，如为Ⅰ类车，则需加新车价的5%（等于1万元）。最终该旧机动车的价格应为：20×［15%+85%（1-53%）］+1.0=11.99万元，约12万元。

方法2："54321"法

具体为：一辆车有效寿命为30万km，将其分为5段，每段6万km，每段价值依序为新车价的5/15、4/15、3/15、2/15、1/15，假设新车价20万元，已行驶12万km，那么，该车现价值为20万元×（3+2+1）÷15=8万元。

（4）比较评估方法，说明差异以及使用条件和特点。

三、评价反馈

1. 自我评价

（1）通过本学习任务的学习，你是否已经掌握以下问题：

①现行市价和重置成本法的具体运用。

②对国产旧机动车进行评估。

③对进口旧机动车(价格较高)进行评估。

(2)从国产和进口汽车的评估案例中学到了什么?

(3)要树立正确的质量意识,认真细致地完成车辆评估。

(4)养成工作中良好的着装习惯,展示中国工匠可信的形象,检查工作着装的规范程度。

(5)能否积极主动参与工作现场的清洁和整理工作?

(6)在完成本学习任务的过程中,你是否主动帮助过其他同学? 是否和其他同学探讨车辆具体评估的有关问题? 具体问题是什么? 结果是什么?

(7)通过本学习任务的学习,养成共同协作的好习惯,培养在学习中敢担当、能吃苦的好品质。你认为自己在哪些方面还有待进一步改善?

签名:_____   _____年___月___日

2.资讯与实施

1）资讯

（1）一般燃油车的蓄电池的寿命大约是_____，因此，在检查蓄电池时，可先注意蓄电池上的制造日期。

（2）比亚迪汽车的海洋系列有动物类海鸥、海豚、海豹；有军事类_____、_____。

（3）途观L、红旗HS5、奔驰GLC、奥迪Q5L、沃尔沃XC60、问界M5、比亚迪唐、揽胜极光、领克08、腾势N7、小鹏G6、AION（埃安）LX均是中型_____车。

（4）一般来说，家用轿车每年行驶2万~3万km左右，累积里程表过低不一定是好现象，可能是里程表被_____，称为调表车。

（5）"水货"汽车是指那些通过走私或_____的汽车。

（6）旧机动车保值率计算公式等于二手车销售价与_____的比值。

（7）保值率研究旨在反映该品牌的产品力、认知度、美誉度等综合实力，对未来开展回购、置换、租赁、金融、_____、_____等相关业务提供重要数据参考。

（8）进入智能电动时代，上汽大众也保持与时代同频，推出了满足不同消费需求的纯电动车——_____。

（9）电池出现_____；动力受损无法突破80km/h；未亏电的情况下加速变慢（运动模式）；未亏电的情况下空调无法制冷（空调舒适模式）等均说明可能电池有故障。

（10）SOC称为荷电状态，是反映电池剩余容量状况的物理量。当SOC＝0%时，表示电池_____，当SOC＝100%时，表示电池_____。

2）实施

（1）二手的国产奥迪轿车，目前大多以1999年之后推向市场的奥迪A6为主，目前一汽国产的奥迪轿车有（　　　）。

    A. A6L、A4、A4L　　　B. A4、A8、A5　　　C. Q7、S5、R8　　　D. A4、A6、TT

（2）在二手车市场中，日系车中车辆保值率都比较高，特别是（　　　），在同级别车型中，价格十分坚挺，成交量长期位居各款日系车的三甲之列。

    A. 广汽丰田凯美瑞　　　　　　　　B. 一汽丰田卡罗拉

    C. 日产公爵蓝鸟　　　　　　　　　D. 广州本田雅阁

（3）一汽大众公司旗下的汽车产品有（　　　）。

    A. 捷达、宝来、迈腾　　　　　　　B. 奔腾、速腾、开迪

    C. 波罗、速腾、迈腾　　　　　　　D. 朗逸、领驭、途安

（4）轿车累计行驶（　　　）km，其他车辆累计行驶45万km，车辆应该报废。

    A. 55万　　　　　　B. 20万　　　　　　C. 50万　　　　　　D. 60万

（5）正规进口的车辆，均应贴有中国商检特有的（　　　）标志，通常还附有中文使用手册和维护手册。

    A. COFCC　　　　　B. CCC　　　　　　C. QS　　　　　　　D. CCIB

（6）（　　　）是强制保险险种，车辆不投保（　　　）这个险种不能办理合法上路行驶手续。

    A. 不计免赔险　　　B. 交强险　　　　　C. 车损险　　　　　D. 玻璃险

（7）目前，造车新势力企业以（　　　　）汽车为代表，"主攻"新能源汽车。

A. 问界、智界和极狐　　　　　　　　B. 阿维塔、埃安和极氪

C. 蔚来、理想和小鹏　　　　　　　　D. 比亚迪、吉利和长城

（8）新能源汽车市场也涌现出长城（　　　）、北汽（　　　）以及吉利（　　　）等一系列全新品牌。

A. 问界、智界、极狐　　　　　　　　B. 坦克、埃安、极氪

C. 欧拉、极狐、几何　　　　　　　　D. 海豚、芭蕾猫、小蚂蚁

（9）技术成新率由（　　　　）、起动检查、路试检查、底盘检查、车辆功能性零部件等7个项目组成。

A. 车身外观部位、发动机舱检查、驾驶舱检查

B. 车漆检查、钣金检查、线路检查

C. 车身检查、发动机检查、电气设备检查

D. 控制单元检查、仪器仪表检查、随车附件检查

（10）对纯电动汽车的充电系统进行检查：充电功能正常，电池系统（　　　　）无渗漏。

A. 无火烧，无碰撞，无水迹　　　　　B. 充电正常，放电正常

C. 外观正常，无破损，无更换　　　　D. 原装件，铭牌清晰，无擦痕

3. 小组评价

小组评价表见表4-29。

小组评价表　　　　　　　　　　　　　　　　表4-29

序号	评价项目	评价情况
1	学习态度是否积极主动	
2	是否服从教学安排	
3	是否达到全勤	
4	着装是否符合要求	
5	是否合理规范地使用仪器和设备	
6	是否按照安全和规范的规程操作	
7	是否遵守学习、实训场地的规章制度	
8	是否积极主动地与他人合作、探讨问题	
9	是否能保持学习、实训场地整洁	
10	团结协作情况	

参与评价的同学签名：_____　　_____年___月___日

4. 教师评价

_____

_____

教师签名：_____　　_____年___月___日

学习任务5
旧机动车的交易 >>>

学习目标

知识目标

1. 知道旧机动车交易的手续与流程；
2. 知道旧机动车的置换流程与模式；
3. 了解旧机动车拍卖与流程；
4. 掌握旧机动车电商模式与交易；
5. 掌握从事旧机动车营销、评估相关的政策法规。

技能目标

1. 能够确定旧机动车的收购定价；
2. 能够完成旧机动车的交易与过户；
3. 通过信息平台，可以查找旧机动车拍卖相关信息；
4. 利用电商平台，会进行旧机动车的信息查找，会进行网上销售旧机动车。

素养目标

1. 能按照5S要求，对工具、场地进行整理；
2. 选择和使用工具合理规范，要有环保意识；
3. 培养正确的劳动态度，弘扬劳动精神、奋斗精神、奉献精神；
4. 培养正确的质量强国意识，展示中国工匠可信的形象；
5. 培养爱党报国、敬业奉献、服务人民的意识，理解"客户第一"的服务理念；
6. 养成共同协作的好习惯，培养在学习中敢担当、能吃苦的好品质；
7. 安全文明生产，保证工具、设备和自身安全。

任务描述

旧机动车评估最终是要进行交易。旧机动车经过收购，才能销售或置换，特殊条件下旧机动车可能被拍卖。评估人员在国家政策、法规允许的条件下，按照相关流程进行旧机动车的交易。

学习引导

本学习任务沿着以下脉络进行学习：

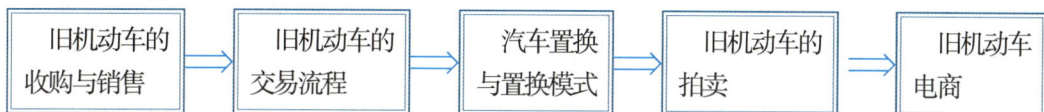

旧机动车的收购与销售 → 旧机动车的交易流程 → 汽车置换与置换模式 → 旧机动车的拍卖 → 旧机动车电商

一、相关知识

(一)旧机动车的收购与销售

价格是一个非常重要的因素,它直接影响到企业产品的销售和利润,同时也是实现企业经营目标的主要手段和策略。

1.旧机动车收购定价的影响因素

1)车辆的总体价值

旧机动车收购要充分考虑车辆的总体价值,它包括车辆实体的产品价值和各项手续的价值。

(1)车辆实体的产品价值计算公式见式(5-1)。

$$车辆实体的产品价值 = 评估价值 + 综合评定 \qquad (5-1)$$

①用鉴定估价的方法评估车辆实体的产品价值。

②根据经验结合目前市场行情综合评定。

主要评定的项目包括以下两方面。

①车身外观整齐程度,漆面质量等静态检查项目和发动机怠速声音、尾气排放情况等动态检查项目。

②配置、装饰、改装等项目也很重要,包括有无助力装置、真皮座椅、电动门窗、中控防盗锁、CD音响等;有效的改装包括动力改装、悬架系统改装、音响改装、座椅及车内装饰改装等。

(2)各项手续的价值:包括登记证、原始购车发票或交易过户票、行驶证、购置税本、车船使用费证明、车辆保险合同等。如果车辆的证件和规费凭证不全,就会影响收购价格。

2)旧机动车收购后应支出的费用

从收购到售出时限内,还要支出的费用有:保险费、日常维护费、停车费、收购支出的货币利息和其他管理费等。

旧机动车的购置费用一般包括购车费、交易增值税,带保险交易的车辆根据情况还要付相应的保险费,翻新车辆则要交相应的维护费用。

(1)支付购车费。以双方商定的价格付费,具体价格最好以专业评估为准。

(2)交易增值税。国家规定,车辆交易时收取旧机动车交易增值税,纳税范围是轿车、越野车、小客车(22座以下的面包车)、摩托车,数额为评估价格的4%,合计为6.5%(北京地区为该比例,其他城市略有差别)。

(3)保险费。保险也是直接关系到成交价格的主要因素。如果保险快要到期,在买车后,就要准备花几千元钱上车险,无形中增大了支出预算。

(4)维护翻新费用。买来旧车,自然要为其梳妆打扮一番,根据选择项目的数量和选择产品的档次进行翻新,通常这项费用为几百至几千元不等。另外,如果原车主上一次维护的时间已较长,应该立即去修理厂或维护站做维护检查,需要更换的零件应立即去更换。因为基本维护对于延长车辆使用寿命、减少维修费起着至关重要的作用。

3)市场宏观环境的变化

旧机动车收购要注意国家宏观政策、国家和地方法规的变化因素等影响导致的车辆经济性贬值。如许多地区对汽车尾气排放的要求越来越严格,自2023年7月1日起,全国范围全面实施国Ⅵ排放标准6b阶段,车辆达不到标准价格肯定下跌。

4)市场微观环境的变化

市场微观环境主要指新车价格的变动。目前价格战越打越烈,新车的价格也趋于下滑趋势,新车型的上市对旧机动车收购价格的影响很大。

5)供求关系的变化

市场的供求关系变化同样会影响收购价格。因此,旧机动车经营者应根据库存车辆的多少提高或降低收购价格。旧机动车价格的上升(或下降)会引起需求量较大幅度的减少(增加)。因此,在旧机动车的销售定价时,应该把价格定得低一些,以薄利多销达到增加盈利、服务顾客为目的。

6)品牌知名度和维修服务条件

对不同品牌的旧机动车,由于其品牌知名度和售后服务的质量不同,也会影响到收购价格。

2. 旧机动车收购定价的方法

1)以现行市价法、重置成本法的思想方法确定收购价格

由现行市价法、重置成本法对旧机动车进行鉴定估算产生的客观价格,再根据快速变现原则,估定一个折扣率,并以此确定旧机动车收购价格。如运用重置成本法估算某机动车辆价值为10万元,据市场销售情况调查,估定折扣率为20%可出售,则该车辆收购价格为8万元。

2)以清算价格的思想方法确定收购价格

清算价格的特点是企业或个人由于破产或其他原因,要求在一定的期限内将车辆变现,在企业清算之日预期出卖车辆可收回的快速变现价格,具体来说主要根据旧机动车技术状况,运用现行市价法估算其正常价值,再根据处置情况和变现要求,乘以一个折扣率,最后确定评估价格。

3)以快速折旧的思想方法确定收购价格

根据机动车辆的价值,计算折旧额来确定收购价格。年折旧额的计算方法建议采用以下两种方法。

(1)年份数求和法,具体见式(5-2)。

$$\begin{matrix}\text{机动车年}\\\text{折旧额}\end{matrix} = \begin{matrix}\text{机动车}\\\text{原值}\end{matrix} - \begin{matrix}\text{机动车}\\\text{残值}\end{matrix} \times \dfrac{\text{规定折旧年限} + 1 - \text{使用期内某一确定年限}}{\dfrac{\text{规定折旧年限} \times (\text{规定折旧年限} + 1)}{2}} \qquad (5\text{-}2)$$

（2）余额递减折旧法，具体见式（5-3）。

$$D_1 = K_0 \times a(1-a)^{t-1} \qquad (5\text{-}3)$$

式中：t——机动车在使用年限内某一确定年度；

K_0——机动车原值；

a——折旧率，$a = b \times \dfrac{1}{N}$。

N 为机动车规定的折旧年限。

当 $b = 1$ 时，$a = \dfrac{1}{N}$，为直线法的折旧率；

当 $b = 2$ 时，$a = 2 \times \dfrac{1}{N}$，称为双倍余额递减法。

常见年份法、双倍余额递减法折旧率见表 5-1。

常见年份法、双倍余额递减法折旧率　　　　　　　　　表 5-1

折旧年限	年份数求和法 $\dfrac{N+1-t}{\dfrac{N(N+1)}{2}}$			双倍余额递减法 $a = 2 \times \dfrac{1}{N}$		
N	15	10	8	15	10	8
$t=1$	$15/120=12.5\%$	$10/55=18.2\%$	$8/36=22.2\%$	$2\times1/15=13.3\%$	$2\times1/10=20\%$	$2\times1/8=25\%$
$t=2$	$14/120=11.7\%$	$9/55=16.4\%$	$7/36=19.4\%$	$2\times1/15=13.3\%$	$2\times1/10=20\%$	$2\times1/8=25\%$
$t=3$	$13/120=10.8\%$	$8/55=14.5\%$	$6/36=16.7\%$	$2\times1/15=13.3\%$	$2\times1/10=20\%$	$2\times1/8=25\%$
$t=4$	$12/120=10.0\%$	$7/55=12.7\%$	$5/36=13.9\%$	$2\times1/15=13.3\%$	$2\times1/10=20\%$	$2\times1/8=25\%$
$t=5$	$11/120=9.17\%$	$6/55=10.9\%$	$4/36=11.1\%$	$2\times1/15=13.3\%$	$2\times1/10=20\%$	$2\times1/8=25\%$
$t=6$	$10/120=8.33\%$	$5/55=0.91\%$	$3/36=0.83\%$	$2\times1/15=13.3\%$	$2\times1/10=20\%$	$2\times1/8=25\%$

3. 旧机动车收购价格的计算

1）旧机动车收购价格的确定

旧机动车收购价格的确定是指被收购车辆手续齐全的前提下对车辆实体价格的确定。

如果所缺失的手续能以货币支出补办，则收购价格应扣除补办手续的货币支出、时间和精力的成本支出。

（1）运用重置成本法。利用重置成本法对旧机动车进行鉴定估价，然后根据快速变现的原则，给出一个折扣率，将被收购车辆的估算价格乘以折扣率，即得收购价格，计算公式见式（5-4）：

$$\text{收购价格} = \text{评估价格} \times \text{折扣率} \qquad (5\text{-}4)$$

（2）运用现行市价法。利用现行市价法对旧机动车进行鉴定估价，计算公式同式（5-4）。

折扣率是指车辆能够当即出售的清算价格与现行市场价格之比值。它的确定是由经营者对市场销售情况的充分调查和了解凭经验而估算的。

（3）运用快速折旧法。首先计算出旧机动车已使用年数累计折旧额，然后，将重置成本全价减去累计折旧额，再减去车辆需要维修换件的总费用，即得旧机动车收购价格，计算公式见式（5-5）：

$$收购价格 = 重置成本全价 - 累计折旧额 - 维修费用 \tag{5-5}$$

①重置成本全价一律采用国内现行市场价格作为被收购车辆的重置成本全价。

②累计折旧额的计算方法是：先用年份数求和法或余额递减折旧法计算出年折旧额后，再将已使用年限内各年的折旧额汇总累加，即得累计折旧额。

③维修费用是指车辆现时状态下，某功能完全丧失，需要维修和换件的费用总支出。

④在快速折旧计算时，一般 K_0 值取机动车的重置成本全价，而不取机动车原值。

2）旧机动车收购定价实例

某私家车车主 2022 年 2 月急于转让一辆大众迈腾 2018 款 330TSIDSG 领先型燃油轿车，经与旧机动车交易中心洽谈，由中心收购车辆。车辆初次登记日期：2018 年 8 月，购置日期：2018 年 7 月，累计行驶里程 8.1 万 km，车况基本良好，属于无事故车、无泡水车、无火烧车。但是离合器有打滑现象，变速器挂挡有异响，转向系统有低速摆振现象，转向不灵敏，需要维修。试用快速折旧法计算收购价格。

解：根据相关资料得知，该型号的现行市场购置价为 12 万元，规定使用年限 15 年，残值忽略不计，现分别以年份数求和法及余额递减折旧法计算。这里 K_0 取机动车重置成本价 12 万元，机动车规定折旧年限 $N=15$ 年，折旧率 a 按直线折旧率 $1/N$ 的 2 倍取值，即有 $a = 2 \times 1/N = 2 \times 1/15 = 13.3\%$，$t$ 从 2018 年 8 月到 2022 年 2 月共计 4 个年度。

车辆已使用年限为 3 年 6 个月，用年份数求和法及双倍余额递减法计算折旧额分别为 48000 元（$120000 \times 12.5\% + 120000 \times 11.7\% + 120000 \times 10.8\% + 120000 \times 10\% \div 2$）和 47093 元（$41885 + 10415/2$）。

根据技术状况鉴定：离合器有打滑现象，变速器挂挡有异响，需维修费 700 元；转向系统低速有摆振现象，转向不灵敏，需维修费 1550 元；登记证书遗失，去车管所补办工本费 10 元，上述费用合计为：$700 + 1550 + 10 = 2260$（元）。

根据前述收购价格计算公式确定收购价格如下。

用年份数求和法计算收购价格为：

$$120000 - 48000 - 2260 = 69740（元）$$

用双倍余额递减法计算收购价格为：

$$120000 - 47093 - 2260 = 70647（元）$$

4. 旧机动车销售定价的目标分析

旧机动车销售定价的目标是指旧机动车流通企业通过制订价格水平，凭借价格产生的效用来达到预期目的要求。

1）获取利润目标

（1）获取预期收益目标。预期收益目标是指旧机动车流通企业以预期利润（包括预交税金）为定价基点，并以利润加上商品的完全成本构成价格出售商品，从而获取预期收益的一种定价目标。预期收益目标有长期和短期之分,大多数企业都采用长期目标。预期收益高低的确定,应当考虑商品的质量与功能、同期的银行利率、消费者对价格的反应以及企业在同类企业中的地位和在市场竞争中的实力等因素。预期收益定得过高,企业会处于市场竞争的不利地位;定得过低,又会影响企业投资的回收。一般情况下,预期收益适中,可能获得长期稳定的收益。

(2)获取最大利润目标。最大利润目标是指旧机动车流通企业在一定时期内综合考虑各种因素后,以总收入减去总成本的最大差额为基点,确定单位商品的价格,以取得最大利润的一种定价目标。最大利润是企业在一定时期内可能并准备实现的最大利润总额,而不是单位商品的最高价格。最高价格不一定能获取最大利润。当企业的产品在市场上处于绝对有利地位时,往往采取这种定价目标,它能够使企业在短期内获得高额利润。最大利润一般应以长期的总利润为目标,在个别时期,甚至允许以低于成本的价格出售,以便招徕客户。

(3)获取合理利润目标。合理利润目标是指旧机动车流通企业在补偿正常情况下的社会平均成本基础上,适当地加上一定量的利润作为商品价格,以获取正常情况下合理利润的一种定价目标。企业在自身力量不足,不能实行最大利润目标或预期收益目标时,往往采取这一定价目标。这种定价目标以稳定市场价格、避免不必要的竞争、获取长期利润为前提,因而商品价格适中,客户乐于接受,政府积极鼓励。

2)占领市场目标

以市场占有率为定价目标是一种志存高远的选择方式。市场占有率是指一定时期内某旧机动车流通企业的销售量占当地细分市场销售总量的份额。市场占有率高,意味着企业的竞争能力较强,说明企业对消费信息把握得较准确、充分。资料表明,企业利润与市场占有率正向相关。提高市场占有率是增加企业利润的有效途径。

由于企业所处的市场营销环境不同,自身条件与营销目标不同,企业定价目标也大相径庭。因此,旧机动车流通企业应在综合考虑市场环境、自身实力及经营目标的基础上,将利润目标和占领市场目标结合起来,兼顾企业的眼前利益与长远利益,来确定适当的定价目标。

5.旧机动车销售定价的方法分析

定价方法是旧机动车流通企业为了在目标市场实现定价目标,给产品制订基本价格和浮动范围的技术思路。由于成本、需求和竞争是影响企业定价的最基本因素,产品成本决定了价格的最低限,产品本身的特点,决定了需求状况,从而确定了价格的最高限,竞争者产品与价格又为定价提供了参考的基点,也因此形成了以成本、需求、竞争为导向的3大基本定价思路。

1)成本加成定价法

(1)成本加成定价法。成本加成定价法又称加额定价法、标高定价法或成本基数法,是一种应用比较普遍的定价方法。它首先确定单位产品总成本(包括单位变动成本和平均分摊的固定成本),然后在单位产品总成本基础上加上一定比例的利润从而形成产品的单位销售价格。该方法的计算公式见式(5-6):

$$单位产品价格 = 单位产品总成本 \times (1 + 成本加成率) \qquad (5-6)$$

由此可以看到,成本加成定价法的关键是成本加成率的确定。一般地说,加成率应与单位产品成本成反比,和资金周转率成反比,与需求价格弹性成反比。需求价格弹性不变时,加成率也应保持相对稳定。

(2)目标收益定价法。目标收益定价法又称投资收益率定价法,是根据企业的投资总额、预期销量和投资回收期等因素来确定价格。在产品供不应求的条件下,或产品需求的价格弹性很小的细分市场中,目标收益法具有一定的应用价值。

(3)边际成本定价法。边际成本是指每增加或减少单位产品所引起的总成本的增加或减少。采用边际成本定价法时,是以单位产品的边际成本作为定价依据和可接受价格的最低界限。在价格高于边际成本的情况下,企业出售产品的收入除完全补偿变动成本外,尚可用来补偿一部分固定成本,甚至可能提供利润。在竞争激烈的市场条件下具有极大的定价灵活性,对于有效地应对竞争、开拓新市场、调节需求的季节差异、形成最优产品组合可以发挥巨大的作用。

2)需求导向定价法

需求导向定价是以消费者的认知价值、需求强度及对价格的承受能力为依据,以市场占有率、品牌形象和最终利润为目标,真正按照有效需求来策划价格。需求导向定价法又称顾客导向定价法,是旧机动车流通企业根据市场需求状况和消费者的不同反应分别确定产品价格的一种定价方式。其特点是:平均成本相同的同一产品价格随需求变化而变化,一般是以该产品的历史价格为基础,根据市场需求变化情况,在一定的幅度内变动价格,以致同一商品可以按两种或两种以上价格销售。这种差价可以因客户的购买能力、对产品的需求情况、产品的型号和式样,以及时间、地点等因素而采用不同的形式。

3)竞争导向定价法

竞争导向定价是以企业所处的行业地位和竞争定位而制定价格的一种方法,是旧机动车流通企业根据市场竞争状况确定商品价格的一种定价方式。其特点是价格与成本和需求不发生直接关系。它主要以竞争对手的价格为基础,与竞争品价格保持一定的比例,即竞争品价格未变,即使产品成本或市场需求变动了,也应维持原价;竞争品价格变动,即使产品成本和市场需求未变,也要相应调整价格。

上述定价方法中,企业要考虑产品成本、市场需求和竞争形势,研究价格怎样适应这些因素,但在实际定价中,企业往往只能侧重于考虑某一类因素,选择某种定价方法,并通过一定的定价政策对计算结果进行修订,而成本加成定价法深受企业界欢迎,主要是由于以下原因:

(1)定价工作简化。由于成本的不确定性一般比需求的不确定性小得多,定价着眼于成本可以使定价工作大大简化,不必随时依需求情况的变化而频繁地调整,因而大大地简化了企业的定价工作。

(2)可降低价格竞争程度。只要同行业企业都采用这种定价方法,那么在成本与加成率相似的情况下,价格也大致相同,这样可以使价格竞争减至最低限度。

(3)对买卖双方都较为公平。卖方不利用买方需求量增大的优势趁机哄抬物价因而有利于买方,固定的加成率也可以使卖方获得相当稳定的投资收益。因此,我们推荐成本加成法来对旧机动车销售进行定价。

6. 旧机动车销售定价的策略分析

1）阶段定价策略

就是根据产品寿命周期各阶段不同的市场特征而采用不同的定价目标和对策。投入期以打开市场为主,成长期以获取目标利润为主,成熟期以保持市场份额、利润总量最大为主,衰退期以回笼资金为主。另外,还要兼顾不同时期的市场行情,相应修改销售价格。

2）心理定价策略

不同的消费者有不同的消费心理,有的着重经济实惠、物美价廉,有的注重名牌产品,有的注重产品的文化情感含量,有的追赶消费潮流。心理定价策略就是在补偿成本的基础上,按不同的需求心理确定价格水平和变价幅度。如尾数定价策略就是企业针对消费者的求廉心理,在旧机动车定价时有意定一个与整数有一定差额的价格。这是一种具有强烈刺激作用的心理定价策略。价格尾数的微小差别,能够明显影响消费者的购买行为,会给消费者一种经过精确计算的、最低价格的心理感觉,如某品牌的旧机动车标价 69998 元,给人以便宜的感觉,认为只要不到 7 万元就能买一辆质地不错的品牌旧机动车。

3）折扣定价策略

旧机动车流通企业在市场营销活动中,一般按照确定的目录价格或标价出售商品。但随着企业内外部环境的变化,为了促进销售者、客户更多地销售和购买本企业的产品,往往根据交易数量、付款方式等条件的不同,在价格上给销售者和客户一定的减让,这种生产者给销售者或消费者的一定程度的价格减让就是折扣。灵活运用价格折扣策略,可以鼓励需求、刺激购买,有利于企业搞活经营,提高经济效益。

4）旧机动车销售最终价格的确定

旧机动车流通企业通过以上程序制定的价格只是基本价格,只确定了价格的范围和变化的途径。为了实现定价目标,旧机动车流通企业还需要考虑国家的价格政策、客户的要求、产品的性价比、品牌价值及服务水平,应用各种灵活的定价战术对基本价格进行调整,同时将价格策略和其他营销策略结合起来,如针对不同消费心理的心理定价和让利促销的各种折扣定价等,以确定具体的最终价格。

7. 旧机动车收购中的风险分析与防范

风险是指由于客观环境的变化带来损失,从而难以实现某种目的的可能性。旧机动车收购中的风险是指由于旧机动车收购环境的变化,给旧机动车的销售带来的各种损失。

收购风险不可能完全避免,而只能通过掌握战胜风险的策略和技巧,积极化险为夷,把风险变为机会,实现成功的转化,总体原则如下:

（1）要提高识别旧机动车收购风险的能力,应随时收集、分析并研究市场环境因素变化的资料和信息,判断收购风险发生的可能性,积累经验,培养并增强对旧机动车收购风险的敏感性,及时发现或预测收购风险。

（2）要提高收购旧机动车风险的防范能力,尽可能规避风险。可通过预测风险,从而尽早采取防范措施来规避风险。在旧机动车收购工作中,要尽可能谨慎,最大限度地杜绝旧机动车收购风险发生的隐患。

（3）在无法避免的情况下，要提高处理旧机动车收购风险的能力，尽可能最大限度地降低损失，并防止引发其他负面效应和有可能派生出来的消极影响。

在旧机动车收购中的风险防范上，具体可从新车型的影响、车市频繁降价的影响、折旧加快的影响几个方面来考虑影响旧机动车收购中的风险因素及其相应的防范措施。从实际行情看，使用期限在3年以内的车辆折旧最高，使用3年的车辆往往要折旧到40%～50%，其后的几年进入了一个相对稳定的低折旧期，接近10年的车辆折旧又开始加快。所以，3年以内的车要收购的话，收购定价要考虑车辆的大幅折旧因素的影响、排放标准提高的影响、车况优劣的影响、品牌知名度的影响、库存的影响、旧机动车收购合法性的影响、宏观环境的影响。

（二）旧机动车的交易流程

1. 旧机动车的交易

因为旧机动车市场的缘故，各地的交易程序可能会有些差别，但是总的流程基本是一样的。一般来说都是：业务咨询→鉴定评估→审核收款开票→车管业务→征费运管→保险业务。

进行旧机动车交易，销车方须向旧机动车交易中心出具单位介绍信或证明信（属于个人卖车的须持居民身份证），机动车行驶证，原始购车发票，成交发票，购置附加费凭证，车船使用税"税讫"标志，保险费缴纳等凭证。

购车方须出具单位介绍信或个人身份证。工商行政管理部门根据旧机动车交易中心或有旧机动车经营权企业的交易凭证予以验证，车管部门凭此办理转籍过户手续。已经办理报废手续的各类机动车；虽未办理报废手续，但已达到报废标准或在1年时间内（含1年）即将报废的各类机动车；未经安全检测和质量检测的各类旧机动车；没有办理必备证件和手续，或者证件手续不齐全的各类旧机动车；各种盗窃车，走私车；各种非法拼、组装车；国产、进口和进口件组装的各类新机动车；右转向盘的旧机动车；国家法律、法规禁止进入经营的其他各种机动车，禁止交易。

买车前，首先要仔细检查车辆的技术状况。一定要检查车辆出厂时间、进行使用的时间和报废时间，必要时可请专业人士对车辆的使用价值和技术状况进行鉴定，也可请车辆评估鉴定人员或有一定经验的车辆维修人员进行上路试验，并作必要的部件检查，还要认识查看各种证件，查验年检、环保检测合格的证明与单据，必要时和原车主同到相关部门逐一核实。

买车后，应及时到车管部门办理过户手续；否则，买卖无效。如果车辆已确定购买，要同原车主一起到交管、运管、保险等部门办理各类证件过户手续，如果在此过程中有问题出现，等问题妥善解决好以后，再给原车主全额付款。车辆保险也要办理过户手续。我国保险条例规定，除货物运输保险的保险单或保险凭证可由投保方转让，无须征得保险方同意外，其他保险标的过户、转让或出售，事先应当面通知保险方，经保险方同意并将保险单或保险凭证批改后方为有效；否则，从保险标的过户、转让或出售时起，保险责任即行终止。此外，如果购买的是营运车辆，必须要求原车主将营运线路与停靠站牌等随车一并出售。如果是出租车则必须要有计价器、顶灯等,并且与证件上的编号相符;如果是定线营运客车,必须要与运营部门发放的线路牌编号相符。

2. 旧机动车的过户

符合交易条件的旧机动车就可以办理过户手续。以北京市场旧机动车交易过户手续为例,介绍以下4种情况的所需手续。

1)个人对个人

(1)卖方身份证原件及复印件。

(2)买方身份证原件及复印件。

(3)车辆原始购置发票或上次过户发票原件及复印件。

(4)过户车辆的机动车登记证书原件及复印件。

(5)机动车行驶证原件及复印件。

(6)机动车到场。

(7)北京市旧机动车买卖合同。

2)个人对单位

(1)卖方身份证原件及复印件。

(2)买方单位法人代码证书原件及复印件。

(3)车辆原始购置发票或上次过户发票原件及复印件。

(4)过户车辆的机动车登记证书原件及复印件。

(5)机动车行驶证原件及复印件。

(6)机动车到场。

(7)北京市旧机动车买卖合同。

3)单位对个人

(1)卖方单位法人代码证书原件及复印件。

(2)买方身份证原件及复印件。

(3)车辆原始购置发票或上次过户发票原件及复印件。

(4)卖方单位须按实际成交价格给买车个人开具成交发票(需复印)。

(5)过户车辆的机动车登记证书原件及复印件。

(6)机动车行驶证原件及复印件。

(7)机动车到场。

(8)北京市旧机动车买卖合同。

4)单位对单位

(1)卖方单位法人代码证书原件及复印件。

(2)买方单位法人代码证书原件及复印件。

(3)车辆原始购置发票或上次过户发票原件及复印件。

(4)卖方单位须按实际成交价格给买方单位开具成交发票(需复印)。

(5)过户车辆的机动车登记证书原件及复印件。

(6)机动车行驶证原件及复印件。

（7）机动车到场。

（8）北京市旧机动车买卖合同。

3. 不允许办理过户的旧机动车

（1）申请车主印章与原登记车主印章不相符的。

（2）未经批准擅自改装、改型及变更载货质量、乘员人数的。

（3）违章、肇事未处理结案的或公安机关对车辆有质疑的。

（4）达到报废年限的（对已达到报废使用年限，但车辆技术状况较好，使用性质为自用的汽车，经特殊检验合格后，在达到报废使用年限后两年内，准予申办过户登记，但不准转籍）。

（5）未参加定期检验或检验不合格的。

（6）新车入户不足3个月的（进口汽车初次登记后不满两年的，但法院判决的除外）。

（7）人民法院通知冻结或抵押期未满的。

（8）属控购车辆无《申报牌照证明章》的。

（9）进口汽车属海关监管期内，未解除监管的。

（三）汽车置换与置换模式

目前消费者处理自己的旧机动车有三个途径，一是卖给朋友，这种方式一般碍于面子，卖车价格往往低于市场价格；二是卖给旧机动车市场的经纪公司，价格可能比较合理，但是消费者很难把全车手续交给一个陌生的人；三是通过厂家品牌置换业务处理旧机动车，卖旧换新同步进行，目前这种方式已经逐渐被众多消费者接受。

置换业务源自海外，强调的是旧物品（或次一等，较差的）与新物品（较好的）进行交换。这种交换的不等价性由置换方给予差额补贴。汽车置换，顾名思义就是不同于以往的旧机动车市场经济公司的业务，而是消费者用旧机动车的评估价值加上另行支付的车款从品牌经销商处购买新车的业务。由于这些厂商良好的信誉和优质的服务，并且能够给参与置换业务的消费者带来信任感和更加透明、安全、便利的服务，所以现在越来越多想换新车的消费者都在选择这一新兴的业务。

狭义上来说，汽车置换就是以旧换新业务。经销商通过旧机动车的收购与其旧车或新车的对等销售获取利益。广义的汽车置换概念则是指在以旧换新业务基础上，还同时兼容旧机动车整新、跟踪服务及旧机动车在销售乃至折抵分期付款等项目的一系列业务组合，从而使之成为一种有机而独立的营销方式。

1. 我国汽车置换的产生背景

（1）地区经济差异使不同地区的旧机动车表现出了不同的剩余价值。一辆经济发达城市淘汰下来的旧机动车，在经济欠发达地区可能成为抢手货。

（2）自1995年下半年开始，经过2年左右时间，中国汽车市场完成从卖方市场到买方市场的根本转变，已基本形成生产能力大于销售能力，而销售能力又大于现实市场需求的竞争态势。自1997的下半年以来，国内轿车市场呈现多元化全面竞争态势，竞争形式变化多样：从贯穿于整车、配件两大市场的价格战，到越演越烈的产品战、广告战、新闻战，以及目前激战正酣的服务战,各轿车厂商均在有限的市场中争夺最大的市场发展空间。在此基础上,销售方式也层出不穷,同时,各大汽车厂商普遍认为,当前轿车进入家庭的关键问题是相对较高的新车价格与相对低下的消费能力的矛盾。厂商希望借汽车置换刺激需求,打出一片新天地。

(3)我国消费者市场对汽车置换业务的需求。目前我国消费者市场对汽车置换业务的需求主要有以下几点原因。

①人均收入逐年增长,富裕人群增加。目前北京、上海、广州等城市已经达到了汽车基本消费标准,一些企业中高层领导、外企合资企业白领、私营业者等阶层的年收入逐年增加。这些人都是稳定的换车群体。

②新车性价比良好,消费刺激带动换车热潮。汽车厂家的激烈竞争给市场带来了更多更好的车型,更便宜的价格和更完善的服务,一些汽车消费者明显感觉到现在买车比过去要"值",所以很多车主开始甚至是经常换车。

③不稳定收入群体换车成为家常便饭。如今国内大城市的消费群体构成比较复杂,其中就有一些是外来淘金人员。这些人在赚钱的时候购买汽车作为商务用途,需要现金投资的时候则出售车辆进行周转,所以这一部分人成为现阶段最大的换车消费群。

④汽车环保和经济性刺激换车需求。开展汽车置换业务可以加强经济发达地区的车辆更新速度,同时刺激市场对车辆的需求,是满足特定消费市场,进一步提高市场占有率的重要手段。而且,作为置换业务商品之一的旧机动车可以在某种程度上调和高车价与低收入之间的矛盾,使其成为轿车真正进入家庭的前奏。《汽车产业政策》也明确提出,鼓励旧机动车流通,在经营模式上进行改革,给予了多家国内汽车生产厂旧机动车经营权,从政策上鼓励了汽车置换业务的发展。

(4)置换的目的。

①开展汽车置换业务可以加强经济发达地区的车辆更新速度,同时刺激市场对车辆的需求,是满足特定消费市场、进一步提高市场占有率的重要手段。

②作为置换业务商品之一的旧机动车可以在某种程度上调和高车价与低收入之间的矛盾,使其成为轿车真正进入家庭的前奏。

③相关业务利润丰厚也是置换业务产生的重要原因之一。

(5)汽车置换市场形成的必然性。地区经济差异使不同地区商品消费者剩余不同。一辆在经济发达城市淘汰下来的旧机动车在经济欠发达地区可能成为炙手可热的抢手货。两地的消费水准不同,导致同样商品在不同消费者群中具有不同的消费者剩余。这种消费者剩余的差异,直接导致地区间供求关系的转化与价格差。在置换市场形成以前,有大批自由的中介人充当沟通旧机动车供求双方的中间灰色市场,而且收入颇丰,在某些市场甚至形成行会。这固然说明旧机动车市场有待加强管理疏导,同时也说明了这一市场具有广阔的发展潜力。

大的汽车生产厂商为提高各自市场占有率,对置换业务给予政策扶持。汽车置换业务在中国市场诞生的那一刻起,就作为整车新车市场的一个辅助市场和竞争手段。从根本上讲,当前置换的主要任务还是加快车辆更新周期,刺激新车消费。这和国外市场的经营宗旨是有所区别的,因而具有现阶段鲜明的中国特色。从另一方面讲,各大汽车生产厂商为扶持这一新市场,也给予了特殊照顾。无论是车辆供应品种、资金配套、储运分流,还是其他相关的广告宣传,生产商给予的关怀可谓无微不至。这也是置换业务能在竞争日趋白热化的汽车市场获得生存并在短时间内打开局面的一个重要原因。

相关业务利润丰厚是置换业务产生的重要原因之一。除了后援公司的支持之外,汽车置换业务自身就有很大盈利因素。且不论信息不均衡所产生的地区车价差,单旧机动车交易与新车置换过程中收取的手续费、交易费等,也会给从业者带来丰厚的利润,更何况随着业务的发展,置换业务将不再满足旧车收购后的简单再销售,而是着眼于车辆收购、整新、办证等一条龙服务。因此,随着置换规模的形成,其所产生的利润更为可观。

2. 汽车置换的基本原则

旧机动车进行置换时应考虑以下几项原则。

1)对在用车辆不满意

一些消费者在购买之前没有对车辆进行全方面的了解,等到使用了一段时间之后,才发现并不喜欢这辆车。例如,车的内部空间不合适、动力不够强劲、油耗高等都有可能成为放弃该车的理由。当市场上有了自己比较合适的车型时,就可以用原来的车来置换新车。

2)尽量不要选择同档次车型

如果您对自己的车不是很满意,在置换的时候最好要选择更高一个档次的车型。例如若对富康的驾驶感觉不满意,置换一辆捷达恐怕也改变不了多少。更高档次车型当然会给您带来更好的享受,随着生活品质的提高,所开车辆的感觉也应该有所改变。

3)货款车可以置换

如果您置换新车时希望贷款购买,那么您的旧车可以抵作首付款,差额费用则按贷款办理。若旧车评估的价格不足以抵付首付款,还要用现金补齐。如果原有旧车的贷款还未还清,那么有些经销商可以预先垫付所差的贷款,其款项可以折合到新车的款项当中。

4)新车可以用原来的"牌"

置换新车后如果还想继续使用原来旧车的牌照,则需要办理原车退牌、新车上牌的手续,这些业务许多4S店的经销商也可以帮助办理。但部分地区"保留原牌"费用很高,所以要考虑周全。以北京为例,保留一辆夏利的车牌有时竟高达4万元,得不偿失。

3. 我国汽车置换的发展现状

在产销矛盾与市场压力的双重作用下,1997年下半年,以国内第一家专业汽车置换公司——上海汽车工业机动车置换有限公司的成立为标志,中国的汽车置换业务正式产生。从2004年下半年开始,汽车置换业务已逐渐形成规模,成为促进新车销量的新的销售模式。

1)国内汽车公司的旧机动车品牌

继上海通用汽车率先进入旧机动车领域后,上海大众、一汽大众、东风日产等厂家也纷纷进军旧机动车市场。

表5-2为各汽车公司旧机动车品牌。

汽车公司的旧机动车品牌   表 5-2

序号	汽车公司	旧机动车品牌	备注
1	上海通用	诚新二手车	2002 年推出,从 2004 年 8 月 26 日覆盖全国 26 个省、46 个城市
2	东风日产	认证二手车	从 2003 年开始,目前超过 100 家的认证二手车网点
3	上汽大众	特选二手车	在 2003 年 11 月推出
4	一汽大众	认证二手车	2004 年 8 月 28 日宣布进军旧机动车业务
5	一汽丰田	安心二手车	始于 2005 年,2007 年开始推出 smile 旧机动车业务,发展至今,一汽丰田的旧机动车置换认定店已达到 317 家,而 smile 认定店也有 42 家
6	东风悦达起亚	至诚旧机动车	2006 年初正式推出"起亚 – 至诚二手车"业务
7	华晨宝马	尊选二手车	早在 2003 年就在全球推出尊选二手车业务,到了 2006 年进入了中国市场
8	东风标致	诚狮二手车	东风标致经过法国标致授权获得其标识的使用权,2006 年结合中国国情选择"诚狮"作为旧机动车业务的品牌名称
9	广州本田	喜悦二手车	广汽本田的喜悦二手车品牌在 2007 年就已发布
10	东风雪铁龙	"龙信"品牌	2008 年 9 月,东风雪铁龙在第十一届成都国际汽车展览会上正式发布了旧机动车业务品牌"龙信",并率先在北京、上海、武汉、成都、深圳五地全面启用
11	奔驰	星睿二手车	奔驰国内的星睿二手车业务始于 2009 年 11 月
12	一汽奥迪	品荐二手车	奥迪的旧机动车业务始于 2004 年,"品荐二手车品牌"于 2009 年 11 月正式发布
13	广汽丰田	心悦二手车	2011 年 9 月 20 日,广汽丰田"心悦二手车"品牌在广州正式发布。同时也宣布了广汽丰田正式进军旧机动车市场
14	东风本田	心誉二手车	东风本田的心誉二手车品牌 2012 年 5 月发布
15	北京现代	首选二手车	2009 年 4 月,现代首选二手车经营有限公司由北京汽车投资有限公司、现代汽车(中国)投资有限公司、北京现代汽车有限公司共同出资建立,是中国旧机动车市场为数不多的具有大批量置换、收购、整备、翻新、过户、转籍、销售、租赁资质,同时具有新车销售功能的专业化旧机动车经营公司
16	大众汽车	Das Welt Auto	Das Welt Auto 是大众汽车于 2010 年 6 月推出的旧机动车品牌,目前已在德国、日本、英国、意大利等 23 个国家落地,其中德国已有 600 余家特许经销店。2013 年这一全球品牌正式进入中国
17	保时捷(中国)	认可易手车	2012 年,保时捷推出"认可易手车"。2/3 以上的保时捷在路上驰骋,其中不乏保时捷认可易手车
18	长安福特	认证二手车	2013 年,长安福特在全国的授权旧机动车经销商提供以"交易安心、手续放心、价格舒心、礼品悦心"为理念的"四心"置换服务
19	雷克萨斯	认证二手车	2013 年 4 月,LEXUS 雷克萨斯中国正式推出"认证二手车"品牌,为消费者提供"悉心甄选、原厂保证"的旧机动车销售和售后服务
20	比亚迪	精诚二手车	2013 年,比亚迪推出"精诚旧机动车"。从以前单纯的置换拓展到收购、置换、代售、认证、销售各个领域,涵盖旧机动车市场所有业务

2）国内汽车置换的发展前景

随着国家经济发展，尤其是经济发展重心已经逐渐从沿海向内地省份转移，中西部大开发战略实施必将减少地区间的经济差异，经济趋于同化是不可逆转的趋势。总之，机动车置换业务是顺应汽车市场激烈竞争和市场需求多样化的必然产物，是促进和发展汽车流通产业的必然趋势。

除了置换业务目的不同之外，在国内开展车辆置换业务的许多客观经营条件如相关法律法规、税制收费政策的制定和完善，旧机动车市场经营、消费环境，旧机动车残余价值评估制度的建立和运作，乃至大众消费者的消费心态等，与发达国家相比，还存在着很大一段距离。有关资料显示，美国作为世界上最大的汽车消费国，近年来每年的汽车交易量都在5000万辆以上，其中各种车型的旧机动车交易占了3/4，总体上看，其旧机动车交易的特点是量大而利厚。事实上，美国的旧机动车交易程序和制度在30多年来有了很大的发展和完善，不仅采用电脑评估等手段来对旧机动车车况进行细致的盘查，让消费者了解到准确真实的交易信息，还通过建立旧机动车品牌专卖制度、允许一定时间内的试驾等手段，使消费者大大提高消费信心；一些汽车制造商出于维护自身品牌形象，也为本公司品牌的旧机动车提供一定时间的质量保证。这些措施大大促进了美国旧机动车交易的发展。此外，旧机动车市场的兴旺，加快了汽车的流通和更换，又进一步推动新车的买卖和汽车租赁等相关行业的发展。

4. 国内主要汽车置换运作模式

从目前国内汽车市场来看，汽车品牌置换大致有以下4种模式。

(1)用本厂旧机动车置换新车(即以旧换新)。如汽车生产厂家为上汽大众，车主可将旧桑塔纳轿车折价卖给上汽大众4S店，再买一辆上汽大众生产的新的汽车。

(2)用本品牌旧机动车置换新车。如品牌为"大众"，假如帕萨特旧机动车车主喜欢购买斯柯达明锐，那么，他可以去任何一家"大众"4S店置换到一辆自己喜欢的斯柯达明锐新车。

(3)只要购买本厂生产的新车，置换的旧机动车不限品牌。

(4)委托寄售方式主要分为3种类型。

①自行定价型，即由消费者自行定价，委托商家代卖，等到成交后再支付佣金。

②两次付款型，由商家先支付部分费用，等到成交后再付余款。佣金以利润比例来定。

③周期寄卖型，其方式是由商家向车主承诺交易周期，车价由双方共同确定，而佣金则以成交时间和成交金额双重标准来定。

车辆更新对于车主来说是一个烦琐的过程。首先要到旧机动车市场把车卖掉，这其中要经历了解市场行情，咨询旧机动车价格，与旧机动车经纪公司讨价还价直至成交，办理各种手续和等待回款，至少要好几天，等拿到钱后再到新车市场买新车，又是一番周折。对于车主来说，更新一部车比买新车麻烦得多。在生活节奏日益加快的今天，人们期盼能否有一种便捷的以旧换新业务，使他们在自由选择新车的同时，很方便地处理要更新的旧车。因此，具有汽车置换资质的经销商作为中介的重要作用就显现出来。

5.汽车置换授权经销商

汽车置换授权经销商是我国汽车置换运作的中介主体。汽车置换授权经销商的车辆置换服务将消费者淘汰旧车和购买新车的过程结合在一起,一次完成甚至一站完成,为客户解决了先要卖掉旧车再去购买新车的麻烦。目前,我国汽车品牌授权经销商以及品牌4S店旧机动车置换服务具有以下特点。

(1)打破车型置换。汽车置换授权经销商对所要置换的旧车以及选择购买的新车,都没有品牌及车型的限制,可以任意置换,满足消费者的不同需求。

(2)让利增值置换。汽车置换授权经销商将车辆置换作为客户购买新车的一项增值服务,通常是以旧机动车交易市场旧机动车收购的最高价格甚至高出收购的价格,确定旧机动车价格,经双方认可后,置换旧机动车的钱款直接冲抵新车的价格。

(3)"全程一对一"置换。从旧车定价、过户手续,到新车贷款、购买、保险、牌照等过程全部由授权经销商完成,保证效率和服务水准。

(4)完善的售后服务。提供包括保险、救援、替换车、异地租车等服务在内的完善的售后服务。有的还提供更加个性化的车辆保值回购计划,解除客户后顾之忧。

顾客通过置换购买的新车,汽车置换授权经销商将提供包括保险、救援、替换车、异地租车等服务在内的完善的售后服务。对于符合条件的顾客,汽车置换授权经销商还提供更加个性化的车辆保值回购计划,使客户可以无需考虑再次更新时的车辆残值,安心使用车辆。

6.4S店旧机动车置换的主要优势

从2004年开始,大多数汽车厂家纷纷推出旧机动车置换服务。4S店做旧机动车业务优势如下。

1)具有品牌车源支撑的优势

汽车授权经销商经销一定的汽车品牌,具有同一品牌汽车的不同车型,通过旧机动车跨品牌置换,可以扩大新车销售。

2)具有品牌形象的优势

由于是正规的4S店全程操作,信誉度和可靠性高,车主只需提供该车的相关手续,一切手续都由4S店办理,省去很多麻烦,而且这部分费用大多由4S店来承担。加之因为4S店有自己的检测和维修设备,而且有专业评估师,所以对车况的评估和价格的核算比较透明,可信度高。

3)有售后服务的优势

汽车厂家对置换的旧机动车均制定出了质量认证标准,对售后维修服务也有承诺。以蔚来认证二手车为例,你购买的蔚来官方认证的二手车在无发生交通事故或其他原因导致车辆损伤的情况下,车辆交付日起7日内可联系二手车顾问申请退换服务。自你购买的官方二手车交付日起算,但若同车作为新车开票后未满3年且行驶未满12万km,你将首先在该剩余期间享受额外的同等质量保障服务;终身免费24小时道路救援的服务。

7.认证二手车

与新车交易相比,旧机动车市场存在很多不透明的地方,旧机动车评估本身就比较复杂,加上旧机动车交易又是"一旦售出,后果自理",所以在购买旧机动车的时候,大部分的消费者并不信任卖家。为了保障交易双方权益，减少纠纷，国外汽车厂商从20世纪90年代就开始对汽车进行质量认证，我国的汽车厂商也开始进行这一业务。

1）认证的基本概念

（1）经汽车厂商授权的汽车经销商将收上来的该品牌旧机动车进行一系列检测、维修之后，使该车成为经品牌认证的车辆，销售出去之后可以给予一定的质量担保和品质保证，这一过程通称为认证。

（2）认证方案项目一般包括：合格的质量要求、严格的检测标准、质量改进保证、过户保证以及比照新车销售推出的送货方案，一些大公司开展的认证还包括提供与新车一样利率的购车贷款。通过认证，客户和经销商双方都从中得到了实惠。首先，客户对自己购买旧机动车的心态更加趋于平和，相应地，经销商也实现了认证车辆的溢价销售，而且，客户再不会有车刚到手就发生故障的经历，经销商也不必再面对恼怒客户的争吵。

2）旧机动车认证的发展历程

（1）第一阶段：1990—1995年。

20世纪90年代开始盛行的汽车租赁业派生出了今天的旧机动车认证方案。汽车厂家意识到：租赁业的繁荣同时也意味着车龄为2年、3年和4年的旧机动车数量的大幅增长，甚至由此还衍生出一个新的车型类别——"半新车"。为了促进今后源源不断流向旧机动车市场的租赁到期车的销售，汽车生产厂家加强了旧机动车认证方案的开展。他们的初衷是要吸引更多的购买者，同时，还要让客户心甘情愿为经过检测、修复并附有保证书的旧机动车多花钱。经销商在汽车修复上花的钱越多，那么客户肯出的价钱就越高。

在美国，认证车的修复成本要比其他的旧机动车高100~200美元。据克莱斯勒公司的研究数据显示，有53%的轿车购买者愿意为认证车出更高的价钱。多林（Dolling）公司一份2001年的研究报告也指出：50%接受调查的美国人觉得花2万美元买一辆较高档次的旧机动车比花同样的价钱买一辆新车划算。据说一些经销商可以从一辆认证旧机动车上获得1200多美元的毛利润。

梅赛德斯—奔驰美国公司于1989年在美国推出了"星级认证方案"。福特汽车公司也从1994年开始了他们的旧机动车"质量认证方案"，捷豹和土星于1995年推出了他们的认证方案，丰田和通用也于1996年加入了此类活动的行列。

旧机动车销售培训公司早在20世纪90年代中期就开始帮助丰田培训其经销商如何正确地销售旧机动车，随后在1996年推出了一项主要的认证方案。现在，83%的丰田经销商参与了这个项目的实施。

（2）第二阶段：2000年初至今。

20世纪90年代末以及2000年初，汽车厂家发现大量合同到期租赁车的残值比最初估计的要低得多，为了解决每年近330万辆租赁车积压的资金损失，汽车厂家又重新开始设计并强化他们的旧机动车认证方案。

首先，他们不得不考虑经销商的加盟。2000年4月，福特成立了一个由经销商组成的委员会，开始开发更有说服力的认证方案。当年10月，在得克萨斯和佛罗里达进行"试点"；最后的认证形式是在2001年1—3月间展开的，4月16日正式在全国范围内推出。从而，福特的认证车客户享有与新车客户一样的待遇,一样的送货程序,包括满箱的汽油。福特还加强了质量保证,并提供更具吸引力的路边援助包,连同该车历史档案一起交给客户。对经销商,福特改善了认证方案中的终端管理方式,主要以网站为基础,减少书面交流,福特还为认证方案推出了有竞争力的广告宣传。至2001年8月,约1000个福特经销商开始实施旧机动车认证。

福特的这套"质量检测认证方案"已连续进行多年。为了使经销商从中尝到甜头,汽车厂家简化了销售担保内容,并将注册登记费降到499美元,取消了1000美元的旧机动车更新费用。为吸引购买者,通用在2001年7月开展为其认证车提供与新车利率相当的6.9%购车贷款活动。依据一份跟踪调查显示,46%的经销商经营旧机动车的毛利润有所上升,45%的被调查者称,他们的毛利润提高了近500美元/辆。

旧机动车认证方案的实施极大地促进了品牌旧机动车的交易。2001年,丰田汽车美国销售公司的认证旧机动车的销量几乎月月创纪录,2001年全年售出17000辆。自1996年以来,该公司认证车的销量已突破100万辆。本田公司的认证方案连续3年被评选为最佳方案,通用2001年的认证车的销量也接近6万辆,是2000年同期的2倍。根据权威机构的调查统计,全美2001年5月的旧机动车销量上升到了38.7万辆。由于私人交易形式的增加,实际授权经销商的旧机动车销量比2008年同期下降了6.2%。不过总的来说,旧机动车的销售收入总额上升了1.7%,毛利润上升了3.1%,这说明,经销商经营的旧机动车价格和利润比往年均有提高,部分原因是由于认证方案的推出。

到现在为止,在很多国家,认证旧机动车已经成为市场的主流。通用、福特、克莱斯勒、奔驰、宝马等大型公司都与经销商一起推出各自的旧机动车认证体系。

3)旧机动车认证

目前,我国所有的汽车企业均开展了旧机动车认证业务,这其中以上汽通用公司、一汽大众公司、上汽大众公司、广汽本田、比亚迪汽车、一汽奥迪、一汽丰田为代表。

新能源汽车厂家也推出认证二手车服务。小鹏汽车认证二手车,秉持"智享新生"的品牌理念,致力打造智能化、高品质的二手车交易服务体验;蔚来认证二手车统一交付标准,使用原厂配件整备+德国SONAX车辆翻新技术+软硬件升级,将传统的"非标品"二手车变成官方认证"标品"。蔚来官方二手车电池可充可换可升级,打破传统上电池对续航里程的限制,车辆可"进化"。

(1)上汽通用汽车公司的旧机动车认证。

上汽通用汽车认证的旧机动车要经过多道程序的严格筛选,认证的旧机动车有自己统一的品牌,是和诚信谐音的"诚新"。诚新二手车通过认证,并打上这个牌子的旧机动车要达到以下条件:首先是无法律纠纷,非事故车,无泡水经历,其次使用不超过5年,行驶10万km以内;原来用途不是用于营运和租赁。

上汽通用的旧机动车认证有七大类188项的专业检测(表5-3)。基本囊括整个汽车的零配件,通过33项的鉴定,188项的专业检测筛选的旧机动车,经过整修,再进行专业维修,全部合格后才能获得上海通用公司的认证书,经认证过的别克、雪佛兰1年/3万km(凯迪拉克1年不限里程)的质量保证,在质保期间,如果车辆出现质量问题,客户可以在全国联网的品牌专业维修店获得免费修理和零配件更换。

诚新二手车七大类 188 项检测项目　　　　　　　　　　　表 5-3

1. 车辆历史 5 项	2. 新能源部件检查 5 项
车辆是否仍在新车质保期内	蓄电池组控制器
车辆使用手册及保修维护手册是否齐全	电机控制器
车辆召回历史查询	整车控制器
车辆维修历史记录报告查询	电机
车辆维护记录查询	高压蓄电池组
3. 车辆外部检查 32 项	**4. 发动机机舱内部检查 39 项**
中网隔栅防护罩	机盖铰链/撑杆检查
车身标志	机盖锁扣检查
发动机舱盖（表面油漆）	内侧隔音垫检查
前保险杠（油漆表面、装饰保护件）	机舱饰盖检查
前后雷达摄像头	视觉观察（遗失/缺损配件，商标，标志铭牌）
前风窗玻璃	水箱框架
刮水器	左前上纵梁
前照灯	右前上纵梁
雾灯	左前避振器支架内衬板
左前翼子板（油漆表面、装饰保护件）	右前避振器支架内衬板
轮胎品牌及尺寸	前围板（引擎室隔板）
轮毂	发动机机油液检查
轮罩及气门	离合器油液检查
立柱及门框左右反光镜（玻璃）	变速器油液检查
转向灯	制动油液检查
左前门（油漆表面、装饰保护件）	转向机油液检查
车身密封条	冷却液检查
车窗玻璃	玻璃清洗液检查
车身地板	冷却液管路检查
左后门（油漆表面、装饰保护件）	制动液管路检查
左后翼子板（油漆表面、装饰保护件）	动力转向油路检查
尾灯	汽油油路检查
后保险杠（油漆表面、装饰保护件）	真空管路检查
行李舱盖	油气循环系统管路检查
后风窗玻璃	空调系统管路检查
高位后组合灯	点火系统（火花塞，点火线圈）检查
右后翼子板（油漆表面、装饰保护件）	电路系统（各类线束及插头）检查
右后门（油漆表面、装饰保护件）	熔断丝盒检查
右前门（油漆表面、装饰保护件）	蓄电池电量检查
右前翼子板（油漆表面、装饰保护件）	蓄电池桩头清洁及紧固检查
车顶及行李架/天线	涡轮增压系统
天窗玻璃	散热器检查
	冷凝器检查
	冷却风扇检查
	皮带（张紧轮）检查
	制动主缸检查
	真空助力器检查
	动力转向泵检查
	空调压缩机检查

5. 车辆底盘检查 29 项	6. 车辆路试检查 25 项
目视检查(车身,车身底部)	
车架前付梁检查	
左前纵梁	冷车起动性能检查
右前纵梁	踏板行程检查
车身地板	转向间隙检查
车身地板各纵梁及横梁	挂挡情况检查
左后纵梁	怠速热车性能检查
右后纵梁	从 0~100km/h 性能检查
发动机变速器底部检查	转向系统检查
前避振器检查	换挡情况检查
驱动半轴检查	倒挡行驶性能检查
前轮轴承检查	制动系统检查
前悬挂部件检查(稳定杆/平衡杆)	驻车功能检查
转向机检查	排气状况检查
转向拉杆检查	电脑故障检测
前制动片检查	导航功能
前制动盘检查	定速巡航功能
前制动轮缸检查	泊车辅助功能
前制动油管检查	Start/Stop 智能起停
驱动轴及后减速器检查	安全带提醒功能检查
油箱及油管检查	转向灯随车转向功能检查
炭罐及管路检查	坡道起步辅助
排气管总成检查	变道盲区辅助提醒功能
后避振器检查	车道偏离警告/车道保持辅助系统
后悬挂部件检查(稳定杆/平衡杆)	胎压监控系统检测
后制动片检查	倒车影像
后制动盘检查	探测雷达检测
后制动轮缸检查	
后制动油管检查	

7. 车辆内部检查(行李舱)53 项	
钥匙/遥控器是否齐全	车窗开闭功能检查
钥匙/遥控器功能检查	天窗遮阳板功能检查
无钥匙进入系统功能检查	遮阳板及遮阳帘功能检查
报警/防盗功能检查	转向盘(表面)
车辆起动功能检查	转向盘控制功能检查
座椅检查(表面)	转向盘调节功能检查
座椅记忆功能检查	汽车喇叭检查
座椅调节功能检查	仪表显示功能检查
座椅通风加热功能检查	影音娱乐功能检查
安全带及功能检查	空调控制按钮功能检查

儿童安全座椅接口检查	空调制冷及加热功能检查
后排儿童安全锁功能检查	空调出风口检查
车门开闭功能检查	点烟器及电源接口检查
发动机舱盖/行李舱盖/油箱盖开闭功能检查	On star 功能检查
反光镜及后视镜功能检查	后排控制面板功能检查
前照灯开关功能检查	内饰及地毯检查
前照灯自动开启功能检查	仪表台表面
前照灯变光功能检查	异味
雾灯开关功能检查	储物箱（盒）检查
转向灯开关功能检查	备胎检查
警告灯开关功能检查	车辆千斤顶和工具套装
后组合灯开关功能检查	轮胎充气工具包
室内灯光功能检查	行李舱照明功能检查
化妆镜灯光功能检查	备胎箱地板
前照灯清洗功能检查	左后避振器支架内衬板
刮水器及功能检查	右后避振器支架内衬板
	后围板

（2）上汽大众的旧机动车认证。

上汽大众秉承保证、信任、可靠、透明的品牌理念，严格按照 133 项高标准检测，让每一辆上汽大众官方认证二手车都犹如新生，所有上汽大众官方认证二手车都是享有上汽大众原厂质量保证的精选车源。认证二手车证书如图 5-1 所示。

8. 汽车置换的服务程序

汽车置换包括旧车出售和新车购买两个环节。不同的汽车置换授权经销商对汽车置换流程的规定不完全一样，上汽大众汽车置换流程如图 5-2 所示。

国内一般汽车置换程序如下。

（1）客户通过电话或直接到汽车置换授权经销商处进行咨询，也可以登录汽车置换授权经销商的网站进行置换登记。

（2）汽车评估定价。

（3）汽车置换授权经销商销售顾问陪同选订新车。

（4）签订旧车购销协议以及置换协议。

（5）置换旧车的钱款直接冲抵新车的车款，客户补足新车差价后，办理提车手续，或由汽车置换授权经销商的销售顾问协助在指定的经销商处提取所订车辆，汽车置换授权经销商提供一条龙服务。

（6）客户如需贷款购新车，则置换旧车的钱款作为新车的首付款，汽车置换授权经销商为客户办理购车贷款手续，建立提供因汽车消费信贷所产生的资信管理服务，并建立个人资信数据库。

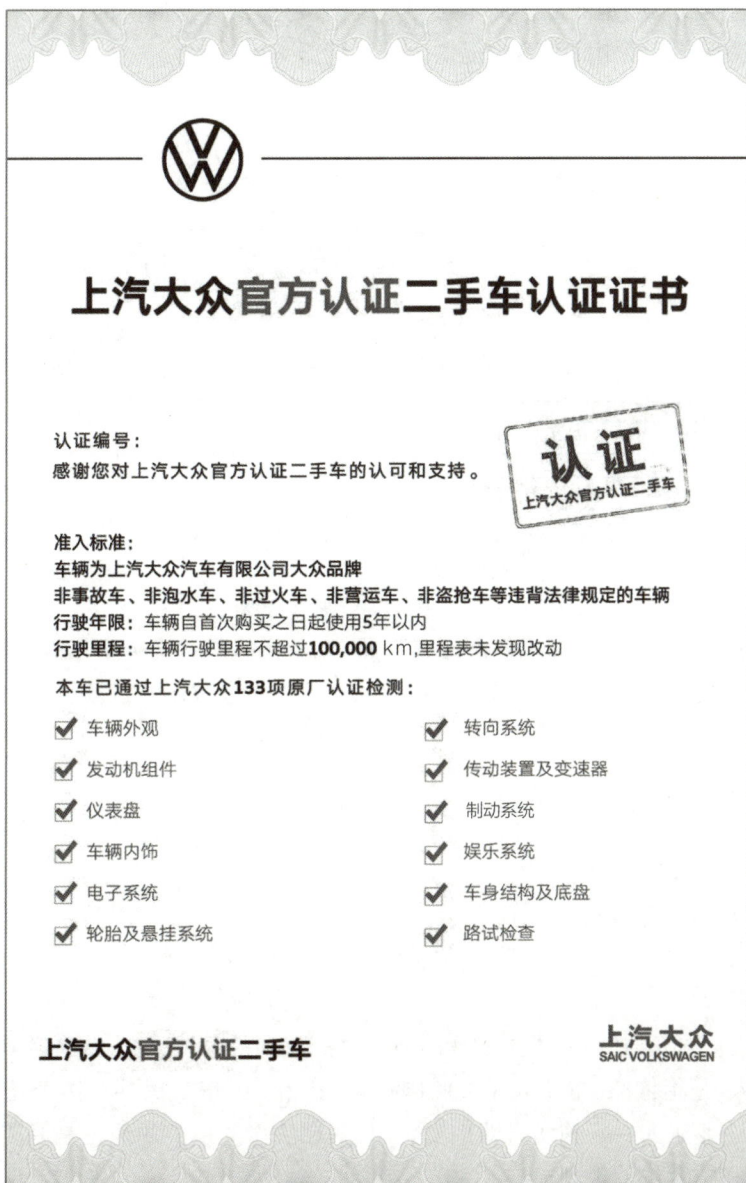

图 5-1　上汽大众认证二手车证书

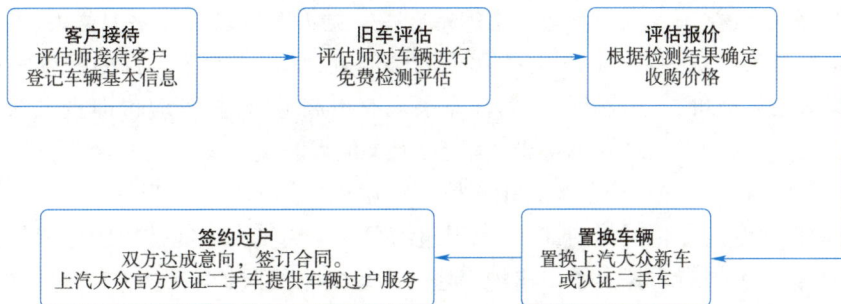

图 5-2　上汽大众置换流程图

(7)汽车置换授权经销商办理旧车过户手续,客户提供必要的协助和材料。

(8)汽车置换授权经销商为客户提供全程后续服务。

一般汽车置换流程如图5-3所示。

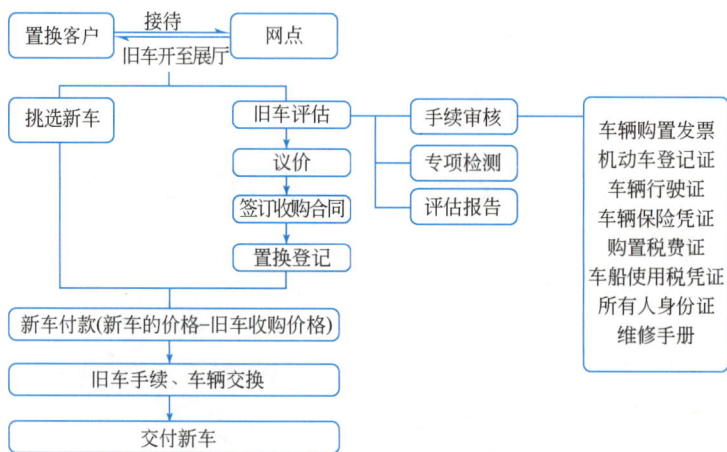

图5-3　汽车置换的常见流程

在汽车置换中,新车可选择仍使用原车牌照,或上新牌照。购买新车需交钱款＝新车价格－旧车评估价格。如果旧车贷款尚未还清,可由经销商垫付还清贷款,款项计入新车需交钱款。

(四)旧机动车的拍卖

1.关于拍卖的相关知识

1)拍卖涉及的相关概念

(1)拍卖:是指以公开竞价的形式,将特定物品或者财产权利转让给最高应价者的买卖方式。

(2)委托人:是指委托拍卖人拍卖物品或者财产权利的公民、法人或者其他组织。

(3)拍卖人:是指依照《中华人民共和国拍卖法》和《中华人民共和国公司法》设立的从事拍卖活动的企业法人——拍卖人即拍卖公司,其在法律关系中的地位是受委托人,其行为应符合合同法和拍卖法的规则。

(4)竞买人:是指参加竞购标的的公民、法人或者其他组织。法律、行政法规对拍卖标的的买卖条件有规定,竞买人应当具备规定的条件——竞买人可以自行参加竞买,也可以委托其代理人参加竞买。竞买人有权了解拍卖标的的瑕疵,有权查验拍卖标的和查阅有关拍卖资料。竞买人一经应价,不得撤回,当其他竞买人有更高应价时,其应价即丧失约束力。竞买人之间、竞买人与拍卖人之间不得恶意串通,损害他人利益。

(5)买受人:是指以最高应价购得拍卖标的的竞买人。买受人应当按照约定支付拍卖标的的价款,未按照约定支付价款的,应当承担违约责任。买受人未能按照约定取得拍卖标的的,有权要求拍卖人或者委托人承担违约责任。买受人未按照约定受领拍卖标的的,应当支付由此产生的保管费用。

（6）底价：又称拍卖标的的保留价，指出卖拍卖标的的最低价格，如果应价低于这一价格，则拍卖标的不予出售。保留价应当由委托人提出。

（7）起拍价：是指拍卖时就某一标的的开始拍卖时第一次报出的价格。起拍价可能低于保留价，可以等于保留价，也可以高出保留价，因此保留价与起拍价二者属于两种不同的价格现象。

2）参加拍卖各方当事人的权利和义务

（1）拍卖人的权利：

①拍卖人有权要求委托人说明拍卖标的的来源和瑕疵。

②委托人、买受人可以与拍卖人约定佣金的比例。未作约定拍卖成交的，拍卖人可以向委托人、买受人各收取不超过拍卖成交价5%的佣金。

（2）拍卖人的义务：

①拍卖人应当向竞买人说明拍卖标的的瑕疵。

②拍卖人对委托人交付拍卖的物品负有保管义务。

③拍卖人接受委托后，未经委托人同意，不得委托其他拍卖人拍卖。

④委托人、买受人要求对其身份保密的，拍卖人应当为其保密。

⑤拍卖人及其工作人员不得以竞买人的身份参与自己组织的拍卖活动，并不得委托他人代为竞买。

⑥拍卖人不得在自己组织的拍卖活动中拍卖自己的物品或者财产权利。

⑦拍卖人应于拍卖日7日前发布公告。拍卖人应在拍卖前展示拍卖车辆，并在车辆显著位置张贴《拍卖车辆信息》。车辆的展示时间不得少于2天。

⑧拍卖成交后，买受人和拍卖人应签署《旧机动车拍卖成交确认书》。

⑨拍卖成交后，拍卖人应当按照约定向委托人交付拍卖标的的价款，并按照约定将拍卖标的移交给买受人。

（3）委托人的权利：

①委托人可以自行办理委托拍卖手续，也可以由其代理人代为办理委托拍卖手续。

②委托人有权确定拍卖标的的保留价并要求拍卖人保密。

（4）委托人的义务：

①委托人委托拍卖物品或者财产权利，应当提供身份证明和拍卖人要求提供的拍卖标的的所有权证明，或者依法可以处分拍卖标的的证明及其他资料。

②委托人应当向拍卖人说明拍卖标的的来源和瑕疵。

③委托人撤回拍卖标的的，应当向拍卖人支付约定的费用；未作约定的，应当向拍卖人支付为拍卖支出的合理费用。

④委托人不得参与竞买，也不得委托他人代为竞买。

⑤按照约定由委托人移交拍卖标的的，拍卖成交后，委托人应当将拍卖标的移交给买受人。

（5）竞买人的权利：

①竞买人是指参加竞购拍卖标的的公民、法人或者其他组织。

②竞买人可以自行参加竞买,也可以委托其代理人参加竞买。

③竞买人有权了解拍卖标的的瑕疵,有权查验拍卖标的和查阅有关拍卖资料。

（6）竞买人的义务:

①法律、行政法规对拍卖标的的买卖条件有规定的,竞买人应当具备规定的条件。

②竞买人一经应价,不得撤回,当其他竞买人有更高应价时,其应价即丧失约束力。

③拍卖成交后,买受人和拍卖人应当签署成交确认书。

④竞买人之间、竞买人与拍卖人之间不得恶意串通,损害他人利益。

（7）买受人的权利:

①买受人是指以最高应价购得拍卖标的的竞买人。

②买受人未能按照约定取得拍卖标的的,有权要求拍卖人或者委托人承担违约责任。

③其他权利与竞买人的权利相同。

（8）买受人的义务:

①买受人应当按照约定支付拍卖标的的价款;未按照约定支付价款的,应当承担违约责任,或者由拍卖人征得委托人的同意,将拍卖标的再行拍卖。拍卖标的再行拍卖的,原买受人应当支付第一次拍卖中本人及委托人应当支付的佣金。再行拍卖的价款低于原拍卖价款的,原买受人应当补足差额。

②买受人未按照约定受领拍卖标的的,应当支付由此产生的保管费用。

2. 旧机动车拍卖概述

旧机动车拍卖是指旧机动车拍卖企业以公开竞价的形式将旧机动车转让给最高应价者的经营活动。旧机动车拍卖的目的是提高旧机动车市场交易透明度,打造最专业的旧机动车流通平台;提高旧机动车交易双方的满意度,使旧机动车交易更规范;提高旧机动车成交率,为客户提供更多的成交机会。

旧机动车交易的类型依据交易双方行为和参与程度的差异分为:旧机动车的经销、拍卖和直接交易。由此可见,旧机动车拍卖是旧机动车经营行为的一种。目前,旧机动车拍卖的方式是许多国家普遍采用的一种交易方式,拍卖具有公开、公正、公平的特点,由此产生的价格比较接近于市场价格。在美国、日本等发达国家,大多数旧机动车交易都是通过拍卖的方式完成的。国内新的旧机动车政策中也提到今后发展旧机动车拍卖的交易方式趋势。

旧机动车竞价拍卖以其直观、交易周期短、兑现快以及成交价最贴近市场真实价格等优势博得市场青睐。地区差异、核心能力差异及专业化分工,使旧机动车在经营企业间通过拍卖方式实现流通;拍卖还是政府机关、大型团体、租赁公司等集团用户进行车辆更新换代的有效途径。旧机动车拍卖公司通过定期组织现场拍卖和网络竞价,将进一步提高旧机动车交易的速度,降低交易成本,可有效限制人为因素导致的不正常交易行为。因此,旧机动车拍卖市场潜力巨大。旧机动车拍卖必须在国家规定的旧机动车交易市场或其他经合法审批的交易场所中进行。

3. 旧机动车拍卖的相关政策介绍

旧机动车拍卖所涉及的主要法律法规有《二手车流通管理办法》《二手车交易规范》《中华人民共和国拍卖法》和《拍卖管理办法》等。旧机动车拍卖应在符合上述一系列法律法规的前提下进行。

1)旧机动车流通管理办法

(1)《二手车流通管理办法》第二十条规定,下列车辆禁止经销、买卖、拍卖和经纪:已报废或者达到国家强制报废标准的车辆;在抵押期间或者未经海关批准交易的海关监管车辆;在人民法院、人民检察院、行政执法部门依法查封、扣押期间的车辆;通过盗窃、抢劫、诈骗等违法犯罪手段获得的车辆;发动机号码、车辆识别代号或者车架号码与登记号码不相符,或者有凿改迹象的车辆;走私、非法拼(组)装的车辆;不具有第十九条所列证明、凭证的车辆;在本行政辖区以外的公安机关交通管理部门注册登记的车辆;国家法律、行政法规禁止经营的车辆。

(2)《二手车流通管理办法》第二十一条规定,旧机动车经销企业销售、拍卖旧机动车时,应当按规定向买方开具税务机关监制的统一发票。

2)旧机动车交易规范

依据《二手车流通管理办法》,为便于操作,《二手车交易规范》中对拍卖的操作规程作了细化。规定要求从事旧机动车拍卖及相关中介服务活动,应按照《拍卖法》及《拍卖管理办法》的有关规定进行。《二手车交易规范》第四章对二手车拍卖有具体规定。

4.旧机动车拍卖规则

对于旧机动车拍卖没有统一的标准,但是为了规范拍卖行为,维护拍卖秩序,保护在拍卖活动中各方当事人的合法权益,使拍卖顺利进行,旧机动车拍卖要严格按照《中华人民共和国拍卖法》及国家的相关政策法律法规的指导进行。拍卖规则包含下列内容。

(1)拍卖人拍卖日期与场所。

(2)拍卖标的及保留价。

(3)拍卖标的的展示时间及场所。

(4)竞买人权利和义务。

(5)保证金缴纳约定。

(6)拍卖方式。

(7)买受人的权利和义务。

(8)拍卖标的清点移交。

(9)违约责任。

(10)其他。

5.旧机动车拍卖所需资料

《二手车交易规范》第二十九条规定,委托拍卖时,委托人应提供身份证明、车辆所有权或处置权证明及其他相关材料,具体材料如下。

1)旧机动车委托拍卖所需材料

车辆行驶证、购置证、养路费通行费缴费凭证、车船税证、车辆所有人证件(私人为身份证、户口簿;企事业单位为企业代码证)。

2)旧机动车参加竞买所需材料

竞买人身份证明(私人为身份证,企事业单位为企事业单位代码证书)和保证金(按每次拍卖会规定的标准交付)。拍卖人接受委托的,应与委托人签订委托拍卖合同。

《二手车交易规范》第三十条规定,委托人应提供车辆真实的技术状况即《车辆信息表》(表5-4),拍卖人应如实填写《拍卖车辆信息》(表5-5)。如对车辆的技术状况存有异议,拍卖委托双方经商定可委托旧机动车鉴定评估机构对车辆进行鉴定评估。

车辆信息表   表5-4

<table>
<tr><td colspan="2">质量保证类别</td><td colspan="5"></td></tr>
<tr><td colspan="2">车牌号</td><td colspan="5"></td></tr>
<tr><td colspan="2">经销企业名称</td><td colspan="5"></td></tr>
<tr><td colspan="2">营业执照号码</td><td></td><td>地址</td><td colspan="3"></td></tr>
<tr><td rowspan="12">车辆基本信息</td><td>车辆价格</td><td>¥　　　元</td><td>品牌型号</td><td></td><td>车身颜色</td><td></td></tr>
<tr><td>初次登记</td><td>年　月　日</td><td>行驶里程</td><td>km</td><td>燃料</td><td></td></tr>
<tr><td>发动机号</td><td></td><td>车架号码</td><td></td><td>生产厂家</td><td></td></tr>
<tr><td>出厂日期</td><td>年　月</td><td>年检到期</td><td>年　　月</td><td>排放等级</td><td></td></tr>
<tr><td>结构特点</td><td colspan="5">□自动挡　　□手动挡　　□ABS　　□其他</td></tr>
<tr><td>使用性质</td><td colspan="5">□营运　□出租车　□非营运　□营转非　□出租营转非　□教练车　□其他</td></tr>
<tr><td>交通事故记录
次数/类别/程度</td><td colspan="5"></td></tr>
<tr><td>重大维修记录
时间/部件</td><td colspan="5"></td></tr>
<tr><td>法定证明、凭证</td><td colspan="5">□号牌　　□行驶证　　□登记证　　□年检证明　　□车辆购置税完税证明
□养路费缴付证明　　□车船使用税完税证明　　□保险单　　□其他</td></tr>
<tr><td>车辆技术状况</td><td colspan="5"></td></tr>
<tr><td>质量保证</td><td colspan="5"></td></tr>
<tr><td>声明</td><td colspan="5">本车辆符合《二手车流通管理办法》有关规定,属合法车辆</td></tr>
</table>

续上表

买方(签章)：	经销企业(签章)：	
	经办人(签章)：	
		年　月　日

备注	1. 本表由经销企业负责填写。 2. 本表一式三份,一份用于车辆展示,其余作为销售合同附件

填表说明：

1. 质量保证类别。车辆使用年限在3年以内或行驶里程在6万km以内(以先到者为准,营运车除外),填写"本车属于质量保证车辆"。

如果超出质量保证范围,则在质量保证类别栏中填写"本车不属于质量保证车辆",质量保证栏填写"本公司无质量担保责任"。

2. 经销企业名称、营业执照号码及地址应按照企业营业执照所登记的内容填写。

3. 车辆基本信息按车辆登记证书所载信息填写。

(1)行驶里程按实际行驶里程填写。如果更换过仪表,应注明更换之前行驶里程;如果不能确定实际行驶里程,则应予以注明。

(2)年检到期日以车辆最近一次年检证明所列日期为准。

(3)车辆价格按旧机动车经销企业拟卖出价格填写,可以不是最终销售价。

(4)其他信息根据车辆具体情况,符合项在□中画√。

(5)使用性质按表中所列分类,符合项在□中画√。

(6)交通事故记录次数/类别/程度,应根据可查记录或原车主的描述以及在对车辆进行技术状况检测过程中发现的,对车辆有重大损害的交通事故次数、类别及程度填写。未发生过重大交通事故填写"无"。

(7)重大维修记录应根据可查记录或原车主的描述以及在车辆检测过程中发现的更换或维修车辆重要部件部分(比如发动机大中修等)填写有关内容。车辆未经过大中修填写"无"。

4. 法定证明、凭证等按表中所列项目,符合项在□中画√。

5. 车辆技术状况是指车辆在展示前,旧机动车经销企业对车辆技术状况及排放状况进行检测,检测项目及检测方式根据企业具体情况实施,并将检测结果填写在表中。同时,检验员应在表中相应位置签字。

6. 属于质量担保车辆的,经销企业根据交易车辆的实际情况,填写质量保证部件、里程和时间。一般情况下,质量保证可按以下内容填写。

(1)质量保证范围为:从车辆售出之日起3个月或行驶5000km,以先到为准。

(2)本公司在车辆销售之前或之后质量保证期内,保证车辆安全技术性能。

(3)质量保证不包括轮胎、蓄电池、内饰和车身油漆,也不包括因车辆碰撞、车辆用于赛车或拉力赛等非正常使用造成的质量问题。

经销企业也可根据实际情况适当延长质量保证期限,放宽对使用年限和行驶里程的限制。

7. 当车辆实现销售时,由经销企业及其经办人和买方分别在签章栏中签章。

拍卖车辆信息　　　　　　　　　　　　　　　　表5-5

拍卖企业名称						
营业执照号码			地址			
拍卖时间	年　月　日		拍卖地点			
车辆基本信息	车牌号			厂牌型号	车身颜色	
	初次登记日期	年　月　日		行驶里程	km	燃料
	发动机号			车架号		
	出厂日期	年　月		发动机排量		
	年检到期日	年　月		生产厂家		

车辆基本信息	结构特点	□自动挡　　□手动挡　　□ABS　　□其他			
	使用性质	□营运　　□出租车　　□非营运　　□营转非 □出租营转非　　□教练车　　□其他			
	交通事故记录 次数/类别/程度				
	重大维修记录				
	其他提示				
法定证明、凭证等		□号牌　　□行驶证　　□登记证　　□年检证明　　□车辆购置税完税证明 □养路费缴付证明　　□车船使用税完税证明　　□保险单　　□其他			
车辆技术状况					
	检测日期		检测人		
质量保证					
声明	本车辆符合《二手车流通管理办法》有关规定,属合法车辆				
其他载明事项					
拍卖人(签章):					
备注	1.本表由拍卖人填写。 2.本表一式三份,一份用于车辆展示,其余作为拍卖成交确认书附件				

填表说明:

1.拍卖企业名称、营业执照号码及地址应按照企业营业执照所登记的内容填写。

2.拍卖时间、地点填写拍卖会举办的时间和地点。

3.车辆基本信息按车辆登记证书所载信息填写。

(1)行驶里程按实际行驶里程填写。如果更换过仪表,应注明更换之前行驶里程;如果不能确定实际行驶里程,则应予以注明。

(2)年检到期日以车辆最近一次年检证明所列日期为准。

(3)其他信息根据车辆具体情况,符合项在□中画√。

(4)使用性质按表中所列分类,符合项在□中画√。

(5)交通事故记录次数/类别/程度,应根据可查记录或委托方的描述以及在对车辆进行技术状况检测过程中发现的,对车辆有重大损害的交通事故次数、类别及程度填写。确定未发生过重大交通事故填写"无"。

(6)重大维修记录应根据可查记录或委托方的描述以及在车辆检测过程中发现的更换或维修车辆重要部件部分(比如发动机大中修等)填写有关内容。确定未经过大中修填写"无"。

(7)拍卖企业应在其他提示栏中指出车辆存在的质量缺陷、未排除的故障等方面的瑕疵。

4.法定证明、凭证等按表中所列项目,符合项在□中画√。

5.车辆技术状况是指车辆在展示前,拍卖企业对车辆技术状况及排放状况进行检测,检测项目及检测方式根据企业具体情况实施,并将检测结果填写在表中。同时,检验员应在表中相应位置签字。

6.有能力的拍卖企业可为拍卖车辆提供质量保证。质量担保范围可参照经销企业的《车辆信息表》有关要求。质量保证部件、里程和时间可根据实际情况由企业自行掌握。

7.其他载明事项是拍卖企业需要对车辆进行特殊说明的事项。

8.当车辆拍卖成交时,拍卖人在签章栏中签章。

6.旧机动车拍卖流程

对于旧机动车拍卖流程没有统一的标准,但拍卖业务应由拍卖师、估价师和有关业务人员组成,才能够从事拍卖业务活动。旧机动车拍卖流程如下。

1)接受委托

(1)审查车辆来源的合法性。对委托拍卖车辆的行驶证、产权证、销售发票、企业代码或身份证等有关证件资料进行真伪鉴别,并对这些证件资料逐一登记,填写《拍卖车辆信息表》,以便进一步核实。

(2)审查车辆的处置权。在接受委托拍卖前,必须对车辆的处置权进行审核,审查委托人是否对委托拍卖的机动车具有处理权。

(3)审查车辆的手续、证照及缴纳的各种税费是否齐全。对委托拍卖车辆的各种手续要审查是否齐备,特别是进口车和罚没车要审查是否带有海关进口证明书、商检局检验证书、罚没证明、法院的有关裁决书及有关批文等;另外,还要检查车辆的附加费、养路费、保险等是否齐全;落实要取得行驶权需要办理哪些手续、缴纳哪些税费以及税费数额。

(4)对车辆进行静态和动态检查。对委托拍卖的车辆要进行详细的静态和动态检查,并对每项检查做好登记记录,填写《车辆情况表》,主管人员要签字审核。

(5)确定委托保留价(即拍卖底价)。在对车辆手续和车辆检查完毕和确定符合拍卖条件后,由评估师、拍卖师和委托人三方根据当前市场行情确定拍卖底价,但是底价不作为成交价。

2)签订《机动车委托拍卖合同》

检查工作完成后,拍卖人如果决定接受委托人的拍卖委托,应与委托人签署《机动车委托拍卖合同》,一式两份,需要补充说明的应提前声明,一经确认不得毁改。

3)机动车拍卖公告的发布

《二手车交易规范》第三十一条规定拍卖人应于拍卖日7日前发布公告。

拍卖公告应通过报纸或者其他新闻媒体发布,并载明下列事项:

(1)拍卖的时间、地点。

(2)拍卖的车型及数量。

(3)车辆的展示时间、地点。

(4)参加拍卖会办理竞买的手续。

(5)需要公告的其他事项,如号牌号码、初次登记时间、拍卖咨询电话和联系人等,并详细告知。

4)车辆展示

(1)在机动车拍卖前必须进行至少2日的公开展示,并在车辆显著位置张贴《拍卖车辆信息》。在展示期间必须要有专业人员在现场进行解答,并做好宣传工作。

(2)如有意参加拍卖会,经审核符合竞买人要求,则必须提前办理入场手续,如交验竞买人的个人资料,填写竞买登记表,领取拍卖手册、入场号牌等。

5)拍卖实施

在拍卖实施当天,竞买人经工作人员审查确认后,方可提前半小时进入会场。拍卖方法可根据车辆情况及竞买人到场情况,以有声增价拍卖的方式进行,但最后的成交价不得低于委托人的保留价。拍卖成交后，以拍卖人的"成交确认书"作为交易市场开具交易发票的价格依据。

6）收费

（1）拍卖成交后，收取委托方和买受方一定的佣金（收费标准按成交价的百分比确定）并开具拍卖发票。

（2）拍卖车辆在整个拍卖活动中发生的相关费用由委托人和买受人双方分别承担（以成交确认作为界定，成交前由委托人承担，成交后由买受人承担）。

7）车辆移交

（1）机动车拍卖成交后，买受人和拍卖人应签署《旧机动车拍卖成交确认书》，在买受人付清全部货款后，方可办理车辆移交手续。

（2）车辆移交时，应填写《机动车拍卖车辆移交清单》。

（3）车辆移交方式（含办理过户、转出、转入等相关手续）由委托人、买受人和拍卖人商议具体移交方式。

根据《二手车交易规范》规定，拍卖人应如实填写《拍卖车辆信息》。

7. 旧机动车拍卖注意问题

旧机动车由于价格低廉，具有相当的吸引力，同时也具有相当的风险。有些差不多到了报废期的汽车转让，买主买车后到公安管理部门不予办理；有些车缺乏维护，车辆存在各种故障，使用几年后出售，旧机动车买主用车后需支付高额维修费等。因此，拍卖旧机动车除了对汽车性能要有基本的了解，还必须具备一定的法律和经济知识，以避免拍卖使用过度的轿车而遭受不必要的损失。

1）拍卖现场注意事项

竞买人在拍卖公告规定的咨询、展示期限内，有权了解拍卖车辆的有关情况，实地察看拍卖车辆。进入拍卖会场，即表明已熟知竞买车辆的所有情况。竞买人看车认购，责任自负。车辆拍卖时，拍卖师不再回答竞买人提出的任何问题。

竞买人应按拍卖公告规定的时间、地点，准时出席拍卖会。拍卖会凭竞投号牌和入场券进场，一个竞投号牌只允许一人参加拍卖会，并在会场指定的区域对号就座；同时，还应遵守拍卖会场秩序，不得恶意串通或以其他方式干扰拍卖会的正常进行；否则，将取消竞买资格，并视情节追究其责任。

拍卖成交后，买受人当场与拍卖行签订《旧机动车拍卖成交确认书》（表5-6），竞投号牌立即收回，买受人保证金自动转为定金。

旧机动车拍卖成交确认书   表5-6

拍卖人：
买受人：
签订地点：
签订时间：
经审核本拍卖标的手续齐全，符合国家有关规定，属于合法车辆。   拍卖人于＿＿＿年＿＿月＿＿日在＿＿＿＿＿＿举行的拍卖会上，竞标号码为＿＿＿＿＿＿的竞买人＿＿＿＿＿＿，经过公开竞价，成功竞得＿＿＿＿＿＿。拍卖标的物的详情见附件《拍卖车辆信息》。依照《二手车流通管理办法》《中华人民共和国拍卖法》及有关法律、行政法规之规定，双方签订拍卖成交确认书如下。

一、成交拍卖标的:拍卖编号为_____的旧机动车,车牌号码为_____。

二、成交价款及佣金:标的成交价款为人民币大写_____元(¥_____),佣金比例为成交总额的_____
___%,佣金为人民币大写_____元(¥_____),合计大写_____元(¥_____)。

三、付款方式:拍卖标的已经拍定,其买受人在付足全款后方可领取该车。

四、交接:拍卖人在买受人付足全款后,应将拍出的车辆移交给买受人,并向买受人提供车辆转移登记所需的号牌、《机动车登记证书》《机动车行驶证》、有效的机动车安全技术检验合格标志、车辆购置税完税证明、养路费缴付凭证、车船使用税缴付凭证、车辆保险单等法定证明、凭证。

五、转移登记:买受人应自领取车辆及法定证明、凭证之日起30日内,向公安机关交通管理部门申办转移登记手续。

六、质量保证:_____。

七、声明:买受人已充分了解拍卖标的全部情况,承认并且愿意遵守《中华人民共和国拍卖法》和国家有关法律、行政法规之各项条款。

八、其他约定事项:

_____

_____

_____

_____

买受人(签章):　　　　　　　　　拍卖人(签章):

法定代表人:　　　　　　　　　　　法定代表人:

2)了解汽车报废时限和价格计算

作为旧机动车拍卖者,首先要了解两个基本问题,一个是报废时限,另一个是价格计算方法。

由于旧机动车行驶里程较难确定,一般旧机动车交易价格多以使用时间作依据。对于买主来说,应对汽车有一个初步的底价,一般可以采用如下简便的折旧计算方法,以普通轿车10年使用年限计算,将1~10年累加等于55,则第一年折旧率是10/55,第二年折旧率是9/55,如此类推,第10年折旧率是1/55。如果轿车使用4年,计算方法是:现价 = 原价 − (10/55 + 9/55 + 8/55 + 7/55)×原价。假设轿车原价20万元,按此计算方式现价应是7.64万元。当然,这是指轿车现时的抽象价格,没有考虑轿车的质量和代理人的收益,具体操作还要视汽车的性能状态和市场行情而作相应的调整。

3)旧机动车检查

拍卖旧机动车,现场察看非常重要。具体内容请参考学习任务2的相关内容。

8. 旧机动车网上拍卖

以往出售车辆的消费者都是通过个人私下交易或者到旧机动车市场同旧机动车经纪公司进行交易,由于消费者所面对的购买群体比较单一,对旧机动车的市场行情缺乏了解,所以传统方式出售车辆往往价格不理想,出售的旧机动车得不到市场应有的最高价格。

随着互联网的广泛应用,旧机动车网上拍卖将成为一种全新的旧机动车流通方式。网上拍卖是指旧机动车拍卖公司利用互联网发布拍卖信息,公布拍卖车辆技术参数和直观图片,通过网上竞价,网下交接,将旧机动车转让给超过保留价的最高应价者的经营活动。

1)旧机动车网上拍卖介绍

(1)旧机动车网上拍卖由市场组织进行。

每一位打算卖掉自己汽车的车主都希望自己的车能卖一个好价钱，但是由于缺乏一个行之有效的卖出渠道，消费者往往选择一些非科学的卖出办法。一是卖给旧机动车经纪公司的销售人员，这种办法的弊端在于车主在不了解行情的情况下，仓促出售，容易受到收购人员诱导而以低于车本来的价格出手；二是把车卖给身边的亲戚朋友，这种情况由于车主碍于面子，最终低价卖出。

而网上拍卖平台将从根本上解决这一问题。首先，它绝非一般意义上的网上拍卖，而是由市场组织的针对目标竞拍者的一种拍卖形式，车主在对车进行一定时间的展示后，由市场方面对车进行拍照、评估，然后，面向本地及全国的其他旧机动车市场进行拍卖。一般情况下，一辆手续齐全的汽车，车主只要给出拍卖底价，这辆车的预售信息就会出现在拍卖网上，只等到规定的拍卖时间进行拍卖了。

（2）网上拍卖加速旧机动车交易。

在日本、美国等一些旧机动车交易活跃的国家，利用网络由市场组织旧机动车拍卖是一种惯用的交易方式。比如在日本，分布在全国的六七个旧机动车拍卖场，每周要组织十几场拍卖会，每个拍卖场每天大约要向本国及东南亚市场拍卖 1 万多辆旧机动车。这些拍卖的车辆不仅有旧机动车经纪公司的旧机动车，也有车主委托交易的旧机动车。但是，这些旧机动车如果拍卖成功，拍卖方是要收取一定的手续费的。

目前，我国有些地区也已经开始面向全国市场，如北京旧机动车市场。据统计，2005 年上半年，北京的旧机动车大约有 75% 已经开始销往全国各地，这一庞大的旧机动车市场是保证北京旧机动车销售的有力保障。但是传统的旧机动车交易阻碍了旧机动车流通，每一辆销售出去的旧机动车要几易其手，不仅经济性和高效性无法保证，而且损失最大的是旧机动车的所有者——车主。由北京旧机动车市场组织的旧机动车网上拍卖，加速了国内旧机动车交易速度，满足车主对自用车出售价格最大限度的需求。

一辆各种手续齐全的旧机动车，一般会有两天时间在市场进行展示，同时网上也开始公布这辆车的所有评估资料（包含图片），第三天开始针对目标竞拍者正式拍卖。如果拍卖成功，车主在下一周就可以拿到车款，而且车辆的所有手续市场将代为办理，车主不承担任何风险。

为了保证拍卖的高效运行，所有参与竞拍的单位及个人，都需要在市场进行注册，并缴纳一定数量的储备金，然后由市场分配竞买账户，或是利用互联网或是现场，随时随地可以参加当天的竞买活动。

很多消费者在车辆拍卖成交后都感觉网上拍卖车辆既省心省力，又安全经济，更重要的是网络拍卖公开、公平、公正、透明，各方的权利义务划分明确。对于一些企业来说，这种方式更是处理汽车资产的最佳方式之一。网络拍卖车辆确保企业资产的保值增值，避免人为因素造成资产流失。

消费者可以拨打竞卖热线也可以携带自己的车辆手续驾车到旧机动车市场拍卖部进行车辆拍卖委托，市场专业的评估师对车辆进行评估和拍卖底价制订。由于这些专家都是常年从事旧机动车行业分析和数据统计的人员，所以对车辆状况、手续以及价格都有很专业的分析，能够帮助消费者科学地了解自己手中旧机动车的价格，避免对旧机动车价格误解。

在检验车辆手续和车辆评估之后,根据这些提供给消费者车辆拍卖的底价,消费者可以自愿选择是否参加拍卖。

2)旧机动车网上拍卖规则

为鼓励网上拍卖这一新生事物的健康发展,《二手车交易规范》明确了网上拍卖的有关程序,并规定从事网上拍卖,必须具有拍卖人资质,严格遵守《中华人民共和国拍卖法》的各项规定,保证委托人和买受人的合法权益。

旧机动车网上拍卖需遵守以下规则。

(1)委托人必须向拍卖方保证其对该车辆拥有绝对的所有权,在车辆上没有设定任何债权,车辆证件齐全合法,规费有效。如果车辆的实际所有权或声明拥有所有权的任何第三人提出索赔的诉讼,则委托人应负责赔偿买受人因此而遭受的一切损失,承担因此而发生的一切费用。

(2)必须经过旧机动车质量认证。

(3)车辆成交后由评估师统一办理交易手续。

网上拍卖过程及手续应与现场拍卖相同。网上拍卖组织者应根据《中华人民共和国拍卖法》及《拍卖管理办法》有关条款制订网上拍卖规则,竞买人则需要办理网上拍卖竞买手续。

拍卖结束后,该拍卖车辆的评估师会与出价前三名的参与者联系,而非严格意义上的传统物品拍卖,它对参与竞拍者没有任何约束。竞拍者无须缴纳竞买保证金,竞拍价只作为一个参考,旧机动车最终成交价以竞拍者与车主协商价为准,竞拍价排名前三位以后的参与者也可以与认证评估师主动联系获得与车主协商的机会。

3)旧机动车网上拍卖流程

以北京市旧机动车网上拍卖为例,图5-4是北京网上竞卖流程,图5-5是北京网上竞买流程。

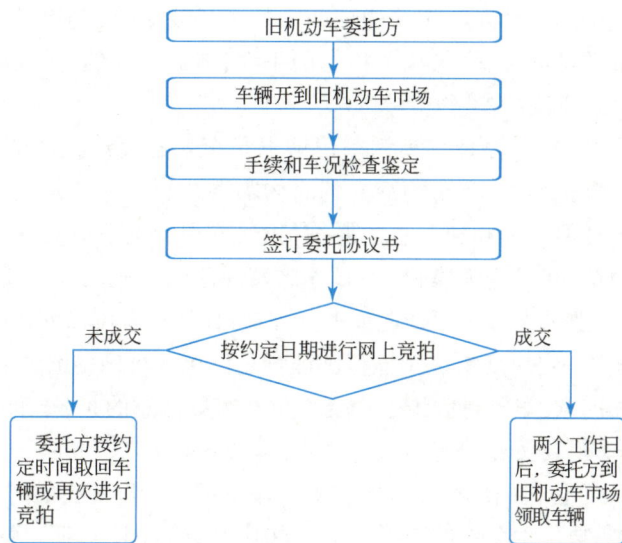

图5-4　网上竞卖委托业务流程

旧机动车竞买方

↓

办理竞买登记手续

↓

手续和车况检查鉴定

↓

签订竞买协议书

↓

凭网上竞买账号参加竞买

↓

竞买成功签订成交

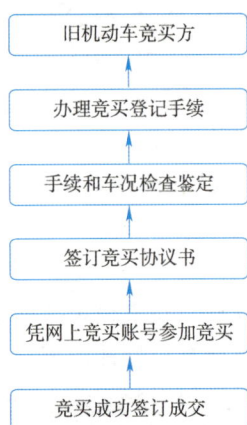

图 5-5　网上竞买业务流程

（1）卖车客户在网上登记拍卖车辆信息。

（2）鉴定估价：旧机动车网上认证评估师进行专业的评估检测鉴定，详细报告单在网上随拍卖车辆介绍一同公布，包括车辆详图、车辆内饰详情、车辆状况详情和车辆结构详情，收取300元/辆质量认证服务费（该收费供大家参考）。

（3）协商底价：六方位拍照，车辆、证件交接，纳入库存旧机动车管理系统，信息上传网站。《二手车交易规范》第三十二条规定，进行网上拍卖应在网上公布车辆的彩色照片和《拍卖车辆信息》，公布时间不得少于7天。

（4）网上拍卖展示。

（5）买方出价：拍卖结束后，该拍卖车辆的评估师通知竞价排名前三名者看车，与车主协商最终成交价。

（6）办理成交车辆转移手续：向委托方收取500元/辆交易服务费，向买方收取600元/辆过户服务费（该收费供大家参考）。

4）网上拍卖旧机动车所需资料

一般情况下，参加网上竞卖的车主要将车辆开到旧机动车市场，并对其相关手续进行检验后签订委托书，确定竞卖日期。提供的资料有：机动车行驶证，机动车登记证书，车主证件（组织机构代码证书或身份证），原始发票或过户发票，车辆购置附加税，车船使用税和保险费等。

9. 旧机动车拍卖后相关手续的办理

1）旧机动车过户手续办理

现在购车已经不是什么新鲜事了，大部分消费者已经知道了在购买新车时都需要哪些证件及手续，但是作为车辆交易方式之一的旧机动车交易，可能很少有人知道具体的交易步骤及注意事项。旧机动车交易涉及相关的证明文件和必要手续，变更是必需的。但是很多消费者仅仅注意车辆的挑选，往往忽视了相关的手续，造成后续的问题办理起来非常困难。因此我们提供以下办理手续的参考。

（1）车辆登记证书一定要办理。车辆登记证书是车辆必要产权凭证，2002年之前购买的汽车大部分都没有登记证书，在车辆交易的时候需要进行补办登记证书。车辆交易后车辆登记证书会详细记载原车主和现车主的详细信息，确保交易双方和车辆管理部门了解车辆产权变更情况。目前，在一些规模较大、服务比较规范的旧机动车交易市场，如北京市旧机动车交易市场内，一般都设有车辆登记证书办理窗口，消费者可以就近办理。

（2）车辆行驶证书一定要变更。车辆行驶证书是仅次于车辆登记证书的重要文件，消费者在交易旧机动车的时候，车辆行驶证书也要变更。需要注意的是，车辆行驶证书的车辆照片也要与车辆相符，车辆要按照规定年检合格才允许办理。

（3）车主身份证、单位代码证书要真实有效。车辆进行产权变更的时候必须出示交易双方的身份证明，单位需要出示单位的代码证书。这其中身份证明过期、代码证书没有年检等情况经常发生，需要交易双方办理妥当。还有一种情况就是身份证或者代码证书的地址和名称与原来车辆的登记证书或者行驶证不相符,这也需要交易双方到车辆管理所变更。

(4)车辆购置附加税、养路费和车船使用税须合法有效。在车辆产权变更中,需要对车辆的购置附加税和车船使用税进行查验,车辆的购置附加税必须缴纳,车船使用税必须缴纳至车辆交易的当年。

(5)签订车辆交易合同,相关内容要填写清楚。车辆购买过程中,买卖双方应该签订买卖合同,在合同中交易双方应明确填写车辆的有关数据、车辆的状况、费用负担以及出现问题的解决方法等,避免今后出现问题没有依据。

(6)及时办理各种相关手续的变更。旧机动车交易中,买卖双方在旧机动车交易市场变更车辆产权之后还需要到附加税征稽处办理购置附加税变更,到养路费征稽处办理养路费变更,到保险公司办理保险手续变更。

2)拍卖服务费用支付

根据《二手车交易规范》第三十三条规定,拍卖成交后,买受人和拍卖人应签署《旧机动车拍卖成交确认书》。《二手车交易规范》第三十四条规定,委托人、买受人可与拍卖人约定佣金比例。委托人、买受人与拍卖人对拍卖佣金比例未作约定的,依据《中华人民共和国拍卖法》及《拍卖管理办法》有关规定收取佣金。拍卖未成交的,拍卖人可按委托拍卖合同的约定向委托人收取服务费用。《二手车交易规范》第三十五条拍卖人应在拍卖成交且买受人支付车辆全款后,将车辆、随车文件及《二手车交易规范》第五条第二款规定的法定证明、凭证交付给买受人,并向买受人开具旧机动车销售统一发票,如实填写拍卖成交价格。

例如:某拍卖市场规定拍卖成交后,买受人须向拍卖行缴纳拍卖成交价款3.5%的佣金,并在规定日期持拍卖成交确认书和保证金收据到指定地点缴纳拍卖成交价款和佣金;逾期,按违约处理,定金不予返还。此外,还须预交买受车辆成交价款的0.5%过户费用和车辆权属过户的证牌费用。

3)办理过户需要手续

旧机动车过户所需资料和手续的办理参考本学习任务"一、相关知识"中的"(二)旧机动车的交易流程"的相关内容。

4)不予办理过户的旧机动车

(1)申请车主印章与原登记车主印章不相符的。

(2)未经批准擅自改装、改型及变更载货质量、乘员人数的。

(3)违章、肇事未处理结案的或公安机关对车辆有质疑的。

(4)达到报废年限的(对已达到报废使用年限,但车辆技术状况较好,使用性质为自用的汽车,经特殊检验合格后,在达到报废使用年限后两年内,准予申办过户登记,但不准转籍)。

(5)未参加定期检验或检验不合格的。

(6)新车入户不足3个月的(进口汽车初次登记后不满两年的,但法院判决的除外)。

(7)人民法院通知冻结或抵押期未满的。

(8)属控购车辆无《申报牌照证明章》的。

(9)进口汽车属海关监管期内,未解除监管的。

10. 拍卖公司介绍

1）优信拍（北京）信息科技有限公司

优信拍（北京）信息科技有限公司是专业提供旧机动车电子化竞价拍卖服务的供应商。其核心业务品牌为"优信拍"旧机动车网络拍卖交易服务平台，该平台集竞价拍卖、车辆检测、安全支付、物流运输及售后服务代办为一体，向国内各汽车生产厂商的品牌经销商、旧机动车经营机构、大型用车企业提供最具时效性的汽车拍卖服务。"优信拍"自2011年9月上线运营以来，已快速发展成国内最大的旧机动车拍卖交易服务平台，并获多家知名汽车生产厂商和汽贸集团授权，成为其经销商旧机动车拍卖业务的指定应用平台。优信拍已相继在北京、上海、广州、成都建立大区分公司或省公司，直接面向本地商家提供全面的旧机动车网络拍卖服务。

（1）行业背景优势。

优信拍核心管理团队成员均有超过7年以上的旧机动车评估鉴定、旧机动车营销、旧机动车信息技术服务经验，对服务汽车生产厂商、经销商、汽车经营机构及消费者有丰富的经验，对旧机动车行业有深刻的理解。

（2）技术优势。

优信拍研发了目前最具实用性的车辆车况检测设备（查客软件）。可适用国内所有车型的车况检测，实现了包括车辆基本信息读取、显性损伤登记、非显性损伤探查、电子电路及机械工况探查在内车辆检查报告的一次性检测生成，并支持检测报告实时上传。报告图文结合、易用强，为电子拍卖建立了重要的交易基础。

（3）服务优势。

优信拍具有国内最完善的汽车交易后续服务链条和严谨的交易管理流程。可根据客户的实际需求为客户提供远程安全支付、交易复核代理、本地/外迁手续代办和汽车物流（优仕物流）等服务。

（4）规模优势。

目前，"优信拍"已成为宝马中国、大众中国Das WeltAuto、东风本田、东风日产、广汽丰田、雷克萨斯、上海通用、一汽-大众、一汽丰田等汽车生产厂商授权经销商的拍卖业务指定应用平台。同时"优信拍"亦在国内大型汽贸集团中获得了广泛认可，已成为包括联拓集团、捷亚泰、亚之杰、首汽集团、运通集团、达世行、燕骏集团、惠通嘉华等在内的国内知名汽贸集团旗下经销商旧机动车拍卖业务指定应用平台。优信拍在全国设立4个业务区域和分公司，北京、上海、广州、深圳、成都等城市已上线开拍，可提供目前国内最多的旧机动车拍卖货源。

2）车易拍

车易拍是北京巅峰科技有限公司历时5年打造的中国第一个真正实现远程不看车即可交易的旧机动车在线交易平台。公司以让旧机动车交易为使命，在中国旧机动车档案资料严重缺失、旧机动车车源高度碎片化分布的环境下，将互联网信息实时互动优势充分整合利用到旧机动车交易各环节中，突破了车况、车价等信息严重不对称的产业瓶颈，有效建立了以车况公开为基础的，透明、公开、高效、可控的旧机动车业务规模化运营体系。

（1）特点优势。

与现有的旧机动车交易服务模式不同，车易拍平台牢牢抓住了旧机动车交易的车辆信息透明化这个关键环节，以268V标准化旧机动车检测技术为支撑，建立了严格的旧机动车历史事故和现实综合车况分级评价体系，通过标准规范和检测程序，与严格的检测员及检测管理制度，保障车况检测的真实性和准确性。车易拍平台对所有签约经销商郑重承诺：在车辆交接时出现现实车况与检测报告不符的，车易拍将承担赔偿责任。

在车易拍平台出售旧车的消费者，从检测到在线拍卖最后到确认交易，通常只需不到1h的时间，全部过程高效、便捷、安全。

车易拍平台所提供的服务，对卖车人而言，售价相对更高更合理、手续变更更放心更安全；对于买车人而言，车况信息更透明、更有保障，极大提升了旧机动车行业的社会形象。

车易拍电子商务平台创新了一种交易模式。以268V标准化检测技术为基础，车易拍于2010年9月面向4S店经销商，再次创新推出了以提升置换成功率为目标的嵌入式竞价E置换服务。

无需现场看车、互不见面的竞价方式，有效保障了交易价格的客观性和公平性，竞价过程中，"车易拍"平台工作人员对车辆买卖双方不进行任何价格引导，将定价权完全交与竞买人，有效避免了人为干预价格行为。

（2）"车易拍e置换"服务流程。

①检测。30~40min为车辆进行268V标准化检测，形成车辆检测报告并上传车易拍平台。车易拍是旧机动车检测第一个承诺责任赔付的，即因检测失误导致的交易损失由车易拍承担，这样的检测承诺，保证了车商看报告而勿需看实车交易。

②竞价。15min全国买家即时出价，车主不离店，亲历竞价全程。车主在竞价终端看到并确认的价格即为成交价，后续与买家交验车辆、车款由车易拍负责，解决车主办理手续的烦恼。

③车辆交验，过户、物流，成交车辆转移到车易拍物流交接中心完成，4S店和用户只需专注于新车销售洽谈。成交车辆转移至车易拍物流中心，由车易拍与买家完成车辆交验等。车易拍承诺成交车款限时支付帮助代办相关过户手续，保障成交车辆安全过户，并通过e置换平台电子化管理相关手续；为全国商户提物流配送服务，让车商实现足不出户买全国。

（3）车易拍对行业影响。

北京汽车限购政策之下，车易拍平台将充分发挥由标准检测技术和互联网交易平台所构成的规模化渠道优势，本着为政府分忧，为消费者服务的理念，为北京的旧机动车市场提供一个通畅的旧机动车消化和外迁渠道。通过与汽车生产厂、汽车交易市场、汽车销售集团、4S店的合作，真正实现以置换带动销售、以旧机动车带动新车的新旧车联动的规模化经营。

车易拍平台目前是获得政府资金支持的北京市商务委的电子商务示范项目及北京市政府指定旧机动车网络教育平台，同时也是北京市环保局指定旧机动车外迁、获取环保补贴的一站式服务平台。车易拍平台使中国旧机动车交易市场进入了一个全新的电子商务时代。

（五）旧机动车电商

随着汽车消费大众化趋势逐渐加强，尤其在一、二线城市市场，居民汽车消费理念已经发生改变，选择车辆更加理性，旧机动车逐渐进入消费者购车选择范围。但传统的旧机动车行业由于车源分散、信息不透明、车况不统一等弊端，一直以来限制着旧机动车行业的发展。

自2014年起，在资本和汽车消费升级的推动下，我国旧机动车电子商务行业进入快速发展期。随着旧机动车电商平台的兴起和壮大，在经历激烈的市场竞争后，其逐步推动着旧机动车鉴定评估及定价的标准化，推动着保险数据、交通事故数据等判断车况的关键数据的公开化，推动着检测能力的智能化和整备能力的系统化，推动着售后服务和保障的全面覆盖化。随着旧机动车整体市场价值和潜力的凸显，旧机动车电子商务行业巨大的商业价值也逐步凸显。

1. 旧机动车电商交易平台

旧机动车电商交易平台是指旧机动车企业主要通过互联网渠道进行获客、交易、支付等行为，且交易需要通过平台保障的旧机动车企业。包括C2B竞拍模式、B2B竞拍模式、C2C模式、B2C模式及旧机动车信息资讯模式。

（1）B2B竞拍模式：这是一种车商间的交易，某地车商会根据本地市场需求，向其他地区采购旧机动车，电商在其中起到车源收集和匹配的作用，还可以为车商提供检测报告，通过平台品牌为车况背书。B2B电商持续强调与传统旧机动车商的鱼水关系，为市场供需对接，提高车商交易效率，并从简单的交易平台衍生出金融业务，拓展了盈利渠道。这种交易通常以批发拍卖模式达成，优信拍、汽车街、车易拍都采用这种模式。

（2）C2B竞拍模式：即个人消费者把车放到平台上去拍卖给车商。这种模式类似消费者到交易市场卖车，不同的是消费者把车放在线上拍卖，可以省去到市场询价的环节，车商作为专业从业人员，拍出的价格基本上能反映车辆当前的市场价值，消费者不用担心被恶意压价，同时这种模式也能保证车辆快速成交。这种模式中出现的企业并购现象值得关注，如车置宝、天天拍车、车开新、车速拍、大搜车、淘车、迈迈车。

（3）C2C模式：即所谓消除中间环节，个人直接把车卖给个人，没有中间商赚差价。这种交易模式最重要的特点是个人对个人。目前主流C2C模式的电商企业基本上充当了旧机动车经纪公司的角色，帮卖家免费检测车辆，并将车况和卖家意向车价发布到平台上，等待买家咨询看车。交易中，业务员会带买家看车，撮合买卖双方达成交易，并帮助双方完成车辆过户。交易达成后，平台会向买家收取服务费。瓜子二手车直卖网、人人车、好车无忧等都是采用C2C模式的企业。

（4）B2C模式：是旧机动车电商与线下经销商达成合作协议后，对车辆进行检测，然后放到网上向消费者出售的交易模式。这种模式是占据电商市场ToC交易量的主要组成部分，一些企业正在探索加盟连锁、输出认证标准和管理标准。采用这种模式的企业有第一车网、优信二手车、淘车、车猫、99好车、澳康达、开心汽车、车王、优车诚品。

随着旧机动车交易迎来真正的快速增长，旧机动车电商的崛起以及来自国家层面的重视都引领旧机动车行业走向了发展快车道，旧机动车在借鉴传统电子商务模式的基础上，根据行业特点不断探索符合行业发展的优质模式。目前旧机动车电商市场主要有以二手车之家、第一车网、273 家旧机动车交易网为代表的旧机动车交易资讯平台；以优信二手车、淘车为代表的零售模式；以瓜子二手车直买网、人人车为代表的直买模式；以优信拍、车易拍为代表的竞拍模式；以精真估、公平价为代表的第三方车辆鉴定机构等。各模式分别聚焦于旧机动车电商交易的资源对接、收车、流通、销售环节。旧机动车电商产业链如图 5-6 所示。

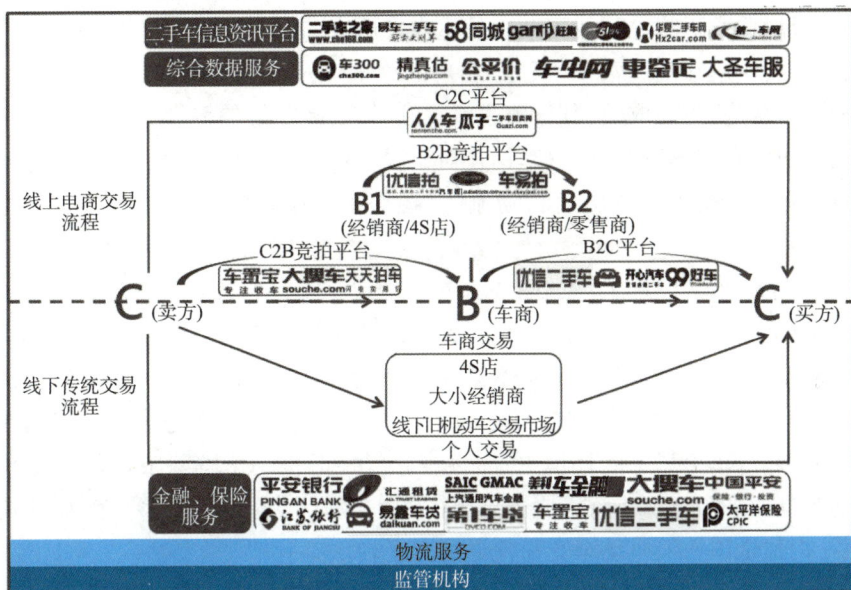

图 5-6　旧机动车电商产业链

在传统的消费者购买旧机动车的过程中，主要从 4S 店、旧机动车市场、熟人等渠道获取车辆信息并进行对比筛选，并最终决策购买。车主传统的旧机动车处理方式则是通过 4S 店、旧机动车市场、熟人等渠道进行置换及售卖。随着互联网技术的发展与普及以及旧机动车电商平台的崛起，消费者及汽车用户获取信息渠道更多的来自于线上，包含汽车资讯网站、旧机动车电商平台在内的多种信息渠道提供专业详尽的旧机动车交易信息，辅助消费者选车、购车，帮助车主评估、售卖车辆（图 5-7）。

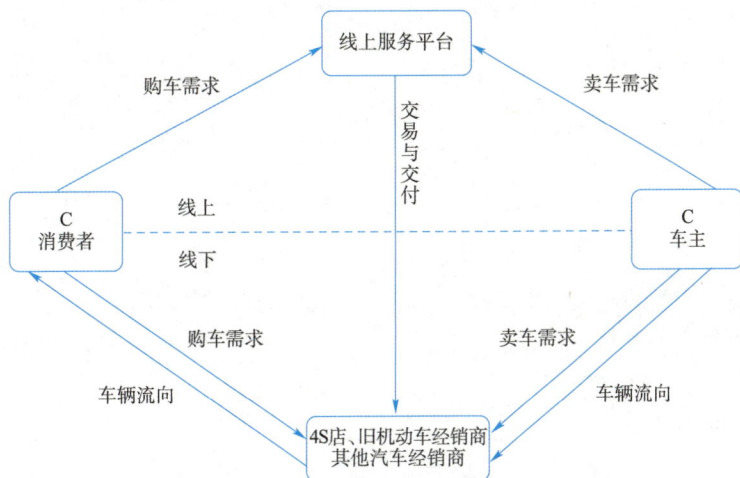

图 5-7　旧机动车交易流程的电商化

2.旧机动车电商行业发展趋势

（1）趋势一：金融服务、大数据应用以及线下门店的建设是行业重点推进业务。

在行业基础建设相对薄弱的当下，电商平台快速提升行业交易量的方式及盈利方式主要是通过线下经销商补贴及金融服务的推广；鉴于当下旧机动车金融渗透率仍处于较低水平，旧机动车金融业务仍将是行业短期内的重点发展方向；行业对于大数据业务仍在早期探索阶段，当前主要应用在辅助营销、获客、客户的维护以及辅助金融风控等方面；未来，大数据的作用将更为普遍，更为成熟，其价值也将逐渐呈现；新零售的概念下，各家电商平台也意识到线下线上协同发展的重要性，汽车销售对于线下场景的需求更为强烈也更为现实，行业内主流平台均在布局线下服务门店及物流、金融等服务设施建设，加快旧机动车新零售的落地。

（2）趋势二：行业政策落地是必然，电商平台加快全国跨地域服务布局。

旧机动车行业缺乏基本行业规范，税收标准以及相关法律法规的缺失；缺乏检测技术标准及专业技术设备、专业人才及行业基本素养；旧机动车限迁政策长期以来严重限制着我国旧机动车跨地域交易与流通；自2017年以来，来自政府层面的重视与监管越加强烈，行业政策逐步出台完善、汽车市场发展环境更加自由与公平、旧机动车解除限迁也将是大势所趋，未来旧机动车电商平台将加快线下服务设施（包括交易门店、检测技术及物流服务等）建设落地与运营，构建全国性旧机动车交易流通服务平台。

（3）趋势三：电商平台将开展更细分的车源获取及营销策略。

随着旧机动车消费接受度提升，不同年龄阶层、不同需求的消费者对于旧机动车购买都呈现出浓烈的兴趣，旧机动车消费整体呈现梯度消费的现状（图5-8）；在行业政策、车辆价格及地域消费因素影响下，旧机动车车源获取流通呈现出明显的层级流通现状，见表5-7。随着电商行业的竞争加剧，电商平台将更加重视平台运营效率的提升，针对梯度消费、消费下沉等趋势，旧机动车电商平台将开展更高效更精准的营销策略；针对不同级别城市车源流通情况，旧机动车电商平台的人力、物力等资源配置将更加合理，提升电商平台在线下场景的运营效率。

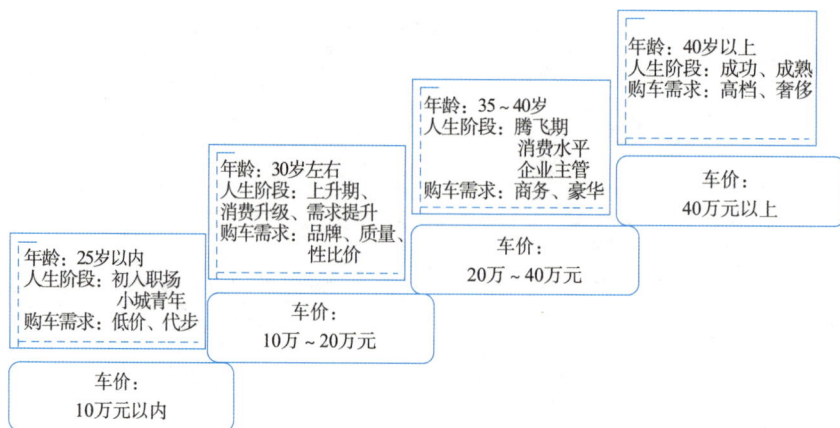

图5-8　旧机动车梯度消费

不同级别车源的地域性流通特征   表 5-7

城市级别	特征
一、二线城市	车源主要流向三线、四线及以下城市,自行消化比例小
三线城市	车源主要是自行消化,并向四线及以下城市流动
四线及以下城市	车源产出相对较少,主要是自行消化,并向乡镇、农村地区流动

(4)趋势四:电商平台同质化竞争愈加激烈;也促进传统旧机动车行业竞争及分化,加速行业整合及淘汰。

旧机动车电商行业当前进入白热化竞争阶段,各平台模式趋同加剧,在 BAT 以及资本的助力下,下阶段平台间竞争将越发激烈,将有更多的行业兼并与充足现象发生;作为革新者,旧机动车电商为传统行业注入新的血液与动力;同时也进一步加剧了线下经销商之间的竞争与分化,经销商的经营思路也处于不断的变革中;导致大量竞争力弱、变革思维差的经销商群体掉队直至淘汰,而行业的优胜劣汰反过来也有着积极作用,促进行业线上线下服务结合、各产业链环节效率提升及行业参与者整体经营水平的提升,而这也是未来优质旧机动车电商平台为了生存而必须强化的能力。

二、任务实施

(一)旧机动车的收购与销售

1.车辆的总体价值构成
旧机动车收购定价的影响因素:车辆实体的产品价值,各项手续的价值。

2.旧机动车收购后应支出的费用
从收购到售出时限内,还要支出的费用有:保险费、日常维护费、停车费、收购支出的货币利息和其他管理费等。

旧机动车的购置费用一般包括购车费、交易增值税,带保险交易的车辆根据情况还要付相应的保险费,翻新车辆则要交相应的维护费用。

3.影响旧机动车价格的因素
市场宏观环境的变化,市场微观环境的变化,供求关系的变化,品牌知名度和维修服务条件均会影响价格。

4.旧机动车收购定价的方法
(1)以现行市价法、重置成本法的思想方法确定收购价格。
(2)以清算价格的思想方法确定收购价格。
(3)以快速折旧的思想方法确定收购价格。

5.旧机动车收购价格的计算
旧机动车收购价格可以运用重置成本法和现行市价法计算,只要将被收购车辆的估算价格乘以折扣率,即可计算出收购价格;如果是运用快速折旧法计算,将重置成本全价减去累计折旧额与车辆维修费用,同样可以计算出旧机动车收购价格。

6.旧机动车收购定价考虑的因素

(1)车辆的使用年份。使用3年内的旧机动车折价幅度最大,大约在新车价格的20%～30%。越往后,折价幅度越低。

(2)车辆行驶里程。在旧机动车市场,有"新车"和"次新车"之分,1年2万km叫"新车",3年6万km叫"次新车"。无论从性能还是外观来讲,这些车都不亚于新车,还省去了磨合的麻烦,而且不易贬值。

(3)车辆机械状态的好坏。虽然有些旧机动车使用年份很长,而且行驶里程也不少,但由于车主勤于维护,车况依然很好,也能卖个好价钱。

(4)车辆外观的好坏,以及有无修理的痕迹。

(5)车辆配置的高低。

(6)车辆排量的大小。

(7)车辆颜色是否符合该品牌客户的普遍喜好。

(8)车辆是否属于知名品牌。

(9)是否符合当地车辆的环保政策。

(10)同类车辆在旧机动车市场库存的多少。

(11)同品牌新车价格波动幅度的大小。

(二)旧机动车的拍卖

旧机动车拍卖是指旧机动车拍卖企业以公开竞价的形式将旧机动车转让给最高应价者的经营活动。旧机动车拍卖的目的是提高旧机动车市场交易透明度,打造最专业的旧机动车流通平台;提高旧机动车交易双方的满意度,使旧机动车交易更规范;提高旧机动车成交率,为客户提供更多的成交机会。

1.旧机动车拍卖规则

对于旧机动车拍卖没有统一的标准,但是为了规范拍卖行为,维护拍卖秩序,保护在拍卖活动中各方当事人的合法权益,使拍卖顺利进行,旧机动车拍卖要严格按照《中华人民共和国拍卖法》及国家的相关政策法律法规的指导进行。拍卖规则包含下列内容。

(1)拍卖人拍卖日期与场所。

(2)拍卖标的及保留价。

(3)拍卖标的的展示时间及场所。

(4)竞买人权利和义务。

(5)保证金缴纳约定。

(6)拍卖方式。

(7)买受人的权利和义务。

(8)拍卖标的清点移交。

(9)违约责任。

2.旧机动车拍卖所需资料

1)旧机动车委托拍卖所需材料

车辆行驶证、购置证、车船税证、车辆所有人证件(私人为身份证、户口簿;企事业单位为企业代码证)。

2)旧机动车参加竞买所需材料

竞买人身份证明(私人为身份证,企事业单位为企事业单位代码证书)和保证金(按每次拍卖会规定的标准交付)。拍卖人接受委托的,应与委托人签订委托拍卖合同。

3.旧机动车拍卖流程

旧机动车拍卖流程如图5-9所示。

看样咨询 → 竞买登记 → 付保证金 → 参加竞买 → 结清车款 → 提取车辆 → 办理过户

图5-9 旧机动车拍卖流程

注:①办理过户时若将公车转为私车,需缴纳车价3%的费用,其余情况则缴纳1%的费用。
②任何情况,都需缴纳0.5%的交易管理费和几百元的办证杂费。
③拍卖公司5%左右的手续费也是要考虑到的。

(三)实训:实地调查旧机动车的交易与置换与解电商平台

1.训练目标与要求

(1)掌握旧机动车的交易与相关规定;
(2)知晓旧机动车置换与相关规定;
(3)了解电商平台旧机动车交易的过程。

2.训练场与所设备

(1)旧机动车交易市场,品牌汽车4S店;
(2)电商平台网站或者手机App小程序;
(3)电脑与平板若干。

3.训练步骤

1)去旧机动车市场,查看第一手旧机动车交易的规定与过程

(1)旧机动车的过户。

符合交易条件的旧机动车就可以办理过户手续,以北京市场旧机动车交易过户手续为例,了解个人对个人、个人对单位、单位对单位和单位对个人等四种情况的所需手续。

(2)不允许办理过户的旧机动车。

①申请车主印章与原登记车主印章不相符的。
②未经批准擅自改装、改型及变更载货质量、乘员人数的。
③违章、肇事未处理结案的或公安机关对车辆有质疑的。
④达到报废年限的(对已达到报废使用年限,但车辆技术状况较好,使用性质为自用的汽车,经特殊检验合格后,在达到报废使用年限后两年内,准予申办过户登记,但不准转籍)。
⑤未参加定期检验或检验不合格的。

⑥新车入户不足3个月的（进口汽车初次登记后不满两年的，但法院判决的除外）。

⑦人民法院通知冻结或抵押期未满的。

⑧属控购车辆无《申报牌照证明章》的。

⑨进口汽车属海关监管期内，未解除监管的。

（3）旧机动车交易流程。

旧机动车交易流程如图5-10所示。

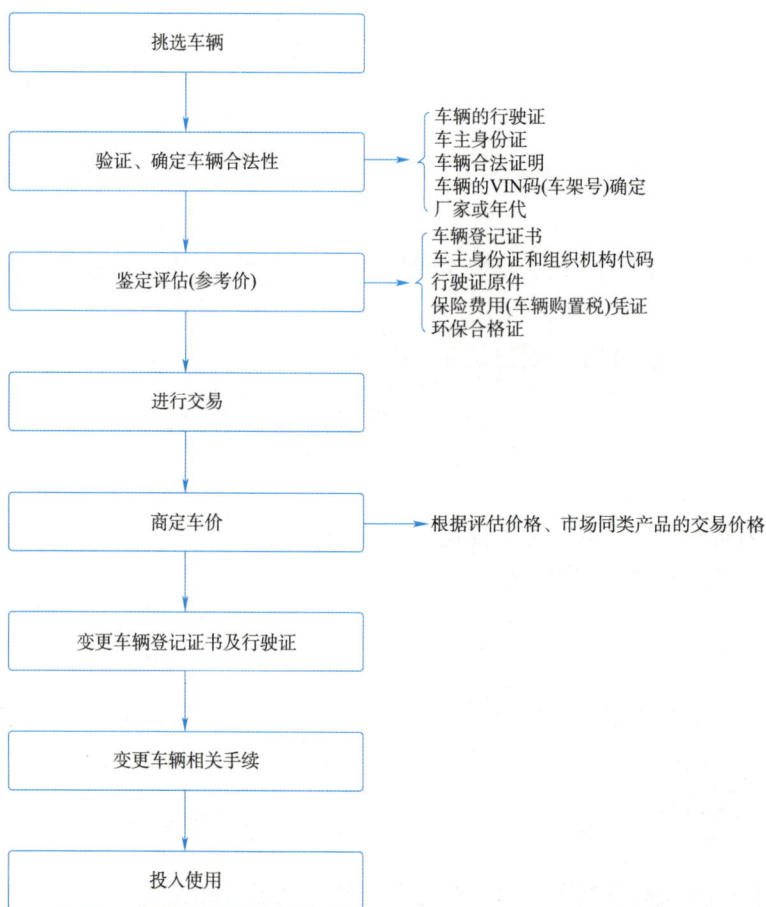

图5-10　旧机动车交易流程

①旧机动车交易应准备的材料。

车辆行驶证、机动车登记证、机动车登记副表、车辆购置附加费证、车辆保险证、车船使用税证、身份证、户口簿等。

买卖双方需签订由工商部门监制的《旧机动车买卖合同》，合同一式三份，买卖双方各持一份，工商部门保留一份，经工商部门备案后才能办理车辆的过户或转籍手续。

等评估报告出来后，开始办理过户手续，办理好的过户凭证由买方保留，卖方最好也保留一份复印件，以备日后不时之需。

②交易费用。

验车费用：这项费用通常会根据不同地区的标准而有所差异，但大体上包括车辆检查、拓号、拆牌及照相等步骤,以及检查记录表和油耗检测等费用。总共需要支付的费用大约在100～500元之间。

过户手续费:指在过户时需要缴纳的费用,按照车辆估价5‰收取。对于这项费用的支付方,没有明确规定由谁来支付,而是由二手车商和买家协商决定。根据不同地区政策的不同,过户手续费也会有所浮动。一般来说,这项费用需要缴纳几百到上千元不等。

其他杂费:在进行过户时可能还会产生一些必要的杂费,例如购置车辆交强险、车船使用税等。这些费用大致在200～500元之间。

2)去汽车4S店,考查旧机动车置换的规定与过程

(1)汽车置换的基本原则。

对在用车辆不满意;尽量不要选择同档次车型;贷款车可以置换;新车可以用原来的"牌"。

(2)国内主要汽车置换运作模式。

用本厂旧机动车置换新车(即以旧换新);用本品牌旧机动车置换新车;只要购买本厂生产的新车;置换的旧机动车不限品牌;委托寄售方式。

(3)认证二手车。

认证二手车只选规定年限或行驶里程(5年内或小于10万km)的车源,拒收营运车、改装车、杜绝事故、泡水、火烧车。甄选车源后,每辆车均经过汽车厂家认证的专项严格检测,大到发动机、变速器,小到胎纹厚度、制动盘等,逐项检测,精心修整。让每一辆认证二手车都犹如新生,且享有原厂质量保证。

(4)汽车置换的服务程序。

旧机动车置换流程如图5-11所示。

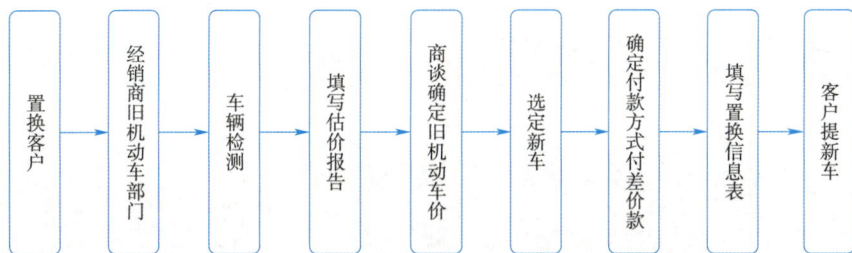

图5-11　旧机动车置换流程

找到品牌旧机动车授权经销商,专业评估人员对旧机动车进行专项车辆标准化检测、评估(含各种品牌);根据车辆折旧率,结合车况、市场现行价、车辆整修费用等进行估价,进行置换。

注意事项:

①新车牌照。新车仍使用原旧机动车牌照的,经销商代办退牌手续和新车上牌手续,新车上新牌照的,经销商可代办手续。

②新车需交钱款=新车价格–旧车评估价格。

③贷款置换。如果旧车贷款尚未还清,可由经销商垫付还清贷款,款项计入新车需交钱款。

④售后服务。商家提供一定期限的质保期。

3)通过手机或者电脑上网了解知名二手车电商平台,查看网上旧机动车交易的过程与规定

(1)旧机动车电商模式。

目前，常见的旧机动车电商基本模式见表5-8。

旧机动车电商基本模式分类 表5-8

分类	旧机动车电商类型	服务对象	代表企业
2B端	B2B 竞拍模式	4S店、旧机动车车商	优信拍、汽车街、车易拍
	C2B 竞拍模式	C端卖车客户、旧机动车批发商、旧机动车零售商	车置宝、天天拍车、车开新、车速拍、大搜车、淘车、迈迈车
2C端	C2C 模式	C端卖车客户和C端买车客户	瓜子二手车、人人车、好车无忧
	B2C 模式	旧机动车零售商和C端买车客户	优信二手车、淘车、车猫、99好车、澳康达、开心汽车、车王、优车诚品

（2）旧机动车电商行业企业介绍。

传统的旧机动车产业链在买方和卖方之间的连接渠道主要是新车经销商4S店、旧机动车经销商和经纪人以及个人间的直接交易。

互联网力量的兴起正在影响传统的旧机动车行业结构，旧机动车交易中间商在线上为客户呈现海量车源，自建检测师团队采集车源，保证了车源质量，公开车况信息降低了客户选车成本，提高了旧机动车交易效率，而第三方服务平台，包括检测服务、估价服务、垂直搜索服务等，通过与旧机动车交易服务平台和线下车商合作，提供数据等专业服务，帮助客户决策。

通过网络具体了解电商平台的运作和具体操作模式（图5-12），如：优信、瓜子二手车、人人车、大搜车等多家电商平台。

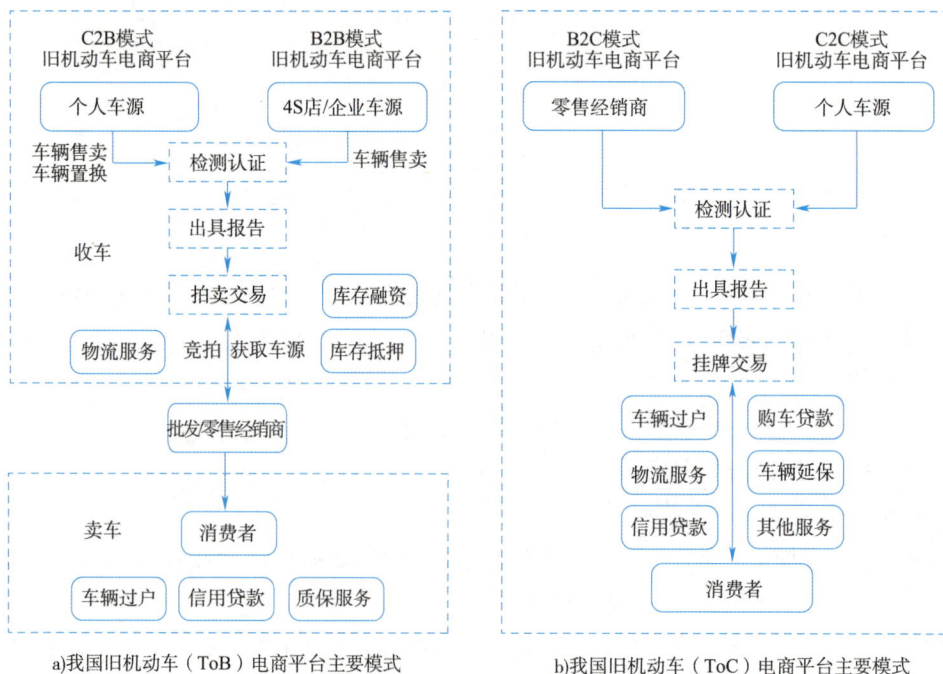

图5-12　我国旧机动车电商平台运作模式

4)依据实地调查旧机动车交易与置换或者电商平台的相关资料,编写一份2000字左右的调查报告

三、评价反馈

1. 自我评价

(1)通过本学习任务的学习你是否已经掌握以下问题:

①旧机动车收购与销售如何定价。

_____

_____

②旧机动车的交易流程。

_____

_____

③旧机动车的置换与模式。

_____

_____

④旧机动车的拍卖的流程。

_____

_____

⑤旧机动车电商模式。

_____

_____

(2)去旧机动车市场调查旧机动车的交易过程。

_____

_____

(3)去4S店调查旧机动车置换过程情况。

_____

_____

(4)上网了解电商平台的运行模式。

_____

_____

（5）通过本任务的学习，培养正确的劳动态度，弘扬劳动精神、奋斗精神、奉献精神；检查工作着装的规范程度。

_____

_____

（6）能否积极主动参与工作现场的清洁和整理工作？

_____

_____

（7）在完成本学习任务的过程中，你是否主动帮助过其他同学？是否和其他同学调查旧机动车的置换、拍卖和交易情况？具体问题是什么？结果是什么？

_____

_____

（8）通过本学习任务的学习，培养不畏技术困难，努力钻研技术的习惯，不断提出真正解决问题的新理念新思路新办法。你认为自己在哪些方面还有待进一步改善？

_____

_____

签名：_____   _____年___月___日

2. 资讯与实施

1）资讯

（1）二手车收购价格的确定是指被收购_____的前提下对车辆实体价格的确定。

（2）旧机动车的评估价格与收购价格相同，没有区别。　　　　　　　　（　　）

（3）二手车过户过程实际上分为两个步骤：_____和转移登记过户，两个步骤缺一不可。

（4）折旧是指企业的固定资产在预计的使用年限内由于_____而逐渐转移的价值。

（5）_____是以企业所处的行业地位和竞争定位而制定价格的一种方法，是二手车流通企业根据市场竞争状况确定商品价格的一种定价方式。

（6）加速折旧法求折旧额的方法有_____和双倍余额递减。

（7）私家车如果按余额递减法中双倍余额递减法计算折旧率，应该为十五分之一。

　　　　　　　　　　　　　　　　　　　　　　　　　　　　（　　）

（8）二手车的经营行为是指二手车经销、拍卖、经纪和鉴定评估等。　　（　　）

（9）拍卖是指以公开竞价的形式，将特定物品或者财产权利转让给_____的买卖方式。

（10）目前旧机动车电商市场主要有以瓜子二手车_____、人人车为代表的直买模式；以优信拍、车易拍为代表的竞拍模式；以精真估、公平价为代表的第三方车辆

_____等。

2）实施

（1）上汽通用汽车率先进入二手车领域后，上汽大众、一汽大众、东风日产等厂家也纷纷进军二手车市场，推出认证二手车，上海通用采用（　　）这个品牌。

    A."诚新二手车"   B."安心二手车"

    C."喜悦二手车"   D."尊选二手车"

（2）二手车交易的类型有（　　）。

    A. 二手车经销、拍卖、直接交易、置换

    B. 二手车经销、拍卖、抵债、直接交易

    C. 二手车转卖、抵债

    D. 二手车经销、拍卖、直接交易

（3）在二手车销售定价中要考虑的因素有（　　）、供求关系、竞争状况、国家政策法令。

    A. 收购价格   B. 固定成本费用   C. 变动成本费用   D. 成本因素

（4）二手车销售是指二手车销售企业进行二手车（　　）的经营活动。

    A. 收购、评估   B. 收购、销售

    C. 置换、销售   D. 评估、认证

（5）一辆2018年的伊兰特1.6GL—AT私家车，按照现行市价法评估，价格约为人民币9万元，由于资产抵押，考虑到快速变现的需要，折价20%，则该车的清算价格为（　　）。

    A. 1.8万   B. 6.6万   C. 7.2万   D. 7.8万

（6）旧机动车收购要充分考虑车辆的总体价值，它包括车辆实体的产品价值和（　　）的价值。

    A. 购置税本   B. 各项手续   C. 保险合同   D. 车辆登记证

（7）运用快速折旧法。首先计算出旧机动车已使用年数累计折旧额，然后，将重置成本全价（　　）累计折旧额，再（　　）车辆需要维修换件的总费用，即得旧机动车收购价格。

    A. 加上 加上   B. 加上 减去   C. 减去 减去   D. 减去 加上

（8）最大利润目标是指旧机动车流通企业在一定时期内综合考虑各种因素后，以总收入减去（　　）的最大差额为基点，确定单位商品的价格，以取得最大利润的一种定价目标。

    A. 总成本   B. 总税费   C. 总费用   D. 总消耗费用

（9）经汽车厂商授权的汽车经销商将收上来的该品牌旧机动车进行一系列（　　）之后，使该车成为经品牌认证的车辆，销售出去之后可以给予一定的质量担保和品质保证，这一过程通称为认证。

    A. 维修、维护   B. 大修、涂装   C. 翻新、换件   D. 检测、维修

（10）（　　）模式是旧机动车电商与线下经销商达成合作协议后，对车辆进行检测，然后放到网上向消费者出售的交易模式。

    A. B2B   B. C2B   C. B2C   D. C2C

3. 小组评价

小组评价表见表5-9。

小组评价表　　　　　　　　　　　　　　　表 5-9

序号	评价项目	评价情况
1	学习态度是否积极主动	
2	是否服从教学安排	
3	是否达到全勤	
4	着装是否符合要求	
5	是否合理规范地使用仪器和设备	
6	是否按照安全和规范的规程操作	
7	是否遵守学习、实训场地的规章制度	
8	是否积极主动地与他人合作、探讨问题	
9	是否能保持学习、实训场地整洁	
10	团结协作情况	

参与评价的同学签名：_____　　　_____年___月___日

4. 教师评价

_____

_____

教师签名：_____　　　_____年___月___日

附录
旧机动车交易相关法律法规 >>>

二手车流通管理办法

（商务部、公安部、国家工商行政管理总局、
国家税务总局令2005年第2号）

第一章 总 则

第一条 为加强二手车流通管理,规范二手车经营行为,保障二手车交易双方的合法权益,促进二手车流通健康发展,依据国家有关法律、行政法规,制定本办法。

第二条 在中华人民共和国境内从事二手车经营活动或者与二手车相关的活动,适用本办法。

本办法所称二手车,是指从办理完注册登记手续到达到国家强制报废标准之前进行交易并转移所有权的汽车(包括三轮汽车、低速载货汽车,即原农用运输车,下同)、挂车和摩托车。

第三条 二手车交易市场是指依法设立、为买卖双方提供二手车集中交易和相关服务的场所。

第四条 二手车经营主体是指经工商行政管理部门依法登记,从事二手车经销、拍卖、经纪、鉴定评估的企业。

第五条 二手车经营行为是指二手车经销、拍卖、经纪、鉴定评估等。

(一)二手车经销是指二手车经销企业收购、销售二手车的经营活动;

(二)二手车拍卖是指二手车拍卖企业以公开竞价的形式将二手车转让给最高应价者的经营活动;

(三)二手车经纪是指二手车经纪机构以收取佣金为目的,为促成他人交易二手车而从事居间、行纪或者代理等经营活动;

(四)二手车鉴定评估是指二手车鉴定评估机构对二手车技术状况及其价值进行鉴定评估的经营活动。

第六条 二手车直接交易是指二手车所有人不通过经销企业、拍卖企业和经纪机构将车辆直接出售给买方的交易行为。二手车直接交易应当在二手车交易市场进行。

第七条 国务院商务主管部门、工商行政管理部门、税务部门在各自的职责范围内负责二手车流通有关监督管理工作。

省、自治区、直辖市和计划单列市商务主管部门（以下简称省级商务主管部门）、工商行政管理部门、税务部门在各自的职责范围内负责辖区内二手车流通有关监督管理工作。

第二章　设立条件和程序

第八条　二手车交易市场经营者、二手车经销企业和经纪机构应当具备企业法人条件，并依法到工商行政管理部门办理登记。

第九条　设立二手车拍卖企业（含外商投资二手车拍卖企业）应当符合《中华人民共和国拍卖法》和《拍卖管理办法》有关规定，并按《拍卖管理办法》规定的程序办理。

第十条　外资并购二手车交易市场和经营主体及已设立的外商投资企业增加二手车经营范围的，应当按第十一条、第十二条规定的程序办理。

第三章　行　为　规　范

第十一条　二手车交易市场经营者和二手车经营主体应当依法经营和纳税，遵守商业道德，接受依法实施的监督检查。

第十二条　二手车卖方应当拥有车辆的所有权或者处置权。二手车交易市场经营者和二手车经营主体应当确认卖方的身份证明，车辆的号牌、《机动车登记证书》《机动车行驶证》，有效的机动车安全技术检验合格标志、车辆保险单、缴纳税费凭证等。

国家机关、国有企事业单位在出售、委托拍卖车辆时，应持有本单位或者上级单位出具的资产处理证明。

第十三条　出售、拍卖无所有权或者处置权车辆的，应承担相应的法律责任。

第十四条　二手车卖方应当向买方提供车辆的使用、修理、事故、检验以及是否办理抵押登记、缴纳税费、报废期等真实情况和信息。买方购买的车辆如因卖方隐瞒和欺诈不能办理转移登记，卖方应当无条件接受退车，并退还购车款等费用。

第十五条　二手车经销企业销售二手车时应当向买方提供质量保证及售后服务承诺，并在经营场所予以明示。

第十六条　进行二手车交易应当签订合同。合同示范文本由国务院工商行政管理部门制定。

第十七条　二手车所有人委托他人办理车辆出售的，应当与受托人签订委托书。

第十八条　委托二手车经纪机构购买二手车时，双方应当按以下要求进行：

（一）委托人向二手车经纪机构提供合法身份证明；

（二）二手车经纪机构依据委托人要求选择车辆，并及时向其通报市场信息；

（三）二手车经纪机构接受委托购买时，双方签订合同；

（四）二手车经纪机构根据委托人要求代为办理车辆鉴定评估，鉴定评估所发生的费用由委托人承担。

第十九条　二手车交易完成后，卖方应当及时向买方交付车辆、号牌及车辆法定证明、凭证。车辆法定证明、凭证主要包括：

（一）《机动车登记证书》；

（二）《机动车行驶证》；

（三）有效的机动车安全技术检验合格标志；

（四）车辆购置税完税证明；

（五）养路费缴付凭证；

（六）车船使用税缴付凭证；

（七）车辆保险单。

第二十条 下列车辆禁止经销、买卖、拍卖和经纪：

（一）已报废或者达到国家强制报废标准的车辆；

（二）在抵押期间或者未经海关批准交易的海关监管车辆；

（三）在人民法院、人民检察院、行政执法部门依法查封、扣押期间的车辆；

（四）通过盗窃、抢劫、诈骗等违法犯罪手段获得的车辆；

（五）发动机号码、车辆识别代号或者车架号码与登记号码不相符，或者有凿改迹象的车辆；

（六）走私、非法拼（组）装的车辆；

（七）不具有第十九条所列证明、凭证的车辆；

（八）在本行政辖区以外的公安机关交通管理部门注册登记的车辆；

（九）国家法律、行政法规禁止经营的车辆。

二手车交易市场经营者和二手车经营主体发现车辆具有（四）（五）（六）情形之一的，应当及时报告公安机关、工商行政管理部门等执法机关。

对交易违法车辆的，二手车交易市场经营者和二手车经营主体应当承担连带赔偿责任和其他相应的法律责任。

第二十一条 二手车经销企业销售、拍卖企业拍卖二手车时，应当按规定向买方开具税务机关监制的统一发票。

进行二手车直接交易和通过二手车经纪机构进行二手车交易的，应当由二手车交易市场经营者按规定向买方开具税务机关监制的统一发票。

第二十二条 二手车交易完成后，现车辆所有人应当凭税务机关监制的统一发票，按法律、法规有关规定办理转移登记手续。

第二十三条 二手车交易市场经营者应当为二手车经营主体提供固定场所和设施，并为客户提供办理二手车鉴定评估、转移登记、保险、纳税等手续的条件。二手车经销企业、经纪机构应当根据客户要求，代办二手车鉴定评估、转移登记、保险、纳税等手续。

第二十四条 二手车鉴定评估应当本着买卖双方自愿的原则，不得强制进行；属国有资产的二手车应当按国家有关规定进行鉴定评估。

第二十五条 二手车鉴定评估机构应当遵循客观、真实、公正和公开原则，依据国家法律法规开展二手车鉴定评估业务，出具车辆鉴定评估报告；并对鉴定评估报告中车辆技术状况，包括是否属事故车辆等评估内容负法律责任。

第二十六条 二手车鉴定评估机构和人员可以按国家有关规定从事涉案、事故车辆鉴定等评估业务。

第二十七条 二手车交易市场经营者和二手车经营主体应当建立完整的二手车交易购销、买卖、拍卖、经纪以及鉴定评估档案。

第二十八条 设立二手车交易市场、二手车经销企业开设店铺，应当符合所在地城市发展及城市商业发展有关规定。

第四章　监督与管理

第二十九条　二手车流通监督管理遵循破除垄断,鼓励竞争,促进发展和公平、公正、公开的原则。

第三十条　建立二手车交易市场经营者和二手车经营主体备案制度。凡经工商行政管理部门依法登记,取得营业执照的二手车交易市场经营者和二手车经营主体,应当自取得营业执照之日起2个月内向省级商务主管部门备案。省级商务主管部门应当将二手车交易市场经营者和二手车经营主体有关备案情况定期报送国务院商务主管部门。

第三十一条　建立和完善二手车流通信息报送、公布制度。二手车交易市场经营者和二手车经营主体应当定期将二手车交易量、交易额等信息通过所在地商务主管部门报送省级商务主管部门。省级商务主管部门将上述信息汇总后报送国务院商务主管部门。国务院商务主管部门定期向社会公布全国二手车流通信息。

第三十二条　商务主管部门、工商行政管理部门应当在各自的职责范围内采取有效措施,加强对二手车交易市场经营者和经营主体的监督管理,依法查处违法违规行为,维护市场秩序,保护消费者的合法权益。

第三十三条　国务院工商行政管理部门会同商务主管部门建立二手车交易市场经营者和二手车经营主体信用档案,定期公布违规企业名单。

第五章　附　　则

第三十四条　本办法自2005年10月1日起施行,原《商务部办公厅关于规范旧机动车鉴定评估管理工作的通知》(商建字〔2004〕第70号)、《关于加强旧机动车市场管理工作的通知》(国经贸贸易〔2001〕1281号)、《旧机动车交易管理办法》(内贸机字〔1998〕第33号)及据此发布的各类文件同时废止。

汽车贸易政策

（商务部令 2005 年第 16 号）

第一章 总　则

第一条 为建立统一、开放、竞争、有序的汽车市场,维护汽车消费者合法权益,推进我国汽车产业健康发展,促进消费,扩大内需,特制定本政策。

第二条 国家鼓励发展汽车贸易,引导汽车贸易业统筹规划,合理布局,调整结构,积极运用现代信息技术、物流技术和先进的经营模式,推进电子商务,提高汽车贸易水平,实现集约化、规模化、品牌化及多样化经营。

第三条 为创造公平竞争的汽车市场环境,发挥市场在资源配置中的基础性作用,坚持按社会主义市场经济规律,进一步引入竞争机制,扩大对内对外开放,打破地区封锁,促进汽车商品在全国范围内自由流通。

第四条 引导汽车贸易企业依法、诚信经营,保证商品质量和服务质量,为消费者提供满意的服务。

第五条 为提高我国汽车贸易整体水平,国家鼓励具有较强的经济实力、先进的商业经营管理经验和营销技术以及完善的国际销售网络的境外投资者投资汽车贸易领域。

第六条 充分发挥行业组织、认证机构、检测机构的桥梁纽带作用,建立和完善独立公正、规范运作的汽车贸易评估、咨询、认证、检测等中介服务体系,积极推进汽车贸易市场化进程。

第七条 积极建立、完善相关法规和制度,加快汽车贸易法制化建设。设立汽车贸易企业应当具备法律、行政法规规定的有关条件,国务院商务主管部门会同有关部门研究制定和完善汽车品牌销售、二手车流通、汽车配件流通、报废汽车回收等管理办法、规范及标准,依法管理、规范汽车贸易的经营行为,维护公平竞争的市场秩序。

第二章 政策目标

第八条 通过本政策的实施,基本实现汽车品牌销售和服务,形成多种经营主体与经营模式并存的二手车流通发展格局,汽车及二手车销售和售后服务功能完善、体系健全;汽车配件商品来源、质量和价格公开、透明,假冒伪劣配件商品得到有效遏制,报废汽车回收拆解率显著提高,形成良好的汽车贸易市场秩序。

第九条 到 2010 年,建立起与国际接轨并具有竞争优势的现代汽车贸易体系,拥有一批具有竞争实力的汽车贸易企业,贸易额有较大幅度增长,贸易水平显著提高,对外贸易能力明显增强,实现汽车贸易与汽车工业的协调发展。

第三章 汽车销售

第十条 境内外汽车生产企业凡在境内销售自产汽车的,应当尽快建立完善的汽车品牌销售和服务体系,确保消费者在购买和使用过程中得到良好的服务,维护其合法权益。汽车生产企业可以按国家有关规定自行投资或授权汽车总经销商建立品牌销售和服务体系。

第十一条 实施汽车品牌销售和服务。自2005年4月1日起,乘用车实行品牌销售和服务;自2006年12月1日起,除专用作业车外,所有汽车实行品牌销售和服务。

从事汽车品牌销售活动应当先取得汽车生产企业或经其授权的汽车总经销商授权。汽车(包括二手车)经销商应当在工商行政管理部门核准的经营范围内开展汽车经营活动。

第十二条 汽车供应商应当制订汽车品牌销售和服务网络规划。为维护消费者的利益,汽车品牌销售和与其配套的配件供应、售后服务网点相距不得超过150公里。

第十三条 汽车供应商应当加强品牌销售和服务网络的管理,规范销售和服务,在国务院工商行政管理部门备案并向社会公布后,要定期向社会公布其授权和取消授权的汽车品牌销售和服务企业名单,对未经品牌授权或不具备经营条件的经销商不得提供汽车资源。汽车供应商有责任及时向社会公布停产车型,并采取积极措施在合理期限内保证配件供应。

第十四条 汽车供应商和经销商应当通过签订书面合同明确双方的权利和义务。汽车供应商要对经销商提供指导和技术支持,不得要求经销商接受不平等的合作条件,以及强行规定经销数量和进行搭售,不应随意解除与经销商的合作关系。

第十五条 汽车供应商应当按国家有关法律法规以及向消费者的承诺,承担汽车质量保证义务,提供售后服务。

汽车经销商应当在经营场所向消费者明示汽车供应商承诺的汽车质量保证和售后服务,并按其授权经营合同的约定和服务规范要求,提供相应的售后服务。

汽车供应商和经销商不得供应和销售不符合机动车国家安全技术标准、未获国家强制性产品认证、未列入《道路机动车辆生产企业及产品公告》的汽车。进口汽车未按照《中华人民共和国进出口商品检验法》及其实施条例规定检验合格的,不准销售使用。

第四章 二手车流通

第十六条 国家鼓励二手车流通。建立竞争机制,拓展流通渠道,支持有条件的汽车品牌经销商等经营主体经营二手车,以及在异地设立分支机构开展连锁经营。

第十七条 积极创造条件,简化二手车交易、转移登记手续,提高车辆合法性与安全性的查询效率,降低交易成本,统一规范交易发票;强化二手车质量管理,推动二手车经销商提供优质售后服务。

第十八条 加快二手车市场的培育和建设,引导二手车交易市场转变观念,强化市场管理,拓展市场服务功能。

第十九条 实施二手车自愿评估制度。除涉及国有资产的车辆外,二手车的交易价格由买卖双方商定,当事人可以自愿委托具有资格的二手车鉴定评估机构进行评估,供交易时参考。除法律、行政法规规定外,任何单位和部门不得强制或变相强制对交易车辆进行评估。

第二十条 积极规范二手车鉴定评估行为。二手车鉴定评估机构应当本着"客观、真实、公正、公开"的原则,依据国家有关法律法规,开展二手车鉴定评估经营活动,出具车辆鉴定评估报告,明确车辆技术状况(包括是否属事故车辆等内容)。

第二十一条 二手车经营、拍卖企业在销售、拍卖二手车时,应当向买方提供真实情况,不得有隐瞒和欺诈行为。所销售和拍卖的车辆必须具有机动车号牌、《机动车登记证书》《机动车行驶证》、有效的机动车安全技术检验合格标志、车辆保险单和缴纳税费凭证等。

第二十二条 二手车经营企业销售二手车时,应当向买方提供质量保证及售后服务承诺。在产品质量责任担保期内的,汽车供应商应当按国家有关法律法规以及向消费者的承诺,承担汽车质量保证和售后服务。

第二十三条 从事二手车拍卖和鉴定评估经营活动应当经省级商务主管部门核准。

第五章　汽车配件流通

第二十四条 国家鼓励汽车配件流通采取特许、连锁经营的方式向规模化、品牌化、网络化方向发展,支持配件流通企业进行整合,实现结构升级,提高规模效应及服务水平。

第二十五条 汽车及配件供应商和经销商应当加强质量管理,提高产品质量及服务质量。

汽车及配件供应商和经销商不得供应和销售不符合国家法律、行政法规、强制性标准及强制性产品认证要求的汽车配件。

第二十六条 汽车及配件供应商应当定期向社会公布认可和取消认可的特许汽车配件经销商名单。

汽车配件经销商应当明示所销售的汽车配件及其他汽车用品的名称、生产厂家、价格等信息,并分别对原厂配件、经汽车生产企业认可的配件、报废汽车回用件及翻新件予以注明。汽车配件产品标识应当符合《产品质量法》的要求。

第二十七条 加快规范报废汽车回用件流通,报废汽车回收拆解企业对按有关规定拆解的可出售配件,必须在配件的醒目位置标明"报废汽车回用件"。

第六章　汽车报废与报废汽车回收

第二十八条 国家实施汽车强制报废制度。根据汽车安全技术状况和不同用途,修订现行汽车报废标准,规定不同的强制报废标准。

第二十九条 报废汽车所有人应当将报废汽车及时交售给具有合法资格的报废汽车回收拆解企业。

第三十条 地方商务主管部门要按《报废汽车回收管理办法》(国务院令第307号)的有关要求,对报废汽车回收拆解行业统筹规划,合理布局。

从事报废汽车回收拆解业务,应当具备法律法规规定的有关条件。国务院商务主管部门应当将符合条件的报废汽车回收拆解企业向社会公告。

第三十一条 报废汽车回收拆解企业必须严格按国家有关法律、法规开展业务,及时拆解回收的报废汽车。拆解的发动机、前后桥、变速器、转向机、车架"五大总成"应当作为废钢铁,交售给钢铁企业作为冶炼原料。

第三十二条 各级商务主管部门要会同公安机关建立报废汽车回收管理信息交换制度,实现报废汽车回收过程实时控制,防止报废汽车及其"五大总成"流入社会。

第三十三条　为合理和有效利用资源,国家适时制定报废汽车回收利用的管理办法。

第三十四条　完善老旧汽车报废更新补贴资金管理办法,鼓励老旧汽车报废更新。

第三十五条　报废汽车回收拆解企业拆解的报废汽车零部件及其他废弃物、有害物(如油、液、电池、有害金属等)的存放、转运、处理等必须符合《环境保护法》《大气污染防治法》等法律、法规的要求,确保安全、无污染(或使污染降至最低)。

第七章　汽车对外贸易

第三十六条　自2005年1月1日起,国家实施汽车自动进口许可管理,所有汽车进口口岸保税区不得存放以进入国内市场为目的的汽车。

第三十七条　国家禁止以任何贸易方式进口旧汽车及其总成、配件和右置转向盘汽车(用于开发出口产品的右置转向盘样车除外)。

第三十八条　进口汽车必须获得国家强制性产品认证证书,贴有认证标志,并须经检验检疫机构抽查检验合格,同时附有中文说明书。

第三十九条　禁止汽车及相关商品进口中的不公平贸易行为。国务院商务主管部门依法对汽车产业实施反倾销、反补贴和保障措施,组织有关行业协会建立和完善汽车产业损害预警系统,并开展汽车产业竞争力调查研究工作。汽车供应商和经销商有义务及时准确地向国务院有关部门提供相关信息。

第四十条　鼓励发展汽车及相关商品的对外贸易。支持培育和发展国家汽车及零部件出口基地,引导有条件的汽车供应商和经销商采取多种方式在国外建立合资、合作、独资销售及服务网络,优化出口商品结构,加大开拓国际市场的力度。

第四十一条　利用中央外贸发展基金支持汽车及相关商品对外贸易发展。

第四十二条　汽车及相关商品的出口供应商和经销商应当根据出口地区相关法规建立必要的销售和服务体系。

第四十三条　加强政府间磋商,支持汽车及相关商品出口供应商参与反倾销、反补贴和保障措施的应诉,维护我国汽车及相关商品出口供应商的合法权益。

第四十四条　汽车行业组织要加强行业自律,建立竞争有序的汽车及相关商品对外贸易秩序。

第八章　其　　他

第四十五条　设立外商投资汽车贸易企业,除符合相应的资质条件外,还应当符合外商投资有关法律法规,并经省级商务主管部门初审后报国务院商务主管部门审批。

第四十六条　加快发展和扩大汽车消费信贷,支持有条件的汽车供应商建立面向全行业的汽车金融公司,引导汽车金融机构与其他金融机构建立合作机制,使汽车消费信贷市场规模化、专业化程度显著提高,风险管理体系更加完善。

第四十七条　完善汽车保险市场,鼓励汽车保险品种向个性化与多样化方向发展,提高汽车保险服务水平,初步实现汽车保险业专业化、集约化经营。

第四十八条　各地政府制定的与汽车贸易相关的各种政策、制度和规定要符合本政策要求并做到公开、透明,不得对非本地生产和交易的汽车在流通、服务、使用等方面实施歧视政策,坚决制止强制或变相强制本地消费者购买本地生产汽车,以及以任何方式干预经营者选择国家许可生产、销售的汽车的行为。

第四十九条 本政策自发布之日起实施,由国务院商务主管部门负责解释。

附:汽车贸易政策使用术语说明

一、"汽车贸易"包括新车销售、二手车流通、汽车配件流通、汽车报废与报废汽车回收、汽车对外贸易等方面。

二、除涉及汽车品牌销售外,本政策所称"汽车"包括低速载货汽车、三轮汽车(原农用运输车)、挂车和摩托车。

三、"二手车"是指从办理完注册登记手续到达到国家强制报废标准之前进行交易并转移所有权的汽车。

四、"供应商"是指汽车或汽车配件生产企业及其总经销商。

五、"经销商"是指汽车或配件零售商。

二○○五年八月十日

二手车交易规范

（商务部公告 2006 年第 22 号）

为规范二手车交易行为，指导交易各方进行二手车交易及相关活动，根据《二手车流通管理办法》，制定《二手车交易规范》，现予发布，在行业内推广实施。

特此公告。

中华人民共和国商务部

二〇〇六年三月二十四日

第一章 总 则

第一条 为规范二手车交易市场经营者和二手车经营主体的服务、经营行为，以及二手车直接交易双方的交易行为，明确交易规程，增加交易透明度，维护二手车交易双方的合法权益，依据《二手车流通管理办法》，制定本规范。

第二条 在中华人民共和国境内从事二手车交易及相关的活动适用于本规范。

第三条 二手车交易应遵循诚实、守信、公平、公开的原则，严禁欺行霸市、强买强卖、弄虚作假、恶意串通、敲诈勒索等违法行为。

第四条 二手车交易市场经营者和二手车经营主体应在各自的经营范围内从事经营活动，不得超范围经营。

第五条 二手车交易市场经营者和二手车经营主体应按下列项目确认卖方的身份及车辆的合法性：

（一）卖方身份证明或者机构代码证书原件合法有效；

（二）车辆号牌、机动车登记证书、机动车行驶证、机动车安全技术检验合格标志真实、合法、有效；

（三）交易车辆不属于《二手车流通管理办法》第二十三条规定禁止交易的车辆。

第六条 二手车交易市场经营者和二手车经营主体应核实卖方的所有权或处置权证明。车辆所有权或处置权证明应符合下列条件：

（一）机动车登记证书、行驶证与卖方身份证明名称一致；国家机关、国有企事业单位出售的车辆，应附有资产处理证明；

（二）委托出售的车辆，卖方应提供车主授权委托书和身份证明；

（三）二手车经销企业销售的车辆，应具有车辆收购合同等能够证明经销企业拥有该车所有权或处置权的相关材料，以及原车主身份证明复印件。原车主名称应与机动车登记证、行驶证名称一致。

第七条 二手车交易应当签订合同，明确相应的责任和义务。交易合同包括：收购合同、销售合同、买卖合同、委托购买合同、委托出售合同、委托拍卖合同等。

第八条　交易完成后,买卖双方应当按照国家有关规定,持下列法定证明、凭证向公安机关交通管理部门申办车辆转移登记手续:

(一)买方及其代理人的身份证明;

(二)机动车登记证书;

(三)机动车行驶证;

(四)二手车交易市场、经销企业、拍卖公司按规定开具的二手车销售统一发票;

(五)属于解除海关监管的车辆,应提供《中华人民共和国海关监管车辆解除监管证明书》。

车辆转移登记手续应在国家有关政策法规所规定的时间内办理完毕,并在交易合同中予以明确。

完成车辆转移登记后,买方应按国家有关规定,持新的机动车登记证书和机动车行驶证到有关部门办理车辆购置税、养路费变更手续。

第九条　二手车应在车辆注册登记所在地交易。二手车转移登记手续应按照公安部门有关规定在原车辆注册登记所在地公安机关交通管理部门办理。需要进行异地转移登记的,由车辆原属地公安机关交通管理部门办理车辆转出手续,在接收地公安机关交通管理部门办理车辆转入手续。

第十条　二手车交易市场经营者和二手车经营主体应根据客户要求提供相关服务,在收取服务费、佣金时应开具发票。

第十一条　二手车交易市场经营者、经销企业、拍卖公司应建立交易档案,交易档案主要包括以下内容:

(一)本规范第五条第二款规定的法定证明、凭证复印件;

(二)购车原始发票或者最近一次交易发票复印件;

(三)买卖双方身份证明或者机构代码证书复印件;

(四)委托人及授权代理人身份证或者机构代码证书以及授权委托书复印件;

(五)交易合同原件;

(六)二手车经销企业的《车辆信息表》,二手车拍卖公司的《拍卖车辆信息》和《二手车拍卖成交确认书》;

(七)其他需要存档的有关资料。

交易档案保留期限不少于3年。

第十二条　二手车交易市场经营者、二手车经营主体发现非法车辆、伪造证照和车牌等违法行为,以及擅自更改发动机号、车辆识别代号(车架号码)和调整里程表等情况,应及时向有关执法部门举报,并有责任配合调查。

第二章　收购和销售

第十三条　二手车经销企业在收购车辆时,应按下列要求进行:

(一)按本规范第五条和第六条所列项目核实卖方身份以及交易车辆的所有权或处置权,并查验车辆的合法性;

（二）与卖方商定收购价格,如对车辆技术状况及价格存有异议,经双方商定可委托二手车鉴定评估机构对车辆技术状况及价值进行鉴定评估。达成车辆收购意向的,签订收购合同,收购合同中应明确收购方享有车辆的处置权;

（三）按收购合同向卖方支付车款。

第十四条　二手车经销企业将二手车销售给买方之前,应对车辆进行检测和整备。

二手车经销企业应对进入销售展示区的车辆按《车辆信息表》的要求填写有关信息,在显要位置予以明示,并可根据需要增加《车辆信息表》的有关内容。

第十五条　达成车辆销售意向的,二手车经销企业应与买方签订销售合同,并将《车辆信息表》作为合同附件。按合同约定收取车款时,应向买方开具税务机关监制的统一发票,并如实填写成交价格。

买方持本规范第八条规定的法定证明、凭证到公安机关交通管理部门办理转移登记手续。

第十六条　二手车经销企业向最终用户销售使用年限在 3 年以内或行驶里程在 6 万公里以内的车辆（以先到者为准,营运车除外）,应向用户提供不少于 3 个月或 5000 公里（以先到者为准）的质量保证。质量保证范围为发动机系统、转向系统、传动系统、制动系统、悬架系统等。

第十七条　二手车经销企业向最终用户提供售后服务时,应向其提供售后服务清单。

第十八条　二手车经销企业在提供售后服务的过程中,不得擅自增加未经客户同意的服务项目。

第十九条　二手车经销企业应建立售后服务技术档案。售后服务技术档案包括以下内容:

（一）车辆基本资料,主要包括车辆品牌型号、车牌号码、发动机号、车架号、出厂日期、使用性质、最近一次转移登记日期、销售时间、地点等;

（二）客户基本资料,主要包括客户名称（姓名）、地址、职业、联系方式等;

（三）维护修理记录,主要包括维护修理的时间、里程、项目等。

售后服务技术档案保存时间不少于 3 年。

第三章　经　　纪

第二十条　购买或出售二手车可以委托二手车经纪机构办理。委托二手车经纪机构购买二手车时,应按《二手车流通管理办法》第二十一条规定进行。

第二十一条　二手车经纪机构应严格按照委托购买合同向买方交付车辆、随车文件及本规范第五条第二款规定的法定证明、凭证。

第二十二条　经纪机构接受委托出售二手车,应按以下要求进行:

（一）及时向委托人通报市场信息;

（二）与委托人签订委托出售合同;

（三）按合同约定展示委托车辆,并妥善保管,不得挪作他用;

（四）不得擅自降价或加价出售委托车辆。

　　第二十三条 签订委托出售合同后,委托出售方应当按照合同约定向二手车经纪机构交付车辆、随车文件及本规范第五条第二款规定的法定证明、凭证。

　　车款、佣金给付按委托出售合同约定办理。

　　第二十四条 通过二手车经纪机构买卖的二手车,应由二手车交易市场经营者开具国家税务机关监制的统一发票。

　　第二十五条 进驻二手车交易市场的二手车经纪机构应与交易市场管理者签订相应的管理协议,服从二手车交易市场经营者的统一管理。

　　第二十六条 二手车经纪人不得以个人名义从事二手车经纪活动。

　　二手车经纪机构不得以任何方式从事二手车的收购、销售活动。

　　第二十七条 二手车经纪机构不得采取非法手段促成交易,以及向委托人索取合同约定佣金以外的费用。

第四章　拍　　卖

　　第二十八条 从事二手车拍卖及相关中介服务活动,应按照《拍卖法》及《拍卖管理办法》的有关规定进行。

　　第二十九条 委托拍卖时,委托人应提供身份证明、车辆所有权或处置权证明及其他相关材料。拍卖人接受委托的,应与委托人签订委托拍卖合同。

　　第三十条 委托人应提供车辆真实的技术状况,拍卖人应如实填写《拍卖车辆信息》。

　　如对车辆的技术状况存有异议,拍卖委托双方经商定可委托二手车鉴定评估机构对车辆进行鉴定评估。

　　第三十一条 拍卖人应于拍卖日 7 日前发布公告。拍卖公告应通过报纸或者其他新闻媒体发布,并载明下列事项:

　　(一)拍卖的时间、地点;

　　(二)拍卖的车型及数量;

　　(三)车辆的展示时间、地点;

　　(四)参加拍卖会办理竞买的手续;

　　(五)需要公告的其他事项。

　　拍卖人应在拍卖前展示拍卖车辆,并在车辆显著位置张贴《拍卖车辆信息》。车辆的展示时间不得少于 2 天。

　　第三十二条 进行网上拍卖,应在网上公布车辆的彩色照片和《拍卖车辆信息》,公布时间不得少于 7 天。

　　网上拍卖是指二手车拍卖公司利用互联网发布拍卖信息,公布拍卖车辆技术参数和直观图片,通过网上竞价、网下交接,将二手车转让给超过保留价的最高应价者的经营活动。

　　网上拍卖过程及手续应与现场拍卖相同。网上拍卖组织者应根据《拍卖法》及《拍卖管理办法》有关条款制定网上拍卖规则,竞买人则需要办理网上拍卖竞买手续。

　　任何个人及未取得二手车拍卖人资质的企业不得开展二手车网上拍卖活动。

　　第三十三条 拍卖成交后,买受人和拍卖人应签署《二手车拍卖成交确认书》。

第三十四条 委托人、买受人可与拍卖人约定佣金比例。

委托人、买受人与拍卖人对拍卖佣金比例未作约定的，依据《拍卖法》及《拍卖管理办法》有关规定收取佣金。

拍卖未成交的，拍卖人可按委托拍卖合同的约定向委托人收取服务费用。

第三十五条 拍卖人应在拍卖成交且买受人支付车辆全款后，将车辆、随车文件及本规范第五条第二款规定的法定证明、凭证交付给买受人，并向买受人开具二手车销售统一发票，如实填写拍卖成交价格。

第五章 直 接 交 易

第三十六条 二手车直接交易方为自然人的，应具有完全民事行为能力。无民事行为能力的，应由其法定代理人代为办理，法定代理人应提供相关证明。

二手车直接交易委托代理人办理的，应签订具有法律效力的授权委托书。

第三十七条 二手车直接交易双方或其代理人均应向二手车交易市场经营者提供其合法身份证明，并将车辆及本规范第五条第二款规定的法定证明、凭证送交二手车交易市场经营者进行合法性验证。

第三十八条 二手车直接交易双方应签订买卖合同，如实填写有关内容，并承担相应的法律责任。

第三十九条 二手车直接交易的买方按照合同支付车款后，卖方应按合同约定及时将车辆及本规范第五条第二款规定的法定证明、凭证交付买方。

车辆法定证明、凭证齐全合法，并完成交易的，二手车交易市场经营者应当按照国家有关规定开具二手车销售统一发票，并如实填写成交价格。

第六章 交易市场的服务与管理

第四十条 二手车交易市场经营者应具有必要的配套服务设施和场地，设立车辆展示交易区、交易手续办理区及客户休息区，做到标识明显，环境整洁卫生。交易手续办理区应设立接待窗口，明示各窗口业务受理范围。

第四十一条 二手车交易市场经营者在交易市场内应设立醒目的公告牌，明示交易服务程序、收费项目及标准、客户查询和监督电话号码等内容。

第四十二条 二手车交易市场经营者应制定市场管理规则，对场内的交易活动负有监督、规范和管理责任，保证良好的市场环境和交易秩序。由于管理不当给消费者造成损失的，应承担相应的责任。

第四十三条 二手车交易市场经营者应及时受理并妥善处理客户投诉，协助客户挽回经济损失，保护消费者权益。

第四十四条 二手车交易市场经营者在履行其服务、管理职能的同时，可依法收取交易服务和物业等费用。

第四十五条 二手车交易市场经营者应建立严格的内部管理制度，牢固树立为客户服务、为驻场企业服务的意识，加强对所属人员的管理，提高人员素质。二手车交易市场服务、管理人员须经培训合格后上岗。

第七章　附　则

第四十六条　本规范自发布之日起实施。

国家税务总局关于统一二手车
销售发票式样问题的通知

（国税函〔2005〕693号）

各省、自治区、直辖市和计划单列市国家税务局：

随着我国经济发展和改革开放的不断深入，机动车销售市场日趋活跃，二手车交易也快速增长。为了适应二手车交易方式变化和强化税收征收管理的需要，总局决定统一二手车销售发票的式样。现就有关问题明确如下：

一、二手车经销企业、经纪机构和拍卖企业，在销售、中介和拍卖二手车收取款项时，必须开具《二手车销售统一发票》（以下简称《二手车发票》）。

二、二手车发票由以下用票人开具：

（一）从事二手车交易的市场，包括二手车经纪机构和消费者个人之间二手车交易需要开具发票的，由二手车交易市场统一开具。

（二）从事二手车交易活动的经销企业，包括从事二手车交易的汽车生产和销售企业。

（三）从事二手车拍卖活动的拍卖公司。

三、《二手车发票》采用压感纸，由各省、自治区、直辖市和计划单列市国家税务局严格按照票样统一印制。

四、《二手车发票》为一式五联计算机票。计算机票第一联为发票联，印色为棕色；第二联为转移登记联（公安车辆管理部门留存），印色为蓝色；第三联为出入库联，印色为紫色；第四联为记账联，印色为红色；第五联为存根联，印色为黑色。规格为241mm×178mm（票样附后）。

五、《二手车发票》由二手车交易市场、经销企业和拍卖企业开具的，存根联、记账联、入库联由开票方留存；发票联、转移登记联由购车方记账和交公安交管部门办理过户手续。

六、二手车交易市场或二手车拍卖公司在办理过户手续过程中需要收取过户手续费，以及二手车鉴定评估机构收取评估费的，应另外由其开具地方税务局监制的服务业发票；而《二手车发票》价款中不应包括过户手续费和评估费。

七、《二手车发票》从2005年10月1日开始启用，各地旧版发票同时停止使用。各地国税局应将《二手车发票》票样送公安机关备案。各地地税局印制的涉及二手车交易的服务业发票按上述时间同时启用。

八、《二手车发票》的开票软件暂由各省、自治区、直辖市和计划单列市国税局统一开发，并无偿提供给用户使用。在未使用税控收款机前，可不打印机打代码、机打号码、机器编号和税控码。

附件：《二手车销售统一发票》式样

抄送：各省、自治区、直辖市和计划单列市地方税务局。

二○○五年七月五日

注：

根据《国家税务总局关于增值税发票管理若干事项的公告》（国家税务总局公告 2017 年第 45 号），第六条、第八条、第七条中的"各地地税局印制的涉及二手车交易的服务业发票按上述时间同时启用"自 2018 年 4 月 1 日起废止。

根据《国家税务总局关于修改部分税收规范性文件的公告》（国家税务总局公告 2018 年第 31 号），将第三条，第七条，第八条，及附件中的"国家税务局""国税局"，修改为"税务局"。

附件：

二手车销售统一发票
发票联

发票代码000000000000
发票号码00000000

开票日期：

机打代码 机打号码 机器编号		税控码	
买方单位/个人		单位代码/身份证号码	
买方单位/个人住址		电话	
卖方单位/个人		单位代码/身份证号码	
卖方单位/个人住址		电话	
车牌照号	登记证号	车辆类型	
车架号/车辆识别代码	厂牌型号	转入地车辆管理所名称	
车价合计(大写)		小写	
经营、拍卖单位			
经营、拍卖单位地址		纳税人识别号	
开户银行、账号		电话	
二手车市场	纳税人识别号		
	地址		
开户银行、账号		电话	
备注：			

开票单位(盖章)　　　　工商部门审核(盖章)　　　　开票人　　　　手写无效

第一联　发票联

二手车销售统一发票
转移登记联

发票代码000000000000
发票号码00000000

开票日期：

机打代码 机打号码 机器编号		税控码	
买方单位/个人		单位代码/身份证号码	
买方单位/个人住址		电话	
卖方单位/个人		单位代码/身份证号码	
卖方单位/个人住址		电话	
车牌照号	登记证号	车辆类型	
车架号/车辆识别代码	厂牌型号	转入地车辆管理所名称	
车价合计(大写)		小写	
经营、拍卖单位			
经营、拍卖单位地址		纳税人识别号	
开户银行、账号		电话	
二手车市场	纳税人识别号		
	地址		
开户银行、账号		电话	
备注：			

开票单位(盖章)　　　　工商部门审核(盖章)　　　　开票人　　　　手写无效

第二联　转移登记联

二手车销售统一发票
出 入 库 联

发票代码000000000000

发票号码00000000

开票日期：

机打代码 机打号码 机器编号		税控码		
买方单位/个人		单位代码/身份证号码		
买方单位/个人住址			电话	
卖方单位/个人		单位代码/身份证号码		
卖方单位/个人住址			电话	
车牌照号	登记证号	车辆类型		
车架号/车辆识别代码	厂牌型号	转入地车辆管理所名称		
车价合计(大写)		小写		
经营、拍卖单位				
经营、拍卖单位地址		纳税人识别号		
开户银行、账号		电话		
二手车市场		纳税人识别号		
		地址		
开户银行、账号		电话		
备注：				

开票单位(盖章)　　　　工商部门审核(盖章)　　　　开票人　　　　手写无效

第三联　出入库联

××印刷厂×年×月印×份(数量×5)·号码起讫

二手车销售统一发票
记 账 联

发票代码000000000000

发票号码00000000

开票日期：

机打代码 机打号码 机器编号		税控码		
买方单位/个人		单位代码/身份证号码		
买方单位/个人住址			电话	
卖方单位/个人		单位代码/身份证号码		
卖方单位/个人住址			电话	
车牌照号	登记证号	车辆类型		
车架号/车辆识别代码	厂牌型号	转入地车辆管理所名称		
车价合计(大写)		小写		
经营、拍卖单位				
经营、拍卖单位地址		纳税人识别号		
开户银行、账号		电话		
二手车市场		纳税人识别号		
		地址		
开户银行、账号		电话		
备注：				

开票单位(盖章)　　　　工商部门审核(盖章)　　　　开票人　　　　手写无效

第四联　记账联

××印刷厂×年×月印×份(数量×5)·号码起讫

二手车销售统一发票
存　根　联

发票代码000000000000

发票号码00000000

开票日期：

机打代码 机打号码 机器编号		税控码	
买方单位/个人		单位代码/身份证号码	
买方单位/个人住址			电话
卖方单位/个人		单位代码/身份证号码	
卖方单位/个人住址			电话
车牌照号	登记证号	车辆类型	
车架号/车辆识别代码	厂牌型号	转入地车辆管理所名称	
车价合计(大写)			小写
经营、拍卖单位			
经营、拍卖单位地址		纳税人识别号	
开户银行、账号			电话
二手车市场		纳税人识别号	
		地址	
开户银行、账号			电话
备注：			

开票单位(盖章)　　　　工商部门审核(盖章)　　　　　开票人　　　　　手写无效

票　样

第五联　存根联

××印刷厂×年×月印×份(数量×5)·号码起讫

商务部、发改委、公安部、环境保护部令

（2012 年第 12 号）

《机动车强制报废标准规定》已经 2012 年 8 月 24 日商务部第 68 次部务会议审议通过，并经发展改革委、公安部、环境保护部同意，现予发布，自 2013 年 5 月 1 日起施行。《关于发布〈汽车报废标准〉的通知》（国经贸经〔1997〕456 号）、《关于调整轻型载货汽车报废标准的通知》（国经贸经〔1998〕407 号）、《关于调整汽车报废标准若干规定的通知》（国经贸资源〔2000〕1202 号）、《关于印发〈农用运输车报废标准〉的通知》（国经贸资源〔2001〕234 号）、《摩托车报废标准暂行规定》（国家经贸委、发展计划委、公安部、环保总局令〔2002〕第 33 号）同时废止。

部长：陈德铭

主任：张 平

部长：孟建柱

部长：周生贤

2012 年 12 月 27 日

机动车强制报废标准规定

第一条 为保障道路交通安全、鼓励技术进步、加快建设资源节约型、环境友好型社会，根据《中华人民共和国道路交通安全法》及其实施条例、《中华人民共和国大气污染防治法》《中华人民共和国噪声污染防治法》，制定本规定。

第二条 根据机动车使用和安全技术、排放检验状况，国家对达到报废标准的机动车实施强制报废。

第三条 商务、公安、环境保护、发展改革等部门依据各自职责，负责报废机动车回收拆解监督管理、机动车强制报废标准执行有关工作。

第四条 已注册机动车有下列情形之一的应当强制报废，其所有人应当将机动车交售给报废机动车回收拆解企业，由报废机动车回收拆解企业按规定进行登记、拆解、销毁等处理，并将报废机动车登记证书、号牌、行驶证交公安机关交通管理部门注销：

（一）达到本规定第五条规定使用年限的；

（二）经修理和调整仍不符合机动车安全技术国家标准对在用车有关要求的；

（三）经修理和调整或者采用控制技术后，向大气排放污染物或者噪声仍不符合国家标准对在用车有关要求的；

（四）在检验有效期届满后连续 3 个机动车检验周期内未取得机动车检验合格标志的。

第五条 各类机动车使用年限分别如下：

（一）小、微型出租客运汽车使用 8 年，中型出租客运汽车使用 10 年，大型出租客运汽车

使用 12 年；

（二）租赁载客汽车使用 15 年；

（三）小型教练载客汽车使用 10 年，中型教练载客汽车使用 12 年，大型教练载客汽车使用 15 年；

（四）公交客运汽车使用 13 年；

（五）其他小、微型营运载客汽车使用 10 年，大、中型营运载客汽车使用 15 年；

（六）专用校车使用 15 年；

（七）大、中型非营运载客汽车（大型轿车除外）使用 20 年；

（八）三轮汽车、装用单缸发动机的低速货车使用 9 年，装用多缸发动机的低速货车以及微型载货汽车使用 12 年，危险品运输载货汽车使用 10 年，其他载货汽车（包括半挂牵引车和全挂牵引车）使用 15 年；

（九）有载货功能的专项作业车使用 15 年，无载货功能的专项作业车使用 30 年；

（十）全挂车、危险品运输半挂车使用 10 年，集装箱半挂车 20 年，其他半挂车使用 15 年；

（十一）正三轮摩托车使用 12 年，其他摩托车使用 13 年。

对小、微型出租客运汽车（纯电动汽车除外）和摩托车，省、自治区、直辖市人民政府有关部门可结合本地实际情况，制定严于上述使用年限的规定，但小、微型出租客运汽车不得低于 6 年，正三轮摩托车不得低于 10 年，其他摩托车不得低于 11 年。

小、微型非营运载客汽车、大型非营运轿车、轮式专用机械车无使用年限限制。机动车使用年限起始日期按照注册登记日期计算，但自出厂之日起超过 2 年未办理注册登记手续的，按照出厂日期计算。

第六条 变更使用性质或者转移登记的机动车应当按照下列有关要求确定使用年限和报废：

（一）营运载客汽车与非营运载客汽车相互转换的，按照营运载客汽车的规定报废，但小、微型非营运载客汽车和大型非营运轿车转为营运载客汽车的，应按照本规定附件 1 所列公式核算累计使用年限，且不得超过 15 年；

（二）不同类型的营运载客汽车相互转换，按照使用年限较严的规定报废；

（三）小、微型出租客运汽车和摩托车需要转出登记所属地省、自治区、直辖市范围的，按照使用年限较严的规定报废；

（四）危险品运输载货汽车、半挂车与其他载货汽车、半挂车相互转换的，按照危险品运输载货、半挂车的规定报废。

距本规定要求使用年限 1 年以内（含 1 年）的机动车，不得变更使用性质、转移所有权或者转出登记地所属地市级行政区域。

第七条 国家对达到一定行驶里程的机动车引导报废。

达到下列行驶里程的机动车，其所有人可以将机动车交售给报废机动车回收拆解企业，由报废机动车回收拆解企业按规定进行登记、拆解、销毁等处理，并将报废的机动车登记证书、号牌、行驶证交公安机关交通管理部门注销：

（一）小、微型出租客运汽车行驶 60 万千米，中型出租客运汽车行驶 50 万千米，大型出租客运汽车行驶 60 万千米；

（二）租赁载客汽车行驶 60 万千米；

（三）小型和中型教练载客汽车行驶 50 万千米，大型教练载客汽车行驶 60 万千米；

（四）公交客运汽车行驶 40 万千米；

（五）其他小、微型营运载客汽车行驶 60 万千米，中型营运载客汽车行驶 50 万千米，大型营运载客汽车行驶 80 万千米；

（六）专用校车行驶 40 万千米；

（七）小、微型非营运载客汽车和大型非营运轿车行驶 60 万千米，中型非营运载客汽车行驶 50 万千米，大型非营运载客汽车行驶 60 万千米；

（八）微型载货汽车行驶 50 万千米，中、轻型载货汽车行驶 60 万千米，重型载货汽车（包括半挂牵引车和全挂牵引车）行驶 70 万千米，危险品运输载货汽车行驶 40 万千米，装用多缸发动机的低速货车行驶 30 万千米；

（九）专项作业车、轮式专用机械车行驶 50 万千米；

（十）正三轮摩托车行驶 10 万千米，其他摩托车行驶 12 万千米。

第八条 本规定所称机动车是指上道路行驶的汽车、挂车、摩托车和轮式专用机械车；非营运载客汽车是指个人或者单位不以获取利润为目的的自用载客汽车；危险品运输载货汽车是指专门用于运输剧毒化学品、爆炸品、放射性物品、腐蚀性物品等危险品的车辆；变更使用性质是指使用性质由营运转为非营运或者由非营运转为营运，小、微型出租、租赁、教练等不同类型的营运载客汽车之间的相互转换，以及危险品运输载货汽车转为其他载货汽车。本规定所称检验周期是指《中华人民共和国道路交通安全法实施条例》规定的机动车安全技术检验周期。

第九条 省、自治区、直辖市人民政府有关部门依据本规定第五条制定的小、微型出租客运汽车或者摩托车使用年限标准，应当及时向社会公布，并报国务院商务、公安、环境保护等部门备案。

第十条 上道路行驶拖拉机的报废标准规定另行制定。

第十一条 本规定自 2013 年 5 月 1 日起施行。2013 年 5 月 1 日前已达到本规定所列报废标准的，应当在 2014 年 4 月 30 日前予以报废。《关于发布〈汽车报废标准〉的通知》（国经贸经〔1997〕456 号）、《关于调整轻型载货汽车报废标准的通知》（国经贸经〔1998〕407 号）、《关于调整汽车报废标准若干规定的通知》（国经贸资源〔2000〕1202 号）、《关于印发〈农用运输车报废标准〉的通知》（国经贸资源〔2001〕234 号）、《摩托车报废标准暂行规定》（国家经贸委、发展计划委、公安部、环保总局令〔2002〕第 33 号）同时废止。

附件：

1. 非营运小微型载客汽车和大型轿车变更使用性质后累计使用年限计算公式

2. 机动车使用年限及行驶里程参考值汇总表

附件 1

非营运小微型载客汽车和大型轿车
变更使用性质后累计使用年限计算公式

$$累计使用年限 = 原状态已使用年 + (1 - \frac{原状态已使用年}{原状态使用年限}) \times 状态改变后年限$$

  备注：公式中原状态已使用年中不足一年的按一年计算，例如，已使用 2.5 年按照 3 年计算；原状态使用年限数值取定值为 17；累计使用年限计算结果向下圆整为整数，且不超过 15 年。

附件2

机动车使用年限及行驶里程参考值汇总表

车辆类型与用途				使用年限(年)	行驶里程参考值(万 km)
汽车	载客	营运	出租客运		
			小、微型	8	60
			中型	10	50
			大型	12	60
		租赁		15	60
		教练	小型	10	50
			中型	12	50
			大型	15	60
		公交客运		13	40
		其他	小、微型	10	60
			中型	15	50
			大型	15	80
		专用校车		15	40
	非营运	小、微型客车、大型轿车 *		无	60
		中型客车		20	50
		大型客车		20	60
	载货	微型		12	50
		中、轻型		15	60
		重型		15	70
		危险品运输		10	40
		三轮汽车、装用单缸发动机的低速货车		9	无
		装用多缸发动机的低速货车		12	30
	专项作业	有载货功能		15	50
		无载货功能		30	50
挂车	半挂车	集装箱		20	无
		危险品运输		10	无
		其他		15	无
	全挂车			10	无
摩托车	正三轮			12	10
	其他			13	12
轮式专用机械车				无	50

注:1. 表中机动车主要依据《机动车类型 术语和定义》(GA 802—2008)进行分类;标注 * 车辆为乘用车。

2. 对小、微型出租客运汽车(纯电动汽车除外)和摩托车,省、自治区、直辖市人民政府有关部门可结合本地实际情况,制定严于表中使用年限的规定,但小、微型出租客运汽车不得低于 6 年,正三轮摩托车不得低于 10 年,其他摩托车不得低于 11 年。

参 考 文 献

[1] 屠卫星.二手车置换与品牌二手车的探究[J].技术与市场,2013(3).

[2] 陈志杰.二手车进入品牌时代[N].南方日报,2012-05-11.

[3] 陆慧泉,吴丽.汽车也玩大数据,但毕竟不是电商[J].商业周刊,2013(13).

[4] 李博.二手车越来越重[J].第一财经周刊,2013(23).

[5] 赵清,赵晓光.事故车辆部件损坏修复与更换标准及工时定额[M].北京:人民交通出版社,2012.

[6] 屠卫星.服务型市场条件下的二手车营销策略综论[J].江苏商论,2013(10).

[7] 陆慧泉,吴丽.汽车也玩大数据,但毕竟不是电商[J].商业周刊,2013(13).

[8] 屠卫星.《二手车鉴定评估技术规范》中的评估方法分析解读[J].新智慧·财经,2014(1):5.

[9] 中国汽车流通协会.二手车鉴定评估技术规范实施指南:GB/T 30323—2014 [M].北京:中国标准出版社,2014.

[10] 刘军.二手车置换全程通 [M].北京:化学工业出版社,2015.

[11] 赵培全,周稼铭.二手车鉴定·评估·交易全程通 [M].北京:化学工业出版社,2016.

[12] 国家质量技术监督局.机动车运行安全技术条件:GB 7258—2017[S].北京:中国标准出版社,2017.

[13] 中国汽车工业协会,中国汽车研究中心,丰田汽车(中国)投资有限公司.中国汽车产业发展报告——汽车蓝皮书(2015)[M].北京:社会科学文献出版社,2015.

[14] 中国汽车研究中心,日产(中国)投资有限公司,东风汽车有限公司.中国新能源汽车产业发展报告——新能源蓝皮书(2015)[M].北京:社会科学文献出版社,2015.

[15] 中国汽车工业协会,中国汽车技术研究中心,丰田汽车公司.中国汽车产业发展报告——汽车蓝皮书(2016)[M].北京:社会科学文献出版社,2016.

[16] 中国汽车工业协会,中国汽车技术研究中心,丰田汽车公司.中国汽车产业发展报告——汽车蓝皮书(2017)[M].北京:社会科学文献出版社,2017.

[17] 中国汽车技术研究中心.中国新能源汽车动力电池产业发展报告——动力电池蓝皮书(2017)[M].北京:社会科学文献出版社,2017.

[18] 国务院发展研究中心产业经济研究部,中国汽车工程学会,大众汽车集团(中国).中国汽车产业发展报告(2018)新时代的新能源汽车产业发展战略[M].北京:社会科学文献出版社,2018.

[19] 中国汽车技术研究中心.中国智能汽车产业发展报告(2018)[M].北京:社会科学文献出版社,2018.

[20] 新能源汽车国家大数据联盟,中国汽车技术研究中心有限公司,重庆长安新能源汽车科技有限公司.中国新能源汽车大数据研究报告(2019)[M].北京:社会科学文献出版

社,2019.

［21］中国汽车技术研究中心有限公司,中国银行保险信息技术管理有限公司.中国汽车与保险大数据发展报告(2019)［M］.北京:社会科学文献出版社,2019.

［22］中国汽车工程研究院股份有限公司.中国汽车综合测评技术研究报告(2021)［M］.北京:社会科学文献出版社,2021.

［23］全国道路交通管理标准化技术委员会,公安部交通管理科学研究所.机动车安全技术检验项目和方法实施指南:GB 38900—2020［S］.北京:中国标准出版社,2021.

［24］许冰清,陈锐.电动车激战购物中心［J］.第一财经,2021年1期.

［25］中国汽车技术研究中心有限公司,中国银行保险信息技术管理有限公司.中国汽车与保险大数据发展报告(2021)［M］.北京:社会科学文献出版社,2021.

［26］宋双羽,王占国.《二手车电动乘用车鉴定评估技术规范》实施与细则［M］.北京:北京交通大学出版社,2022.

［27］邢亚琪."尝鲜"之后:新能源汽车车主的苦与乐［J］.新周刊,2022年10期.

［28］中国汽车技术研究中心有限公司.中国汽车品牌发展报告(2023)［M］.北京:社会科学文献出版社,2023.

［29］中国汽车技术研究中心,日产(中国)投资有限公司,东风汽车有限公司.中国新能源汽车产业发展报告(2023)［M］.北京:社会科学文献出版社,2023.

［30］中保研汽车技术研究院有限公司新能源汽车研究课题组.新能源汽车保险事故查勘定损指南［M］.北京:机械工业出版社,2023.

［31］祝良荣,葛东东.纯电动汽车构造与检修［M］.北京:机械工业出版社,2023.